Verhandlungen, Mitteilungen

und

Berichte

des

Centralverbandes Deutscher Industrieller.

№ 114.

Herausgegeben

von

H. A. Bueck, geschäftsführendem Mitglied im Direktorium,
Berlin W., Karlsbad 4a.

Telephon: Nr. 2527, Amt VI.

Februar 1909.

Berlin 1909.
J. Guttentag, Verlagsbuchhandlung,
G. m. b. H.

Inhaltsverzeichnis.

	Seite
Sitzung des Ausschusses.	
Eröffnung durch den Vorsitzenden Landrat Rötger-Essen . . .	3
Telegramm an von Vopelius	3
Genehmigung der Rechnung für 1908	3
Wahl der Rechnungs-Prüfungskommission	3
Zuwahlen in den Ausschuß	3
Wahl in den Ausschuß der Hauptstelle Deutscher Arbeitgeberverbände	4
Vorbereitung der Tagesordnung für die Delegiertenversammlung .	4
Versammlung der Delegierten.	
Begrüßungsansprache des Vorsitzenden Landrat Rötger .	5
Telegramm an von Vopelius	5
Wahl in den Ausschuß der Hauptstelle Deutscher Arbeitgeberverbände	7
Die süddeutschen Wasserstraßen.	
Berichterstatter Steller-Nürnberg	7
Berichterstatter Hoffmann-Heilbronn	14
Diskussion:	
Dr. von Rieppel-Nürnberg	21
Jehle-Stuttgart	22
Vorsitzender	24
Dr. Kuhlo-München	25
Dr. Beumer-Düsseldorf	26
Schott-Heidelberg	28
Vorsitzender (Abstimmung)	28
Gewerbeordnungsnovelle.	
Berichterstatter Dr. Bartels	29
Diskussion.	
Haasemann-Bremen	37
Vogel-Chemnitz	39
Meyer-Hamburg	41
Dr. Dilloo-Oberlangenbielau	42
Bueck-Berlin	43
Vorsitzender (Abstimmung)	44

	Seite
Gesetzentwurf betreffend die Errichtung von Arbeitskammern.	
Berichterstatter Bueck-Berlin	46
Diskussion	
Stumpf-Osnabrück	61
Vorsitzender	78
Randebrock-Gelsenkirchen	78
Dr. Beumer-Düsseldorf	79
Schrey-Danzig	80
Funcke-Hagen	82
Curtius-Duisburg	83
Venator-Dessau	84
Vorsitzender (Abstimmung)	85
Novelle zum preußischen Berggesetz.	
Berichterstatter von Löwenstein-Essen	86
Diskussion.	
Dr. Beumer-Düsseldorf	100
Vorsitzender	102
Elektrizitäts- und Gassteuer.	
Berichterstatter Meyer-Hannover	103
Berichterstatter Dr. Budde-Berlin, Bericht verlesen durch Fellinger	113
Berichterstatter Bueck-Berlin	124
Diskussion.	
Dr. Fasolt-Berlin	127, 130
Weber-Berlin	128
Dr. Beumer-Düsseldorf	128
Fellinger-Berlin	129
Vorsitzender (Abstimmung)	130
Schluß der Delegiertenversammlung und Dankerstattung	131
Festmahl	131
Die angenommenen Resolutionen.	132
Liste der Anwesenden und Entschuldigten.	
Ausschußsitzung	136
Delegiertenversammlung	140
Verzeichnis der Ausschußmitglieder	154

Centralverband Deutscher Industrieller.

Sitzung des Ausschusses

am 30. Januar 1909, vormittags $9^1/_2$ Uhr, zu Berlin im Hotel Adlon.

Der Vorsitzende Herr Landrat Rötger-Essen macht vor Eintritt in die Tagesordnung den Vorschlag, ein Telegramm an den bisherigen Vorsitzenden des Direktoriums des Centralverbandes, Herrn von Vopelius abzusenden, um ihm zu zeigen, daß die Versammlung bei ihrem erstmaligen Zusammentritt nach seinem Ausscheiden aus dem Vorsitz seiner gedacht hat. Dem Vorschlag wird allseitig mit Beifall zugestimmt.

Nachdem Herr Generalsekretär Bueck die Erklärung der Revisoren über die vorschriftsmäßig erfolgte Prüfung und den richtigen Befund der Rechnung des Centralverbandes Deutscher Industrieller für das Jahr 1908 bekanntgegeben, wird ohne Diskussion Entlastung erteilt.

In die Prüfungskommission der Jahresrechnung werden wiedergewählt die Herren Generaldirektor Werminghoff und Baurat Krause; an Stelle des wegen hohen Alters ausscheidenden Herrn Direktor van den Wyngaert wird gewählt Herr Generaldirektor Winkler-Berlin von der Eisenhütte Silesia-Aktiengesellschaft.

In den Ausschuß werden zugewählt: Als Vertreter des Vereins zur Wahrung der gemeinsamen Wirtschaftsinteressen der deutschen Elektrotechnik Herr Dr. Paul Meyer-Berlin; als Vertreter des Vereins der deutschen Zellstoffabrikanten dessen Vorsitzender Herr Generaldirektor Dr. Gottstein-Breslau; Herr Direktor Th. W. Schmid-Hof in Bayern vom Verein Süddeutscher Baumwollindustrieller; Herr Dr. Julius Rocke-Hannover als Geschäftsführer des Fabrikantenvereins Hannover-Linden und der benachbarten Kreise.

Der Vorsitzende geht sodann zur Bekanntgabe der zu den einzelnen Punkten der Tagesordnung in der Delegiertenversammlung zu stellenden Anträge über. An Stelle des auf seinen Wunsch zurücktretenden Herrn Kommerzienrat Dierig wird Herr Geheimer Kommerzienrat Methner in Landeshut als Mitglied des Ausschusses der Hauptstelle Deutscher Arbeitgeberverbände vorgeschlagen.

Es folgt die Verlesung der vom Direktorium vorgelegten Resolutionen zu den Punkten der Tagesordnung: Süddeutsche Wasserstraßen, Gewerbeordnungsnovelle, Gesetzentwurf betreffend die Errichtung von Arbeitskammern, Gesetzentwurf betreffend die Elektrizitäts- und Gassteuer. Die Resolutionen wurden vom Ausschuß genehmigt. Eine kurze Diskussion erhebt sich nur betreffs der Arbeitskammern. Es beteiligten sich daran die Herren: Kommerzienrat Funke-Hagen, Baurat Dr. von Rieppel-Nürnberg, Fabrikbesitzer Curtius-Duisburg, Generalsekretär Bueck-Berlin, Generalsekretär Stumpf-Osnabrück. Während alle übrigen Redner eine grundsätzliche Ablehnung der Arbeitskammervorlage befürworteten, hält Herr Kommerzienrat Funke es für richtiger, sich heute, da der Entwurf doch jedenfalls vom Reichstag angenommen und Gesetz werden würde, mehr mit der Frage zu beschäftigen: wie könne das Gesetz gestaltet werden, damit man die großen Schädigungen, die wir alle davon befürchten, vermeide.

Betreffs der Novelle zum preußischen Berggesetz bemerkte der Vorsitzende u. a.: Das Direktorium war der Ansicht, daß diese Sache, wenn sie auch in erster Linie allein den Bergbau angeht, doch von so ungeheurer Wichtigkeit für die gesamten Interessen der Industrie ist, in Rücksicht auf die voraussichtliche Einführung der Kontrolle der Sicherheit der Betriebe durch Arbeiter, daß auch die im Centralverband vertretenen Kreise der Industrie sich mit der Angelegenheit ernst beschäftigen müßten. Sache der Bergbauvereine werde es sein, wenn der Gesetzentwurf vorliege, zunächst zu ihm im einzelnen Stellung zu nehmen.

Schluß der Sitzung 10¼ Uhr.

Versammlung der Delegierten

Sonnabend, den 30. Januar 1909, vormittags 10½ Uhr, in Berlin, im Hotel Adlon.

Vorsitzender Landrat **Rötger**-Essen (Ruhr): Meine Herren, ich eröffne die Delegiertenversammlung des Centralverbandes Deutscher Industrieller und erlaube mir, namens des Direktoriums die Herren Delegierten hier herzlich willkommen zu heißen.

Vor Eintritt in unsere Tagesordnung möchte ich die Herren bitten, meinem Vorschlag zuzustimmen, daß Ihrem bisherigen Vorsitzenden, der leider verhindert ist, heute an unserer Versammlung als jetziges Mitglied des Direktoriums teilzunehmen, von Ihnen ein Begrüßungstelegramm zugesandt wird.

Herr v. Vopelius hat, wie Ihnen bekanntgegeben worden ist, bei Beginn dieses Jahres in der ersten Sitzung des Direktoriums aus Gesundheitsrücksichten den Vorsitz im Centralverbande zu unserer aller lebhaftem Bedauern niederlegen müssen, besonders zum Bedauern der Mitglieder des Direktoriums, welche jahrelang in schwierigen Lagen unter der Führung des Herrn v. Vopelius sich bei ihren Aufgaben geborgen wußten, und ich glaube, daß auch in den Kreisen der Industrie, die hier im Centralverbande durch ihre Delegierten vertreten ist, ein lebhaftes Dankesgefühl Herrn v. Vopelius gegenüber besteht, dem jetzt nach seinem Ausscheiden aus dem Vorsitz nach meiner Auffassung zweckmäßig in irgend einer Form Ausdruck gegeben werden dürfte. Da möchte ich, wie gesagt, Ihnen vorzuschlagen mir erlauben, daß Sie ihm ein kurzes Telegramm zugehen lassen, um ihm zu beweisen, daß Sie bei Ihrem Zusammentreten seiner in Dankbarkeit gedenken.

Ich habe mir erlaubt, einen Entwurf auszuarbeiten, den ich Ihnen vorlesen möchte:

Vor Eintritt in die heutigen Verhandlungen gedenkt die Delegiertenversammlung des Centralverbandes in aufrichtiger Dankbarkeit Ihrer als ihres verdienstvollen bisherigen Vorsitzenden, und gibt der Hoffnung Ausdruck, daß die Industrie sich noch recht lange Ihrer wertvollen Mitarbeit im Centralverbande und Ihrer wirksamen Unterstützung im preußischen Herrenhause wird erfreuen dürfen. (Beifall.)

Meine Herren, Ihre Zustimmung beweist mir, daß Sie mit dem Vorschlage, den ich Ihnen eben unterbreitet habe, einverstanden sind, und ich werde das Telegramm an Herrn v. Vopelius nach seinem Wohnorte abgehen lassen.

Meine Herren, ich habe dann die Ehre, die Herren Vertreter der Reichsbehörden und der Königlich preußischen Staatsregierung hier willkommen zu heißen und dem Danke der Versammlung Ausdruck zu geben, daß die Herren Minister und Staatssekretäre die Güte gehabt haben, durch die Entsendung der Herren zu beweisen, daß sie auch heute an unserer Versammlung tätiges Interesse nehmen.

Des weiteren habe ich den Vorzug zu begrüßen die Herren Vertreter unserer befreundeten Verbände, die ich hier unter uns sehe, und dann auch namentlich willkommen zu heißen diejenigen Herren, welche der Einladung, die wir in Rücksicht auf die Bedeutung unserer Tagesordnung an außenstehende Verbände haben ergehen lassen, Folge gegeben haben.

Wir haben uns erlaubt, mit Rücksicht auf die Bedeutung unserer Tagesordnung Einladungen ergehen zu lassen an folgende Verbände:

den Verband Ostdeutscher Industrieller in Danzig,
den Verein der Industriellen Pommerns in Stettin,
den Verband Sächsischer Industrieller in Dresden,
das Württembergische Industriekartell,
die Handelskammer in Stuttgart,
die Handelskammer in Heilbronn,
die Handelskammer in Ulm,
die Handelskammer in Reutlingen,
die Handelskammer in Heidenheim

und an eine große Zahl von der Hauptstelle Deutscher Arbeitgeberverbände angeschlossenen Arbeitgeberverbänden und anderen Arbeitgeberverbänden und Fabrikantenvereinen.

Die allermeisten der von uns eingeladenen Körperschaften und Verbände haben unserer Einladung freundlichst entsprochen, und ich spreche von hier aus den Dank der Delegiertenversammlung des Centralverbandes für ihr Erscheinen aus.

Dann, meine Herren, habe ich willkommen zu heißen die Herren Vertreter der Presse, die heute in größerer Zahl unter uns weilen.

Das wären die Mitteilungen, die ich vor der Tagesordnung Ihnen machen wollte, und wir treten nun in die Erledigung unseres Pensums ein.

Der erste Punkt der Tagesordnung ist die

Wahl eines Mitgliedes in den Ausschuß der Hauptstelle Deutscher Arbeitgeberverbände.

In dieser Beziehung habe ich mitzuteilen, daß der Herr Kommerzienrat Dierig seine Stelle in dem Ausschuß der Hauptstelle Deutscher Arbeitgeberverbände niedergelegt hat. Es ist an seiner Stelle von der Hauptversammlung der Hauptstelle Deutscher Arbeitgeberverbände, einem aus Schlesien kommenden Vorschlage entsprechend, der Herr Geheime Kommerzienrat Methner in Landeshut nominiert und damals auch gewählt worden. Die Wahl dieses Herren bedarf im vorliegenden Falle der Bestätigung durch die Delegiertenversammlung des Centralverbandes. Herr Geheimrat Methner hat die Wahl angenommen. Wir haben ihm von der erfolgten Wahl schon Mitteilung gemacht, in der Voraussetzung, daß hier die Delegiertenversammlung diese Wahl ohne weiteres bestätigen würde.

Ich eröffne die Diskussion. — Es meldet sich niemand zum Wort. Ich schließe die Diskussion und darf annehmen, daß die Wahl des Herrn Geheimrats Methner von hier aus bestätigt wird.

Nun, meine Herren, kommen war an die wirtschaftlichen Fragen, die uns beschäftigen, und da möchte ich, ehe ich den Herren Referenten zum Punkt 2 der Tagesordnung das Wort erteile, mitteilen, daß das Direktorium gestern beschlossen hat, einem von vielen Seiten geäußerten Wunsche Rechnung tragend, den Punkt 6 der Tagesordnung voranzunehmen und gleich nach Punkt 2 zu setzen, so daß der Gesetzentwurf betreffend Abänderung der Gewerbeordnung noch vor dem Gesetzentwurf betreffend die Errichtung von Arbeitskammern, zur Erledigung kommen soll.

Ich erteile nun zu Punkt 2 der Tagesordnung:

Die süddeutschen Wasserstraßen

Herrn Steller das Wort.

Berichterstatter **G. K. Steller**, Geschäftsführer des Vereins für Hebung der Fluß- und Kanalschiffahrt in Bayern:

Meine Herren! In dem Ihnen gedruckt vorliegenden Beschlußantrage ist im allgemeinen Reichsinteresse die Forderung gleichmäßiger Entwickelungsmöglichkeit aller deutschen Gebiete und Bundesstaaten erhoben worden. Einige bezeichnende wirtschaftliche und finanzielle Tatsachen habe ich Ihnen in einer gleichfalls gedruckt vorliegenden Ziffernaufstellung unterbreitet. Sie ersehen daraus, daß der zweitgrößte Bundesstaat mit seiner Bevölkerung einen erheblichen relativen Rückgang erlitten hat, ebenso wie die anderen süddeutschen Gebiete, die aber heute immerhin noch im Gelensatz zu Bayern über dem Reichsnormalstande stehen. Innerhalb der geringen Bevölkerungsdichtigkeit hat Bayern wieder einen verhältnismäßig geringen Anteil an der gewerblichen Arbeiterschaft Deutschlands und steht nur noch über Oldenburg und Mecklenburg-Schwerin. Das Ergebnis aus dem Betriebe unserer Staatseisenbahnen ist vergleichsweise ebenso unbefriedigend. Die Bevölkerung unseres Landes ist, wie die Einlagen bei den Sparkassen zeigen, arm, unser Staat ferner ist sehr erheblich verschuldet und kann bei verhältnismäßig beträchtlichen Zinsleistungen nur sehr geringe Schuldentilgungen vornehmen.

Die Ursache für die mißlichen Erscheinungen auf den Gebieten der Gewerbeentwickelung, des Verkehrsumfanges usw. beruht in der Ungunst unserer wirtschaftsgeographischen Landeslage. Der innere Markt des rechtsrheinischen Bayerns ist zu beschränkt, seine Aufnahmefähigkeit für gewerbliche Erzeugnisse hat bei der verhältnismäßig geringen, wenn auch an sich zunehmenden, so doch im Vergleiche zu der Entwickelung im ganzen Reiche rückgängigen Volksdichtigkeit zu enge Grenzen, eine Verbindung mit den auswärtigen Märkten zum Bezuge von Rohstoffen und zum Absatze gewerblicher Erzeugnisse ist aber nur nach Ueberwindung verhältnismäßig sehr großer Entfernungen zu erreichen. Auf keinen anderen Staatsbahnen der größeren deutschen Staatsgebiete legt die Tonne Frachtgut durchschnittlich so lange Strecken zurück, wie auf den bayerischen, und auf keinen anderen Staatsbahnen lasten auf der Tonne Frachtgut durchschnittlich so hohe Frachtkosten, wie auf den bayerischen Staatsbahnen. Da ein Beförderungsmittel von größerer Leistungsfähigkeit, das eine Frachtkosten-Ersparnis gewährleisten würde, namentlich ein solches für den Verkehr mit den für das Land wichtigsten nordwestlichen und westlichen Wirtschaftsgebieten des Deutschen Reiches mangelt, so ist es erklärlich, daß, im großen und ganzen genommen, die bayerische Gewerbetätigkeit sich nicht in demselben Maße hat entfalten können, wie es im Laufe der Zeit für die Gewerbetätigkeit der anderen größeren Bundesstaaten und für das Reich im Durchschnitt hat festgestellt werden können.

Das rechtsrheinische Bayern leidet seit langer Zeit unter all den Schwierigkeiten, die ein Binnenland gegenüber einem Küstenlande oder einem durch große schiffbare Wasserwege der Küste nahe gerückten Lande findet. Im Osten und Süden bezirken sein Gebiet mächtige Naturwälle. Wohl, die Technik kann diese Wälle überwinden und hat sie überwunden, aber über diese Wälle zieht sich zugleich die politische Grenze Bayerns und die Zollgrenze des Reiches hin und diese kann die Technik nicht durchbrechen; über dem Naturwall erhebt sich noch ein künstlicher Zollwall, den die neuere äußere Handelspolitik hüben wie drüben immer mehr zu erhöhen und zu befestigen emsig Sorge getragen hat. Wie man darüber sonst auch denken mag, Tatsache ist es, daß für eine ansehnliche Reihe bayerischer Gewerbe, weil der Absatz nach den nächstgelegenen Gebieten geradezu gesperrt ist, die neuere Zollpolitik eine äußerst fühlbare Erschwerung der Tätigkeit bedeutet hat. Der natürliche Donaudurchbruch durch die Grenzwälle wird daher, wenn er auch in einzelnen Beziehungen, z. B. für die Getreide-, Holz-, Petroleum-Zufuhr, alle Pflege verdient, doch in seiner Verkehrswirkung nicht den Ausschlag für die Erzielung einer wirtschaftlichen Hebung des Landes bieten können, die dem erwünschten Maße entsprechen würde.

Die Natur selbst wie die politischen Verhältnisse weisen uns nach dem Westen, Nordwesten und Norden Deutschlands hin, wie denn, von dem Braunkohlen-, Holz- und Getreidebezuge von dem Osten her abgesehen, wofür ganz besondere Bedingungen vorliegen, der mit dem Westen und Nordwesten sich vollziehende Wechselverkehr des rechtsrheinischen Bayerns allen Verkehr von und nach anderen Richtungen weit überragt. Von dem gesamten Wechsel- und Durchgangsverkehr bewegten sich im Empfange von Nordwesten und Westen im Jahresdurchschnitt 1901/05 46 v. H. (rund 4 100 000 Tonnen), im Versand dahin 55 v. H. (2⅓ Millionen Tonnen). Aber diesen Verkehr weiter auszubauen, bietet sich ebenfalls eine erhebliche Schwierigkeit. Unser Staatsbahnsystem ist umzirkt von fremden Staatseisenbahnen, deren Vermittelung wir bedürfen, um unsere Handelsbeziehungen mit den für uns wichtigsten deutschen Wirtschaftsgebieten pflegen und um uns mit dem Meere, mit dem Weltverkehre in Verbindung setzen zu können. Wir sind nicht in der Lage, eine tatsächlich freie Wirtschafts- und Verkehrspolitik in der Art zu betreiben, daß durch sie die Ungunst der geographischen Landeslage auch nur einigermaßen ausgeglichen, geschweige denn behoben würde. Bayern rechts vom Rheine ist daher auch heute noch vorwiegend ein Bodenland und ein Land vorwiegend extensiver Wirtschaftskultur; ich weise z. B. auf den Holzverkehr hin: im Jahre 1905 betrug der Ausfuhrüberschuß von Nutzholz zwar 480 000 Tonnen, dazu aber der Ausfuhrüberschuß von Rundholz, das wir eigentlich im Lande selbst zu Bauholz und Brettern verarbeiten sollten, immer noch 380 000 Tonnen. Ein vorwiegendes Arbeitsland in gewerblichem Sinne und ein Land von mehr intensiver Wirtschaftskultur wird Bayern rechts vom Rhein nur dann werden können, wenn seine verkehrspolitischen Maßnahmen nicht mehr beengt sein werden durch den mächtigen Einfluß der mit den benachbarten Staatsbahnen verbundenen wirtschaftlichen und staatsfinanziellen Interessen, d. h. wenn es sich durch den künstlichen Wall dieser Staatseisenbahnen freie Bahn zum Verkehre mit den Rheinlanden und mit den Nordseehäfen geschafft haben wird.

Die Fortführung der Mainkanalisierung nach Aschaffenburg, zugestanden durch einen im April 1906 nach nahezu neunjährigen Verhandlungen zustande gekommenen Staatsvertrag, allerdings abhängig gemacht von der Lösung der Abgabenfrage im Sinne der preußischen Absichten, wird der erste Schritt dazu sein, unserem Lande bessere Bedingungen seiner wirtschaftlichen Weiterentfaltung zu verleihen. Wir gedenken weiterhin den Main bis Bamberg allmählich für Großschiffahrt auszubauen und den Ludwigskanal derart umzubauen, daß er für Schiffe bis zu 600 Tonnen Tragfähigkeit befahrbar sein wird. Diese Pläne hatte der bayerische Kanalverein 1899—1902 in gründliche technische Bearbeitung nehmen lassen, dazu noch eine Eventualführung des Verbindungskanales von Nürnberg durch die Fossa Carolina nach Stepperg. 1902 und 1903 ließ der Verein auch das technische Projekt eines Donau-Seitenkanals zwischen Saal und Ulm fertigstellen. Gegenwärtig untersucht ein neugebildetes technisches Amt des Vereins die Baumöglichkeit von Abkürzungslinien zwischen Schwabach und Wertheim sowie zwischen Schwabach und Eberbach am Neckar. Schließlich werden wir gewiß auch die von dem Prinzen Ludwig von Bayern im letzten Jahre als erwünscht bezeichneten Kanalverbindungen des Mains mit der Weser und mit der Elbe in Bearbeitung nehmen. Das ist ein sehr umfangreiches Programm; die Kostspieligkeit der Ausführung wird selbstredend, wie erwähnt, nur ein allmähliches Vorgehen zulassen, aber das Ganze wird man in Bayern keineswegs aus dem Auge verlieren dürfen.

Vor allem hat, wie die aufgehängten Verkehrskarten zeigen, auch Rheinland-Westfalen dringenden Anlaß, die Durchführung unserer Pläne zu fördern und sich mit der weiteren wirtschaftlichen Erschließung Bayerns rechts vom Rhein, mit der Hebung der Gewerbekraft daselbst ein ausgedehntes und ebenso entwickelungsbedürftiges wie entwickelungsfähiges Hinterland für Absatz und Bezug zu gewinnen.

Von auswärts bezogen wir 1905 rund 4¾ Millionen Tonnen Kohlen, darunter 2,6 Millionen Tonnen Stein-, 2,1 Millionen Tonnen

Braunkohlen. Lehrreich ist es dabei, daß sich in den 20 Jahren 1885—1905 die Braunkohlen-Einfuhr auf 576 Prozent, die Steinkohlen-Einfuhr aber nur auf 285 Prozent des Verkehrs im Anfangsjahre hob. Ein nicht zu unterschätzender nationalwirtschaftlicher Gewinn wäre es, wenn es vermöge einer das bayerische Land durchziehenden Großschiffahrtsstraße gelänge, die böhmische durch deutsche Kohle mehr und mehr zu verdrängen! Und das ist möglich; denn die Wasserfracht für Kohle von dem Ruhrreviere nach Nürnberg wird — ohne Abgabe auf der künstlichen Wasserstraße — nur etwa die Hälfte der jetzigen Eisenbahnfracht betragen; nach Augsburg im Umschlage über Donauwörth werden rund 40 Mark, nach München im Umschlage über Ingolstadt ebenfalls rund 40 Mark an Fracht für 10 Tonnen gespart werden können, vorsichtig veranschlagt. Und es darf mit einem Anfangsverkehre von 1 Million Tonnen gerechnet werden auf Grund der gegenwärtigen Bezugsmenge. Mit der zu erwartenden Steigerung unserer gewerblichen Tätigkeit wird sich der Wasserstraßenbezug von Steinkohlen rasch heben. Dabei ist die Zurückdrängung der böhmischen Braun- und Steinkohlen nicht in Betracht gezogen.

Dann der Bezug von Roheisen, der sich in den 20 Jahren verdoppelt hat, und der Bezug von Formeisen, der 1905 das 3½fache von dem im Jahre 1885 betragen hat. Für unsere Eisenindustrie haben sich im übrigen die Wettbewerbsverhältnisse ganz besonders schwierig gestellt. Dazu haben — ich will hier keine Streitfragen behandeln, sondern es handelt sich lediglich um die notwendige Erwähnung von Tatsachen — dazu haben beigetragen insbesondere die Ungleichmäßigkeit der preußischen Eisenbahntarife für Roheisen bei der Beförderung nach preußischen Verbrauchsstätten einerseits, nach Bayern rechts vom Rhein andererseits, die Ungunst der von dem Syndikate festgestellten Paritätsbasis (Diedenhofen) und der Roheisenzoll, dem gegenüber die Fabrikatzölle eine zu geringe Spannung aufweisen. Die Eisenbahn-Tarifgestaltung ist unter allen Umständen anfechtbar; die Wirkung ist die eines Binnenzolles, der gegen Bayern gerichtet ist. Soweit an irgend einem Platze innerhalb des Deutschen Reiches gegenüber einem anderen Platze eine natürliche Ueberlegenheit industrieller Produktion herrscht, muß der unter weniger günstigen Umständen arbeitende Industrielle sich damit abfinden; greift aber die Verkehrspolitik ein — wir haben Beispiele genug, daß sie auch darin eine ihrer wichtigen Aufgaben sieht —, so soll sie nicht den Uebermächtigen noch mehr zu stärken, sondern einen gewissen Kräfteausgleich zugunsten des von Natur Schwächeren herzustellen suchen. Hier ist das gegenteilige Verfahren angewandt und dawider muß der schärfste Einspruch erhoben werden. Wir bezahlen enorme Frachtpreise: von Duisburg nach Nürnberg kostet 1 Tonne Eisen des 3. Sp.-T. 12,30 Mark, des 2. Sp.-T. 18,80 Mark, des 1. Sp.-T. 23,90 Mark; haben wir den Wasserweg zur Verfügung, so werden wir, die reine Wasserstraßenfracht angesetzt, 6, 11 und 15 Mark in der genannten Beziehung sparen können. Gegen einseitige und ungerechte, auch in rein politischer Beziehung zu mißbilligende Tarifbildungen wäre damit das erwünschte Hilfsmittel für Bayern geboten. Die gegenseitigen Lieferungen Bayerns und Rheinland-Westfalens aber würden fraglos eine erhebliche Zunahme erfahren.

An dritter Stelle der Menge nach steht die Einfuhr von Erzeugnissen der Industrie der Steine und Erden aus den nordwestlichen Gebieten; vorwiegend sind daran freilich die unmittelbar benachbarten Gebiete Hessen-Nassau und Großherzogtum Hessen beteiligt, wonach aber alsbald die Rheinprovinz mit Zement- und Schwemmsteinen folgt. Andererseits ist unsere Steinausfuhr bedeutend; werden doch selbst aus dem bayerischen Walde profilierte Granitsteine, die wegen des Zolles vor der österreichischen Grenze Halt machen müssen, bis nach Holland und Belgien in namhaften Mengen versandt!

Unter dem im nordwestlichen Verkehrsgebiete an vierter Stelle stehenden Ausfuhrgute sind von außerordentlicher Bedeutung die künstlichen Düngemittel geworden, das ist in erster Linie Thomasphosphatmehl. Dessen vermehrten Bezug wird die Wasserstraße ganz besonders anregen; ist doch schon ohnedies die Einfuhr Bayerns rechts vom Rhein an künstlichen Düngemitteln von 16 000 Tonnen im Jahre 1885 auf 234 000 Tonnen im Jahre 1905 gestiegen, wovon auf das westliche Bezugsgebiet 119 000 Tonnen, auf das nordwestliche 85 500 Tonnen entfielen; im Westen stehen Lothringen und der Umschlagsplatz Mannheim-Ludwigshafen, im Nordwesten Hessen-Nassau, also der Umschlagsplatz Frankfurt a. M. und das Saarrevier an erster Stelle mit ihren Lieferungen.

Auf weitere Einzelheiten einzugehen, muß ich mir versagen mit Rücksicht auf den mir gegebenen Vortragsrahmen. Nur kurz sei noch erwähnt, daß in der Einfuhr Bayerns vom Nordwesten der Menge nach folgen: Holz und Holzzeugmasse, Erzeugnisse der Industrie der Nahrungs- und Genußmittel, Getreide, Oel, Fett und Petroleum, chemische Erzeugnisse, Mehl, Erze, Teer, Pech und Dachpappe; vom Westen her neben Erzeugnissen der Industrie der Steine und Erden und Metallen sowie Metallwaren, ferner Kohlen, Düngemitteln:

Mehl, Erzeugnisse der Industrie der Nahrungs- und Genußmittel, Holz und Holzzeugmasse, Oel, Fett und Petroleum, Getreide, chemische Erzeugnisse, Teer, Pech, Dachpappe, Textilstoffe und Textilwaren, Papier und Pappe. Im übrigen verweise ich auf die beiden vorgeführten Verkehrskarten. — Unter den Gütern, die wir liefern, nimmt weitaus den ersten Rang unser Holz ein, worauf Erzeugnisse unserer Industrie der Steine und Erden folgen. In weitem Abstande folgen danach Nahrungs- und Genußmittel (Bier), verschiedene landwirtschaftliche Erzeugnisse, Metalle und Metallwaren, Getreide, Papier und Pappe u. a. m.

Meine Herren! Die Kosten für den Ausbau der Wasserstraße im Maintale sind auf 120 Millionen Mark, für den Ausbau des Verbindungskanales zwischen dem Main und der Donau (Führung nach Stepperg) auf 118 Millionen Mark veranschlagt worden; das sind zusammen 238 Millionen Mark. Würden wir nach preußischem Muster vorgehen, so würden die Beteiligten (Regierungsbezirke, Bezirksämter, Gemeinden, Private, je nach dem Maße ihres Interesses) zu Vorausleistungen derart herangezogen werden, daß sie die Garantie für die aus der Verwaltung, dem Betriebe und der gewöhnlichen Unterhaltung erwachsenden Kosten und für eine 3½prozentige Verzinsung nebst Tilgung von einem Drittel des Anlagekapitals zu übernehmen hätten. Das wäre eine Garantiesumme von etwa 5 Millionen Mark. Der Staat würde auf eigene Rechnung und Gefahr ⅔ der Baukosten, also 159 Millionen Mark aufzuwenden haben, was bei 3½ Prozent zusammen für Verzinsung und Tilgung einen Betrag von jährlich rund 5½ Millionen Mark ausmacht, der insoweit ungedeckt bleibt, als nicht die Einnahme aus der Wasserstraße jenen Betrag von 5 Millionen Mark überschreitet. Nach dem wirtschaftlichen und Verkehrsstande des rechtsrheinischen Bayerns würde aber, wenn heute die beiden Wasserstraßen vollständig ausgebaut wären, letzterer Betrag nicht zu erzielen und die Beteiligtenverbände würden genötigt sein, nicht unerhebliche Zuschüsse zu leisten; in den ersten Jahren etwa 2½ Millionen Mark. Dies bedeutet, wie ich wiederhole, daß wir nur an einen allmählichen Ausbau unserer Verkehrswerke denken können, wenn nicht das Reich, in dessen Interesse es nicht liegen kann, wenn der zweitgrößte Bundesstaat wirtschaftlich nicht recht vorwärts kommt, in irgend einer Weise eingreift.

Ein geeigneter Weg böte sich gewiß durch die Bildung einer Reichsgemeinschaft für den Wasserstraßenausbau im Rheingebiete; das ist ja der mit der Einführung von Schiffahrtsabgaben verbundene Gedanke, womit sich meines Erachtens jeder befreunden kann, der an den namhaften Handelsbeziehungen mit Bayern und an einer Erweiterung dieses Wechselverkehrs beteiligt ist.

Meine Herren! Höchst überflüssig wäre es, wenn ich Ihre Ueberzeugung bezweifeln wollte, daß Bayern und Württemberg aus dem Reichs- oder Staatssäckel die Aufwendungen für die erwünschten Meliorationswerke lieber ohne, als gegen Entgelt hinnehmen möchten. Ist der weitere Wasserstraßenausbau ohne Entgelt indes ausgeschlossen, was angesichts der Reichs- und der Staatsfinanzen der Fall ist, so stehe ich als Geschäftsmann nicht an, an die Stelle der historischen Heiligkeit und Unantastbarkeit des Gebührenfreiheits-Prinzips eine den neueren Zwangsforderungen sich anpassende Anschauungsweise und ein mir für die Zukunft dienliches, praktisches Verhalten zu setzen. Ich fange an, zu kalkulieren, ob ich den geforderten Preis leisten kann.

Der Vortragende bejahte dies auf Grund eines Beispiels; einen nur geringen Bruchteil der durch den Bau neuer Wasserstraßen zu erzielenden Frachtkosten-Ersparnisse gilt es, als Gegenleistung zu opfern, aus der Gesamtheit des Verkehrs aber werden dadurch ansehnliche Beträge für den weiteren Wasserstraßenausbau gewonnen werden. Der Vortragende sprach die Hoffnung aus, daß der zu erwartende Entwurf eines Gesetzes über die reichsgemeinwirtschaftliche, auf Grund von Leistung und Gegenleistung vorzunehmende Finanzierung fortschreitenden Wasserstraßenausbaus mehr und mehr die Zustimmung der beteiligten Handels- und Industriekreise Deutschlands finden werde, und ersuchte die Delegierten-Versammlung, sie möge in Ansehung der mit der Durchführung der bayerischen Großschiffahrtspläne verbundenen namhaften, wechselseitigen Interessen und in Ansehung des allgemeinen Reichsinteresses an einer gleichmäßigen wirtschaftlichen Weiterentwickelung des zweitgrößten Bundesstaates dem vorgelegten Beschlußantrage zustimmen. (Beifall.)

Vorsitzender: Meine Herren, ich gebe das Wort dem Herrn Mitberichterstatter Schiffahrtskommissar H o f f m a n n aus Heilbronn.

Schiffahrtskommissär **Hoffmann**-Heilbronn: Die württembergischen Großschiffahrtspläne gehen mit den bereits erörterten bayerischen Projekten Hand in Hand und ergänzen sich gegenseitig, um einem großen Teil Süddeutschlands die bis jetzt gänzlich fehlenden zeitgemäßen Schiffahrtswege zu geben. Die Entwicklung der deutschen Binnenschiffahrt und der Eisenbahnen in den letzten 30 Jahren weist schon darauf hin, wie dringend nötig ein Großschiffahrtsweg zur wirtschaftlichen Hebung eines Landes, insbesondere aber seiner Industrie geworden ist. Während sich der Gesamtverkehr von 1875 bis 1905 in der Binnenschiffahrt um 415 Prozent, bei der Bahn um 309 Prozent gehoben hat, beträgt die kilometerische Zunahme in dieser Zeit 417 Prozent bei der Schiffahrt gegen 100 Prozent bei der Eisenbahn, woraus die bedeutende Ueberlegenheit und der Wert der Großschiffahrt für die Industrie am besten ersichtlich ist. Württemberg ist landschaftlich ein gesegnetes Land und hat auch mit dem wirtschaftlichen Aufblühen Deutschlands seine vorher unbedeutende Industrie wesentlich entwickelt, jedoch in gar keinem Verhältnis zu dem Aufschwung der Industrie im Norden oder gar im Westen unseres Vaterlandes. Die Verhältnisse liegen für sie bei uns zu ungünstig. In der Hauptsache verarbeitende Industrie — ist sie gezwungen, ihre Rohmaterialien, Halbfabrikate und Brennstoffe über die Seehäfen und vom rheinisch-westfälischen Industriegebiet zu beziehen und einen großen Teil der Fabrikate wieder auf demselben Weg zum Markt zu bringen. Nach Süden und Osten ist der Absatz durch starke Zollschranken erschwert. Der Kampf mit der deutschen und ausländischen Konkurrenz ist ein sehr harter und gestaltet sich immer ungünstiger. Die Frachten auf dem langen Transportweg zehren einen guten Teil des Verdienstes auf und zwingen den Fabrikanten, manches seitherige Absatzgebiet aufzugeben.

Die Rheinwasserstraße bietet allerdings bis Mannheim für uns ein ausgezeichnetes Verkehrsmittel, dort müssen aber all die Rohprodukte und Waren umgeschlagen werden, um für die Stadt Heilbronn und nächste Umgebung mit kleinen Neckarschiffen bis dahin, für das ganze übrige Württemberg aber mit der Bahn weiterbefördert zu werden. Schon die Umschlagkosten in Mannheim erreichen einen hohen Betrag. Der Empfänger muß aber außer diesen Kosten noch die Bahnfracht bezahlen, die durchweg noch höher ist als die Schiffsfracht für die lange Rheinstrecke von Rotterdamm oder Ruhrort bis Mannheim. Diese Verhältnisse lassen eine Großindustrie schwer aufkommen und machen auch den vorhandenen Unternehmungen bei äußerster Anstrengung und Tüchtigkeit nur ein langsames Fortschreiten möglich. Einen Beweis hierfür gibt auch die Eisenbahnstatistik, nach welcher in Württemberg, obgleich fast jeder größere Ort und jede Stadt Eisenbahnverbindung hat, der Güterverkehr bei gut entwickelter Landwirtschaft in den letzten Jahrzehnten nur ein sehr mäßiges Anwachsen gegenüber den preußischen und anderen Eisenbahnen aufweist, und gibt ferner die geringere Bevölkerungszunahme gegenüber Mittel-, Nord- und Westdeutschland sowie die bedeutende Abwanderung bei uns.

Diese mißlichen Zustände haben unsere Industrie und namentlich unsere Handelskammern schon seit einer Reihe von Jahren veranlaßt, auf einen besseren Wasserweg nach Württemberg hinzuwirken und den einzigen schiffbaren Fluß, den Neckar, zu einem Großschiffahrtsweg umzuwandeln. Es ist bald 200 Jahre, daß dieser Fluß von seiner Mündung bei Mannheim bis nach Cannstatt, der jetzigen Vorstadt Stuttgarts, mit Schiffen befahren wird. Diese Schiffahrt auf einem Fluß, der seinen Ursprung wie seine Zuflüsse in dem Mittelgebirge hat und regelmäßig im Sommer und Herbst an Wassermangel leidet, mußte mit Einführung der Eisenbahn auf viel kürzerem Weg der letzteren weichen und konnte dann nur noch bis Heilbronn, das nahe an der Landesgrenze liegt, betrieben werden. Aber auch auf dieser Flußstrecke kam die Eisenbahn und machte die seither mit Pferdezug betriebene Schiffahrt unmöglich. Es gelang dann den Bemühungen von Interessenten, mittels Einführung einer Kettenschleppschiffahrt mit staatlicher Zinsgarantie die Schiffahrt nochmals neu zu beleben und den Schiffsverkehr zwischen Mannheim und Heilbronn auf das Doppelte zu steigern, an welchem aber das übrige Württemberg mangels Rentabilität nicht teilnehmen konnte. Aus letzterem Grund wurde deshalb auch untersucht, ob sich die Fortführung der Kettenschleppschiffahrt bis Cannstatt in die Mitte des Landes möglich machen lasse und letzterem den erwünschten Vorteil bringen würde. Das Ergebnis war nicht günstig, ja die fortgesetzte Ermäßigung der Eisenbahngütertarife brachte auch dem bestehenden teuren Kettenschiffahrtsbetrieb große Konkurrenz und droht ihn, wie vorher den Pferdezug, lahmzulegen. Ist doch heute der Kohlentarif von Mannheim nach Heilbronn auf Schiff und Bahn nahezu gleich hoch.

Schon vor 20 Jahren hat daher, namentlich nachdem die Kanalisierung des Mains bis Frankfurt dieser Stadt einen so bedeutenden Verkehrsaufschwung brachte, die Handelskammer Heilbronn die württembergische Regierung um Erhebungen darüber gebeten, ob auch die Kanalisierung des Neckar technisch ausführbar ist. Die Antwort war nicht ungünstig, aber erst die unermüdlichen Bemühungen des Geheimen Hofrats Dr. von Jobst in Stuttgart brachten die Sache durch Gründung eines Komitees und Ausarbeitung eines allgemeinen Plans für eine Kanalisierung des Neckar für das 600 Tonnen-Schiff von Mannheim bis Cannstatt, eventuell bis Eßlingen, einen Schritt vorwärts. Hierdurch wurden die volkswirtschaftlichen Vorteile und die Bautätigkeit erwiesen. Die ursprünglich ablehnende Haltung Badens und Hessens, durch deren Gebiet der Neckar etwa 90 Kilometer in seinem Unterlauf fließt, gaben Veranlassung, die Pläne großzügiger anzulegen und sofort die seit Jahrhunderten angestrebte Verbindung des Rheins mit der Donau ins Auge zu fassen, infolgedessen auch seitens Badens namentlich die Stadt Mannheim der Sache Interesse entgegenbrachte. Würde hierdurch doch für Baden ein großes Hinterland erschlossen und der kürzeste Weg vom Rhein zur Donau geschaffen.

Im Auftrage des erweiterten Komitees wurden für dieses hochinteressante Projekt allgemeine Pläne bearbeitet, die die künstliche Wasserstraße bei der Einmündung der Rems in den Neckar unterhalb Stuttgart-Cannstatt beginnen lassen und sie durch die Täler der Rems, Aal, Kocher und Brenz unter Ueberwindung einer Höhe von 496 Metern über dem Meere bis zur Donau bei Lauingen führen.

Inzwischen waren die Verhandlungen unter den drei Neckaruferstaaten Württemberg, Baden und Hessen soweit gediehen, daß die beiden letzteren gegen die Ausführung der Kanalisierung des Neckar keine Einwendungen erhoben, aber eine Kostenbeteiligung zunächst ablehnten. Auf Antrag der württembergischen Regierung, die die hohe Bedeutung des Projekts voll würdigte, wurden von den württembergischen Landständen die Kosten für die genauen Vorarbeiten der ersten Teilstrecke von Mannheim bis Heilbronn anstandslos bewilligt. Die Vorarbeiten wurden alsdann durch die württembergische und badische Bauverwaltung in Angriff genommen und können noch in diesem Jahr den beteiligten Regierungen zur weiteren Behandlung, namentlich der schwierigen finanziellen Fragen, übergeben werden.

Diesen Vorarbeiten wurde das 600 Tonnenschiff, eine Mindestfahrttiefe von 2,2 Metern und für die Schleusen eine Länge von 85 Metern, eine Breite von 10,5 Metern und eine Tiefe von 2,5 Metern zu Grunde gelegt, es wurden aber zugleich Erhebungen über den Mehraufwand bei der Zulassung von 1000 Tonnenschiffen gemacht. Das 115 Kilometer lange Flußbett wird in der Hauptsache beibehalten und der Wasserspiegel durch 16 Haltungen gehoben, so daß die übliche Fahrzeit der Schleppzüge im freien Fahrwasser infolge der Durchschleusungen um etwa ⅓ verlängert wird. Der Bauaufwand dieser 115 Kilometer langen Teilstrecke wird sich für das 600 Tonnenschiff ohne Hafenbauten und Kraftwerksanlagen auf 25 Millionen Mark stellen, und der Mehraufwand für das 1000 Tonnenschiff nur etwa 3 Millionen Mark betragen.

Es ist ohne weiteres einleuchtend, daß der große wirtschaftliche Vorteil des 1000 Tonnenkahns gegenüber einem solchen von 600 Tonnen, zumal auf einem mit dem größten deutschen Strom in Verbindung stehenden Schiffahrtsweg, gar keinen Zweifel darüber auf-

kommen lassen kann, den letzteren sofort für das größere Fahrzeug auszubauen und ein verhältnismäßig geringes Mehropfer hierfür zu bringen, das volkswirtschaftlich in wenigen Jahren ausgeglichen wird. Nach dem heutigen Stand der Rheinflotte könnten einen Neckarkanal für das 600 Tonnenschiff nur 44 Prozent, für das 1000 Tonnenschiff aber 65 Prozent des gesamten Schiffsraums der vorhandenen deutschen und ausländischen Rheinkähne befahren. Der erweiterte Neckarkanal würde sich daher einen viel günstigeren Frachtenmarkt sichern, ganz abgesehen von der wirtschaftlichen Ueberlegenheit des größeren gegenüber dem kleineren Kahn. — Bei den im Laufe dieses Jahres beginnenden Verhandlungen über den Bau des unteren, wasserreichsten Teiles der Kanalstrecke, für welche von den am Neckar gelegenen bedeutenden Salinen auch zu Tal große Salztransporte zur Verfügung stehen, gilt es mit allem Nachdruck darauf hinzuwirken, daß der Bauausführung das 1000 Tonnenschiff zu Grunde gelegt wird.

Für die zweite Strecke Heilbronn-Cannstatt-Stuttgart, eventl. bis Eßlingen, ist das 600 Tonnenschiff in Aussicht genommen und noch nicht untersucht, ob etwa auch eine Erweiterung der Kanalisierung für das 1000 Tonnenschiff möglich ist. Das Flußbett des Neckars soll auch auf diesem Teil möglichst beibehalten, die Gefälle sollen ebenfalls durch etwa 15 mit Schleusen verbundene Stauwerke überwunden, und zugleich soll ein Stichkanal nach der industriereichen Stadt Bietigheim angeschlossen werden. Bis Eßlingen wird für diese zweite, 85 Kilometer lange Kanalstrecke ein weiterer Bauaufwand von etwa 25 Millionen Mark entstehen.

Die schon erwähnte Verbindung des kanalisierten Neckar mit der Donau über die schwäbische Alb macht die Führung eines besonderen Kanals von 112 Kilometern Länge erforderlich und ist nach den technischen Erhebungen ausführbar, auch stehen genügende Wassermengen zum Betrieb zur Verfügung. Die bedeutenden Höhenunterschiede sollen teils mit Schleusen, teils mit künstlichen Hebewerken überwunden werden. Die Baukosten für diesen Kanal, ebenfalls für das 600 Tonnenschiff angenommen, sind auf 112 Millionen Mark berechnet.

Von der Einführung in die Donau bei Lauingen ist dann noch ein Donauseitenkanal bis zur Einmündung des künftigen Main-Donaukanals erforderlich, welcher auch aufwärts bis Ulm weitergeführt werden soll und einen Teil der bayerischen Schiffahrtspläne bildet. An dieser kürzesten Verbindung der Rhein- und Donauwasserstraßen ist ganz Süddeutschland interessiert, und auch das südwestliche Bayern, mit München und Augsburg an der Spitze, würde den nächsten Schiffahrtsweg nach dem Rhein, dem linksrheinischen Teil Bayerns und dem Saargebiet erhalten.

Unsere Pläne gehen aber noch weiter, getragen durch die namentlich von schweizerischer Seite betriebene Schiffbarmachung des Rheins bis zum Bodensee. Es liegt nahe, daß dann der Danaukanal von Ulm durch die oberschwäbische Hochebene, die nur wenige Hindernisse bietet, bis zum Bodensee weitergeführt wird, welch letzterer dann einen großen internationalen Binnenhafen bilden, den Güterverkehr zwischen Norden und Süden, Osten und Westen vermitteln und die Entwicklung des deutschen Südens mächtig fördern würde. Nach einer technischen Studie ist die Ausführung dieses Kanals möglich: er würde von Ulm bis Langenargen eine Länge von etwa 100 Kilometern erhalten und einen Kostenaufwand von ungefähr 80 Millionen Mark verursachen. Wenn auch die Ausführung dieses Kanals noch in weiter Ferne steht, so darf bei fortdauernder wirtschaftlicher Hebung unseres Vaterlandes schon jetzt an dieselbe gedacht werden.

Hiermit bin ich mit der Schilderung der württembergischen Schiffahrtspläne zu Ende und muß noch einiges über die Bauaussichten anfügen. Wie schon eingangs hervorgehoben, ist die alsbaldige Ausführung der Kanalisierung des Neckar von Mannheim bis Heilbronn, Württembergs bedeutendstem Industrie- und Handelsplatz, dringendstes Erfordernis, würde für etwa ⅘ des württembergischen über die Rheinwasserstraße gehenden Verkehrs eine bedeutende, jährlich mehrere Millionen Mark betragende Frachtersparnis bringen und dadurch Württembergs Industrie, Handel und Landwirtschaft konkurrenzfähiger zu machen. Während der Neckarschiffsverkehr nach und von Württemberg, speziell Heilbronn, nur jährlich ca. 240 000 Tonnen beträgt, dürfte sich derselbe nach eingehenden Berechnungen in kurzer Zeit auf etwa 1 200 000 Tonnen steigern, ohne Berücksichtigung des natürlichen jährlichen Verkehrszuwachses bis zur Ausführung, und daher die Lebensfähigkeit eines Großschiffahrtsweges wohl begründen. Die 115 Kilometer lange Strecke liegt aber etwa 90—95 Kilometer auf badischem und hessischem Gebiet und würde diesen Landesteilen reichlich Gelegenheit zur Ansiedlung von Industrien direkt am Großschiffahrtsweg bieten, wenn auch außer Heidelberg keine größeren badischen und hessischen Städte von ihm berührt werden. Leiden wir im Süden, namentlich in Württemberg, schon lange an der eisenbahnpolitischen Zerfahrenheit und an der gegenseitigen Bekämpfung der süddeutschen Staatsbahnen, so ist jet zu befürchten, daß sich dieser Zustand auch auf die Wasserstraßen überträgt. Wenigstens hat sich bis jetzt wenig Geneigtheit in Baden und Hessen gezeigt, einen Teil des Bauaufwandes des ihr Land durchziehenden Kanals, obgleich derselbe dem Ruin des uralten badischen und hessischen Schiffergewerbes vorbeugen würde, ein Umstand, der allein schon eine Beschleunigung der Arbeiten erfordert, zu übernehmen. Für Württemberg wäre es unmöglich, neben der späteren Fortführung der Kanalisierung und der Verbindung mit der Donau auch noch den badisch-hessischen Teil ganz zu übernehmen.

Ein Lichtschimmer hat sich in dieser Angelegenheit jetzt allerdings gezeigt, nämlich daß bei der überall einsetzenden Nutzbarmachung von Wasserkräften zu Licht- und Kraftzwecken, namentlich auch zum Betrieb von Eisenbahnen, auf eine sofortige Verwertung der durch die Neckarkanalisierung gewonnenen Wasserkräfte gehofft werden darf. Nach dem neuen Projekt soll der Umfang der von Mannheim bis Heilbronn früher zu 24 000 Pferdestärken berechneten Wasserkräfte wesentlich vergrößert und damit auch der wirtschaftliche Nutzen des Unternehmens bei sofortigem Ausbau desselben bedeutend gesteigert sein.

Ob Württemberg mit dieser Hilfe die Bauausführung allein möglich wäre, erscheint sehr fraglich, da auch die Unterhaltung der Anlage im Hintergrund steht. Und hier komme ich auf die zurzeit so viel bekämpfte und befürwortete Frage der S c h i f f a h r t s a b g a b e n. Darüber kann kein Zweifel sein, daß solche in der Form der früheren Schiffahrtszölle bei niemand Anklang finden könnten und nur eine Belästigung und Erschwerung der Schiffahrt sein würden. Nachdem sie aber den preußischen Vorschlägen gemäß nur in sehr niedrigen Beträgen erhoben und die letzteren durch Bildung großzügiger Wasserstraßengemeinschaften, ohne Rücksicht auf die Landesgrenzpfähle, lediglich zur Verbesserung, Ausdehnung und Unterhaltung der Wasserstraßen desselben Stromgebiets, unter geeigneter Mitwirkung der Interessenten verwendet werden sollen, kann auch Württemberg für diese Abgaben eintreten. Mit dieser vom nationalen Standpunkt sehr zu wünschenden Einrichtung wäre die Verfolgung einer auf gesunder Grundlage beruhenden Schiffahrtspolitik gesichert und auch die Ausführung des ersten Stücks unserer württembergischen Kanalpläne, bei dem nicht sehr lebhaften Interesse der beiden anderen Neckaruferstaaten, rascher in Aussicht zu nehmen.

Es ist doch eine sehr mäßige Belastung, wenn z. B. für eine Tonne Ruhrkohlen, die in Mannheim einen Wert von ca. 20 Mark hat, noch 7 Pfg. Abgabe erhoben werden. Es schwanken oft allein die Schiffsfrachten zwischen 1,50 Mark und 5 Mark per Tonne auf der Strecke Ruhrort-Mannheim. Wie heutzutage der wirtschaftlich

Stärkere überall kräftiger gefaßt wird, so kann demjenigen, der den Vorteil der Benützung einer Schiffahrtsstraße hat, auch ein kleiner Beitrag zur Unterhaltung und Erweiterung derselben zugemutet werden, von welch letzterer er direkt oder indirekt auch wieder Nutzen zieht.

Bei uns in Süddeutschland, insbesondere in Württemberg, hat man mit den kleinstaatlichen Eisenbahnbetrieben so schlimme Erfahrungen gemacht und macht sie noch immer, daß sich unser Landesherr selbst veranlaßt sah, die Anregung zu einer deutschen Eisenbahngemeinschaft zu geben, die jetzt wenigstens eine Güterwagengemeinschaft zeitigte. Ich könnte Ihnen solch unglaubliche Verkehrsumleitungen erzählen, daß Sie es begreiflich finden würden, wenn jetzt in Württemberg von oben bis unten durch alle Parteien nur der Wunsch besteht, es möge bei dem Ausbau unserer deutschen Wasserstraßen ein großzügiger nationaler Gedanke die Oberhand gewinnen und die kleinstaatlichen Sonderinteressen zurückdrängen zum Wohl unseres deutschen Vaterlandes und zur Förderung der deutschen Volkswirtschaft, insbesondere von Industrie und Handel.

Möge auch in Ihren Kreisen dieser Gedanke immer mehr durchdringen und Ihnen Veranlassung geben, auf den weiteren Ausbau einer einheitlichen deutschen Verkehrspolitik hinzuwirken. Namens des Neckar-Donaukanalkomitees aber bitte ich Sie dringend um Ihre Unterstützung für unsere süddeutschen Wasserstraßenprojekte, um auch dem Süden eine bessere Entwicklung seiner wirtschaftlichen Verhältnisse zu ermöglichen. (Beifall.)

Vorsitzender: Meine Herren, ich eröffne die Diskussion.

Baurat Dr. ing. **von Rieppel**-München: Meine Herren, ich habe in einer Privatunterhaltung den Eindruck gewonnen, daß die Worte des Herrn Steller in bezug auf die Ausnahmetarife für Roheisen einen Irrtum hervorgerufen haben. Ich möchte nicht anstehen, hier diesen Irrtum aufzuklären.

In Preußen bestehen Roheisen-Ausnahmetarife für einzelne Industriestätten, Magdeburg, Berlin u. s. f. mit Rücksicht auf die Konkurrenz des englischen Roheisens, also für den Versand von den Erzeugungsstätten zu diesen Absatzorten. Die bayerischen Interessenten — ich darf mich ja wohl als Vertreter der größten unter ihnen bezeichnen — haben durch die bayerische Regierung nachgesucht, daß diese Ausnahmetarife auf die Hauptindustriepunkte in Bayern ausgedehnt werden. Das hat Preußen abgelehnt, weil nach Bayern englisches Eisen nicht in Konkurrenz tritt, also kein Bedürfnis dafür vorliegt. Meine Herren, das ist sachlich durchaus richtig. Es waren also nicht politische Erwägungen, sondern Erwägungen rein wirtschaftlicher Natur gewesen, die Preußen bestimmt haben, die Ausnahmetarife nach Bayern abzulehnen. Daß der Zustand für Bayern aber einen empfindlichen Nachteil bedeutet, werden Sie zugestehen.

Vielleicht gestatten Sie mir, noch einige Punkte anzuführen. Herr Steller hat Ihnen einen kleinen Ueberblick über die Notlage gegeben, in der sich die bayerische Industrie tatsächlich befindet. Nun entstanden außerhalb Bayerns darüber Täuschungen, da es bei uns eine Zahl großer Firmen gibt, die anscheinend glänzend rentieren. Dies widerspricht scheinbar der Notlage. Dafür kann ich Ihnen eine einfache Erklärung geben. Wenn Sie die gut rentierenden Firmen genauer beachten, so werden Sie finden, daß es meist Firmen von hohem Alter sind, die von jeher eine außerordentlich vorsichtige Finanzpolitik getrieben haben; ich darf vielleicht, da so oft darauf Bezug genommen wird, auch meine Firma erwähnen. Sie besitzt neben dem Aktienkapital an Reserven nahezu das Doppelte des Kapitals, und wenn Sie die landesübliche Verzinsung rechnen, so käme ungefähr die Dividende heraus, die wir geben; wir brauchten gar nicht zu arbeiten. (Heiterkeit.) Wenn Sie aber andere Firmen nehmen, so sind Dutzende, die sich in Bayern aufgetan haben, einfach wieder verschwunden. Sie konnten nicht bestehen, eben in Rücksicht auf die kolossale Frachtbelastung, und das wird auch für die Folge so bleiben. Ich glaube, es liegt wirklich im Interesse des ganzen Deutschen Reiches, daß unsere Landesteile auch etwas in die Höhe kommen. Wir sind zwar heute schon beachtenswerte Abnehmer des großen nordwestdeutschen Industriezentrums, aber wie schwer uns die Abnahme zurzeit noch ist, mögen Sie auch daraus ersehen, daß wir in Bayern einen Eisenverbrauch von 75 Kilogramm pro Kopf und Jahr haben, während er für ganz Deutschland 180 Kilogramm beträgt, also mehr als das Doppelte; und ganz ähnlich ist es mit den Kohlen. Man könnte sagen, wir haben Holz dafür; das ist nicht richtig. Das Holz wird als Brennmaterial nur mehr im Süden bei uns verwandt; wir sind durchaus auf Kohlen angewiesen.

Ich bitte dringend, Ihre Zustimmung zu der vorgeschlagenen Resolution zu geben, damit auch uns etwas geholfen wird, und damit wir den übrigen aufstrebenden Ländern Deutschlands gleichgestellt werden. (Beifall.)

Rechtsanwalt **Jehle**-Stuttgart: Meine sehr verehrten Herren! Das Württembergische Industriekartell hat es mit großer Freude begrüßt, daß hier im Centralverband die Frage der süddeutschen Wasserstraßen zur Erörterung gekommen ist, und hat es mit ganz besonderer Freude begrüßt, daß sie in einer auch für die württembergische Industrie so erfreulichne Weise heute erörtert worden ist.

Wir in Württemberg haben mit einer Strömung gegen den Centralverband zu rechnen. Es wird bei uns behauptet, daß der Centralverband einseitig sei und daß die württembergische Industrie dabei zu kurz komme. Wir sind bei der Gründung des württembergischen Industriekartells davon ausgegangen, daß das nicht richtig ist, und wir können heute den Beweis für unsere Ueberzeugung mit nach Hause nehmen.

Was Ihre heutige Beschlußfassung betrifft, so haben wir die Zuversicht, daß, wenn eine zustimmende Stellungnahme erfolgt, die noch vorhandenen Widerstände in der Kanalfrage besser überwunden werden. Insbesondere hoffen wir in Württemberg, daß diejenigen einzelstaatlichen Regierungen, welche heute noch gegen die Gründung einer Finanzgemeinschaft Widerstand leisten, zu der Ueberzeugung kommen, daß es sich um eine allgemein-deutsche wirtschaftliche Frage handelt, welche vor den Landesgrenzen nicht Halt machen kann.

Meine sehr verehrten Herren, als man Eisenbahnen baute, da waren es die Pferdebesitzer, und diejenigen, welche ein gutgehendes Postwirtshaus besaßen, welche gegen die Erbauung von Eisenbahnen Protest einlegten. Es gibt auch heute noch gewisse Kirchturm-Interessen, welche sich bei einer derartigen großzügigen Sache geschädigt sehen, welche aber, wenn die Sache zur Ausführung kommt, doch wieder indirekt an der Hebung des Ganzen teilnehmen, so daß auch sie sich beruhigen dürfen.

Wir im württembergischen Industriekartell treten nun speziell dafür ein, daß zwischen den beteiligten Staaten des Rheinstromgebiets eine F i n a n z g e m e i n s ch a f t gebildet wird, und zwar eine Finanzgemeinschaft, welche basiert auf der Erhebung von S ch i f f a h r t s - a b g a b e n. Die württembergische Regierung hat sich bei den Verhandlungen auf den Standpunkt gestellt, daß die Reichsverfassung die Erhebung von Schiffahrtsabgaben verbietet, daß es entweder einer authentischen Interpretation oder einer Abänderung der Reichsverfassung bedarf, um die Schiffahrtsabgaben einzuführen. Preußen hat sich dieser Auffassung angeschlossen, und es bestehen nunmehr aussichtsvolle Verhandlungen, daß diese Finanzgemeinschaft zustande kommt. Auch das Großherzogtum Baden soll in letzter Zeit sich der Bildung derselben geneigter gezeigt haben als bisher. Wir sind nicht der Meinung — und ich möchte das entgegen der Versammlung in Weimar konstatieren —, daß diese Abänderung der Reichsverfassung Zweifel aufkommen läßt an der Sicherheit und Stetigkeit der Reichsverfassung überhaupt. Das dürfte doch wohl eine große Uebertreibung sein. Wir möchten allerdings, daß wir eine Sicherung dafür bekommen, daß die Abgaben Zweckabgaben bleiben, das heißt, daß sie nicht zu fiskalischen und nicht zu agrarischen Interessen ausgenutzt werden können. Wir wünschen daher, daß der Tarif, der für die Schiffahrtsabgaben zu bilden ist, im Wege des Staatsvertrages festgelegt wird, und daß in der Finanzgemeinschaft nicht die Majorität entscheidet, sondern daß eine Abänderung nur durch gemeinsamen Willen mit allseitigem Einverständnis der Kontrahenten getroffen werden kann. (Sehr gut!) Wir wünschen insbesondere, daß die industriellen Rohstoffe, und allen voran die Kohle, eine besondere Vergünstigung genießen. Es ist in Aussicht genommen, das Tonnenkilometer Kohle mit 0,2 Pfennig zu belasten. — (Nachträglich berichtigt: 0,02.)

Bei der Gründung der Finanzgemeinschaft ist unter den beteiligten Staaten bereits in Aussicht genommen das Projekt Mannheim—Heilbronn, und dafür ist auch schon ein Beitrag angesetzt, so daß wir Württemberger auf diese Weise am raschesten und am zweckmäßigsten zu diesem großen Schiffahrtswege auf dem Umwege über die Finanzgemeinschaft kommen. Unsere Regierung ist nicht geneigt, die großen Unkosten des Kanals allein auf sich zu nehmen. Das würde so hohe Schiffahrtsabgaben verlangen und die Interessenten würden so hohe Beiträge zu bezahlen haben, daß die Zweckmäßigkeit des ganzen Unternehmens in Frage gestellt werden würde. So viel mir bekannt ist, ist ausgerechnet worden, daß eine durchschnittliche Abgabe von 0,42 Pf. pro Tonnenkilometer erhoben werden könnte, um die Verwaltungskosten zu decken. Die württembergische Regierung und wir hoffen, daß bis zum Jahre 1917 die Strecke Mannheim—Heilbronn hergestellt werden könnte.

Zum Schlusse haben wir noch einen Wunsch. Wir haben den Wunsch, daß aus dieser Finanzgemeinschaft auch eine weitergehende Gemeinschaft in Eisenbahnfragen erwächst. Das ist in Württemberg ein dringender Wunsch der Industrie. Die „Nationalität“ der Güterbahnwagen, welche eine sehr schöne Institution war, ist ja jetzt, Gott sei Dank, aufgegeben; aber wir sind der Meinung, daß das für unsere süddeutschen Verhältnisse noch viel zu wenig ist. Unsere einzelstaatlichen Bahnen machen sich eine derart scharfe Konkurrenz, daß darunter die Interessenten zu leiden haben. Wir würden es dankbar begrüßen, wenn der Centralverband auch einmal diese Frage auf seine Tagesordnung setzen würde. (Beifall.)

Vorsitzender: Meine Herren, ehe ich das Wort weiter gebe, möchte ich bemerken, daß dem Herrn Rechtsanwalt Jehle wohl ein Irrtum unterlaufen ist, insofern, als er als Grundpreis für die Schiffahrtsabgaben bei Kohle 0,2 Pf. angegeben hat. Soweit ich unterrichtet bin, sind es nur 0,02 Pf. (Sehr richtig!)

Dr. **Kuhlo**-München: Meine Herren, gestatten Sie, daß ich namens der bayerischen Industrie noch einige Worte zu dem Thema anführe.

Sie haben aus den Ausführungen meines Kollegen Steller ersehen, daß wir in Bayern wirklich wirtschaftlich in keiner beneidenswerten Lage sind, und ich brauche wohl nicht zu wiederholen, welches die Gründe hierfür sind. Das Schlimmste ist, daß wir wenig Aussicht haben, daß sich das in absehbarer Zeit bessern wird. Denn daß wir je in Bayern dazu kommen werden, Rohstoffe in dem Maße zu fördern, wie dies unseren Bedürfnissen genügt, darf wohl heute schon als ausgeschlossen gelten, und auch mit der Tarifpolitik unserer Eisenbahnen sind wir so ziemlich an der Grenze des Erreichbaren angekommen, so daß wir also auch auf diesem Gebiete wenig mehr zu erhoffen haben. Der Ausspruch, Deutschlands Zukunft liegt auf dem Wasser, trifft also für keinen Teil mehr zu als für Bayern, denn wirklich liegt für uns die Zukunft unseres Landes in dem Ausbau der Wasserstraßen. Das hat auch schon vor 16 Jahren unser zukünftiger Thronfolger Prinz Ludwig erkannt, indem er seinerseits den Verein für Hebung der Fluß- und Kanalschiffahrt in Bayern ins Leben gerufen und alle Interessenten für diese Bestrebungen um sich geschart hat. Dieser Verein hat für Bayern so viel geleistet, daß er mit einem Kostenaufwande von fast 200 000 Mark durch ein eigenes technisches Bureau von Sachverständigen eine Denkschrift ausarbeiten ließ, in der der Nachweis geliefert wurde, daß der Donau-Main-Kanal für Bayern technisch möglich ist, und daß er außerdem eine volkswirtschaftliche Schrift herausgegeben, in der er alles dieses begründet und ausführlich nachgewiesen hat, welche Vorteile dieser Kanal für Bayern mit sich bringt.

Trotzdem kommen wir in Bayern mit allen Projekten nur sehr langsam vorwärts. Die Grundlage aller unserer Wasserbaubestrebungen würde vorläufig die Mainkanalisierung bieten. Diese hat nun aber ein eigentümliches Schicksal gehabt. Zuerst hat Preußen es rundweg abgelehnt, den Main bis Aschaffenburg zu kanalisieren. Später, als zuerst die Schiffahrtsabgabenfrage auftauchte, hat man durchblicken lassen, für den Preis, daß Bayern sein Einverständnis zu diesen Schiffahrtsabgaben erklären würde, wäre vielleicht auch die Mainkanalisierung bis Aschaffenburg zu haben.

Nun sind wir Bayern, wie Sie sich denken können, keine Freunde von irgend welchen Verkehrserschwerungen und hatten uns infolgedessen zuerst sehr energisch gegen die Schiffahrtsabgaben ausgesprochen. Auch Prinz Ludwig hat wiederholt Gelegenheit genommen, sich sehr scharf gegen diese Verkehrserschwerung auszusprechen. Als wir aber einsahen, daß es für uns keinen anderen Weg gibt, und daß wir die Mainkanalisierung nicht eher bekommen werden, als bis wir unsere Zustimmung zu diesen Schiffahrtsabgaben erteilt haben, haben wir auch hiermit unser Einverständnis erklärt, und Prinz Ludwig hat schon erklärt, daß er nunmehr seine Anschauung geändert habe und um diesen Preis seine Zustimmung gebe.

Die bayerische Regierung hat schon vor zwei Jahren im Bundesrat grundsätzlich ihre Zustimmung zur Einführung von Schiffahrtsabgaben erteilt; aber die Schiffahrtsabgaben kommen nicht und damit auch nicht die Mainkanalisierung bis Aschaffenburg. Wir sind hier jetzt immer noch auf dem toten Strang. Die Verhandlungen kommen nicht weiter, und daher ist auch immer noch nicht der Anfang mit dem Ausbau unseres Wasserstraßensystems in Bayern gemacht.

Meine Herren, Sie würden sich gewiß den Dank der bayerischen Interessenten und der bayerischen Industrie verdienen, wenn Sie heute die Resolution, die Ihnen vorgeschlagen ist, annehmen und damit die Möglichkeit schaffen, daß die Hindernisse, die dem Ausbau unseres Wasserstraßensystems noch immer entgegenstehen, beseitigt werden. (Beifall.)

Landtagsabgeordneter Dr. **Beumer**-Düsseldorf: Meine Herren, bei der Reichhaltigkeit der Tagesordnung, die wir noch zu erledigen haben, würde ich mich gar nicht zum Worte gemeldet haben, wenn ich nicht Wert darauf legte, daß unsere s ü d d e u t s c h e n Bundesbrüder hier nicht a l l e i n für ihre Wasserstraßen eintreten, sondern daß sich auch ein Mann aus dem W e st e n dafür äußert, der hier namens zweier bedeutender Körperschaften sprechen kann. Ich lege darauf umso mehr Wert, als ich aus dem Konkurrenzgebiet des Westens bin, aus dem Gebiete, das namentlich Bayern gegenüber in scharfem Wettbewerb auf dem Markte auch in der Eisenindustrie zu stehen pflegt.

Nun haben wir es bei Redewendungen für unsere süddeutschen Bundesgenossen nicht bewenden lassen, sondern wir haben auch durch die Tat gezeigt, daß wir einem Ausgleich der bestehenden Verhältnisse Widerstand nicht entgegensetzen. Wir haben insbesondere seitens der „Nordwestlichen Gruppe des Vereins Deutscher Eisen- und Stahlindustrieller" in Düsseldorf bezüglich der Roheisentarife ausdrücklich ausgesprochen, daß wir einer Ausdehnung dieser Tarife bis nach Bayern hin, bis Aschaffenburg, wie Herr Dr. v. Rieppel dargelegt hat, keinen Widerspruch entgegensetzen, daß wir also mit der Ausdehnung der Roheisentarife im Interesse von Bayern durchaus einverstanden sind. Weiterhin, meine Herren, haben wir im Westen bezüglich der Wasserstraßen niemals einen Widerspruch erhoben gegen den Ausbau neuer Schiffahrtswege. Wir stehen nicht auf dem einseitigen Standpunkt, daß wir glauben, durch einen Ausbau von Wasserstraßen in anderen Bezirken könnte der Westen gefährdet werden. Es können zwar durch den Ausbau neuer Wasserstraßen Verschiebungen eintreten, aber, meine Herren, wir sind der Ansicht, daß sich diese Verschiebungen auf die Dauer ausgleichen, und daß schließlich auch jeder Wasserweg beiden Teilen auf die Dauer zugute kommt. (Zustimmung.)

Meine Herren, die Frage der Schiffahrtsabgaben steht ja heute hier nicht nach der grundsätzlichen Seite zur Besprechung. Man kann ein Gegner der Schiffahrtsabgaben sein, aber es doch aussprechen, daß, wenn die Schiffahrtsabgaben kommen, wir davon den Erfolg erwarten, den hier die Redner erhoffen, die sich für die Schiffahrtsabgaben ausgesprochen haben. Meine Herren, nach dieser Richtung hin haben wir auch im Westen für den Fall, daß es der Preußischen Staatsregierung gelingt, die nach § 19 des preußischen Kanalgesetzes notwendigen Schiffahrtsabgaben durchzusetzen, das heißt also, die Bedenken aus Artikel 54 der Verfassung und die aus der Elb- und Rheinschiffahrtsakte entgegenstehenden Hindernisse zu beseitigen, uns dafür auszusprechen, daß dann Zweckverbände errichtet werden, die den Ausgleich der wirtschaftlichen Kräfte in unserem gesamten Vaterlande zur Erreichung eines gemeinsamen großen Zieles im Auge haben. (Sehr gut! und Bravo!)

Meine Herren, der Westen, insbesondere auch die Vereinigung rheinisch-westfälischer Handelskammern, deren verehrter Vorsitzender auch der Vorsitzende des Zentralverbandes Deutscher Industrieller ist, haben nach dieser Richtung hin ihre Ansichten in ausführlicher Weise kundgegeben, und mein verehrter Freund und Kollege im Preußischen Abgeordnetenhause, Herr Syndikus Hirsch-Essen, hat wiederholt in diesem Sinne dort das Wort ergriffen.

Meine Herren, Sie wollen aus diesen Tatsachen ersehen, daß wir im preußischen Westen den süddeutschen Wasserstraßenplänen durchaus sympathisch gegenüberstehen. (Beifällige Zustimmung.) Wir tun das umsomehr, als wir im Westen auch das alte Pindarsche Wort verfechten: ariston men hydor, das Wasser ist das Beste — für das Trinken natürlich ausgenommen. (Heiterkeit und Beifall.)

Kommerzienrat **Schott**-Heidelberg: Meine Herren, ich habe es dankbar begrüßt, daß der Centralverband zu dieser wichtigen Frage Stellung genommen hat. Der Ausbau unserer süddeutschen Ströme Main und Neckar ist für die Industrie der beiden Länder Württemberg und Bayern geradezu eine Lebensfrage. Wir in Baden stehen der Sache durchaus sympathisch gegenüber und haben diese Kanalprojekte nach Kräften gefördert, obgleich wir uns klar darüber sind, daß wir im Anfang Verluste dadurch haben werden. Durch den Ausbau der Wasserstraße des Neckar, wenn auch zunächst nur von Mannheim bis Heilbronn, wird unser großer Handelsplatz Mannheim als Stapelplatz ganz zweifellos verlieren. Allein unsere Kaufleute sind weitsichtig genug, um zunächst eintretende Verluste willig auf sich zu nehmen, in der Aussicht, daß die später zu erwartenden großen Vorteile, namentlich, wenn ein Großschiffahrtsweg zur Donau hergestellt wird, diese Verluste wieder ausgleichen werden.

Anders ist unsere Stellung zu den Schiffahrtsabgaben. Es kann für uns keinem Zweifel unterliegen, daß die Entwickelung unserer Industrie in Baden durch die Schiffahrtsabgaben ganz erheblich gehemmt werden wird. Die für den Rhein in Aussicht genommene Abgabe von durchschnittlich 0,04 Pf. pro Tonnenkilometer, so klein sie auch erscheinen mag, ist durchaus nicht so bedeutungslos. Um nur eine Zahl anzuführen, möchte ich hier erwähnen, daß meine Firma durch diese Abgabe eine Belastung von 36 000 bis 40 000 Mark jährlich haben würde. Das ist für eine einzelne Firma doch schon eine ganz erhebliche Belastung.

Ich möchte deshalb dringend wünschen, daß Mittel und Wege gefunden werden könnten, um dieses so außerordentlich wichtige Kanalprojekt — je eher, je besser — zur Durchführung zu bringen, jedoch ohne Schiffahrtsabgaben. (Zustimmung.)

Vorsitzender: Meine Herren, die Rednerliste ist erschöpft. Es meldet sich niemand mehr zum Wort. Ich schließe die Diskussion.

Die Herren Berichterstatter haben auf ein Schlußwort verzichtet.

Ein anderer Antrag, als der Ihnen vom Direktorium vorgelegte, liegt nicht vor. Es ist also lediglich über diesen abzustimmen. Der Antrag ist in Ihren Händen. Es wird mir wohl erlassen, ihn noch einmal vorzulesen. (Zustimmung.)

Ich darf diejenigen Herren, welche gegen den Antrag zu stimmen gewillt sind, bitten, sich von ihren Plätzen zu erheben. — Der Antrag ist einstimmig angenommen. (Beifall.) (S. S. 132)

Wir kommen zum nächsten Punkt der Tagesordnung:

Der Gesetzentwurf, betreffend die Abänderung der Gewerbeordnung vom 16. Dezember 1907, die ihn betreffenden Verhandlungen und Beschlüsse in der Kommission und im Plenum des Reichstages und die Stellungnahme der betroffenen Industrien.

Herr Regierungsrat Dr. Bartels hat als Berichterstatter das Wort.

Berichterstatter Regierungsrat Dr. **Bartels** Berlin: Meine hochverehrten Herren! Am 16. Dezember 1907 wurde dem Reichstag der Entwurf eines Gesetzes betreffend Abänderung der Gewerbeordnung vorgelegt, der schon im März vorigen Jahres die Delegiertenversammlung in eingehender Weise beschäftigt und zu ausführlicher Stellungnahme veranlaßt hat.

Der Gesetzentwurf fand zunächst im Reichstage selbst nicht eine besonders schnelle Förderung. Er gelangte im Frühjahr im Plenum zur ersten Lesung und verschwand dann in der Kommission, die bis in den Anfang des Sommers hinein tagte, aber keine sonderlichen Beschlüsse förderte, wenigstens gelangte nicht viel von den Beratungen an die Oeffentlichkeit. Die Kommission blieb, da sich der Reichstag vertagte, in Permanenz und fing schon vor Beginn der eigentlichen Herbsttagung des Reichstags mit ihren Arbeiten wieder an. Nunmehr wurden in einer merkwürdig raschen, ja überstürzenden Weise Teile dieser Novelle durchberaten, die man in einer Sondergewerbenovelle zusammenfaßte, und die sich im wesentlichen — ich will mich auf die Einzelheiten hier gar nicht einlassen — mit der gesetzlichen Regelung der Frauenarbeit befaßten.

Je mehr von den Kommissionsbeschlüssen — die ja offiziell nicht veröffentlicht werden — durch die Presse in die Oeffentlichkeit durchsickerte, desto unruhiger wurden die dadurch berührten Kreise der Industrie und namentlich die davon in erheblicher Weise betroffenen Kreise der uns angehörigen Textilindustrie. Man beratschlagte hin und her, wie man zu den Beschlüssen füglich am wirksamsten Stellung nehmen könnte. Es wurden Eingaben an den Reichstag, an den Bundesrat, an die einzelnen Landes-Regierungen noch in letzter Stunde gemacht und Audienzen an den leitenden Stellen nachgesucht, um die durch die Reichstagskommission beschlossene übermäßige Verkürzung der Arbeitszeit für Frauen namentlich an den Sonnabenden von der Industrie abzuwenden. Alles dieses fruchtete nichts. Die Kommission beendete in überraschend schneller Weise ihre drei Lesungen; der Gesetzentwurf kam am 30. November im Plenum zur zweiten Lesung, und bereits am 9. Dezember, nach vier Sitzungstagen, die noch nicht einmal ganz voll dem Gegenstande gewidmet waren, war das Gesetz durchberaten und angenommen. Alle Anstrengungen der Industriellen, Milderungen in der starren Festsetzung und Verkürzung der Arbeitszeit herbeizuführen, waren wenigstens in den wesentlichsten Punkten fruchtlos, nur unbedeutende Erleichterungen in der Zahl der Ausnahmetage und in der ganz unhaltbaren Differenzierung der Arbeitszeit der verheirateten Frauen an den Sonnabenden wurden erreicht. Nunmehr stand die Industrie vor der vollendeten Tatsache des fertigen Gesetzes, sie sah ihre einzige Zuflucht noch in der Hilfe der Regierung. Aber leider versagte auch diese. Alle Eingaben, die von den verschiedenen Interessenten in den einzelnen Bundesstaaten an die Einzelregierungen gingen, und die von seiten des Centralverbandes an den Bundesrat, beziehungsweise an das Reichsamt des Innern und den Herrn Reichskanzler gerichtet wurden, blieben ohne Erfolg, und schon am 28. Dezember v. J. erschien das Gesetz im Reichsgesetzblatt.

Es ist keine Uebertreibung, wenn ich im Auftrage der hierdurch namentlich betroffenen Textil-Industrie erkläre, daß sie durch die Stellungnahme auch der Regierung in diesem Falle aufs höchste bestürzt gewesen ist. (Beifällige Zustimmung.) Wir fragen nach den Gründen, die sowohl die Gewerbeordnungs-Kommission zu dieser hastigen Durchberatung, wie die Regierung zu dieser merkwürdig schnellen Verabschiedung des Gesetzes bestimmt haben.

Meine Herren, wenn wir den Motiven nachgehen, die die Reichstagsabgeordneten geleitet haben, so muß ich etwas weiter ausholen. Wenn Sie sich die Zusammensetzung dieser Kommission ansehen, so besteht sie aus 28 Mitgliedern, von denen sind nur vier Industrielle und ein Herr ist Geschäftsführer eines industriellen Verbandes (Hört! Hört!), von den Industriellen sind höchstens zwei als mit den Verhältnissen der Textilindustrie wirklich vertraut zu bezeichnen. Wenn Sie dem aber entgegenhalten, daß sonst darin sitzen Redakteure, Philologen, Theologen, Juristen, Arbeitersekretäre usw., alles Herren, denen die Industriellen eine sachgemäße und fachgemäße Beurteilung ihrer Verhältnisse absprechen müssen, dann können Sie sich nicht wundern, daß solche Beschlüsse zustande kommen, wie es geschehen ist. Die Sache wird umso schwerwiegender, als, wie wir verbürgt wissen, die Eingaben, die vom Centralverbande und anderen vielen Fachvereinigungen der Textilindustrie aus allen Teilen des Reichs, aus dem Süden, dem Westen und Osten, aus Sachsen und Bayern wie aus Preußen, gekommen sind, einfach ungelesen unter den Tisch der Kommission geflogen sind. (Hört! Hört!) Man beachtet überhaupt nicht die Wünsche der Industrie, es ist den Herren ganz gleichgültig, was wir sagen, wir sind ja die „rückständigen Arbeitgeber", sie sind die „hohen Sozialpolitiker", die von „großen Gesichtspunkten" aus die Sache betrachten, während wir nur „bremsen", nur „scharf machen" können. (Lebhafter Beifall.)

Das sind die Ansichten der Kreise des Reichstags. Aber, meine Herren, die Sache hat auch noch eine andere Bedeutung. Betrachten wir doch einmal die Verhältnisse, unter denen in anderen Parlamenten Gesetze beraten werden, die in die Lebensbedingungen irgend eines gewerblichen Kreises oder Standes eingreifen. Meine Herren, Frankreich, England, Amerika, haben ihre Enquetekommissionen, die selbständig arbeiten, die sich selbständig mit den Beteiligten in Berührung und Fühlung setzen, die ihren Stolz darin finden, die Interessen derjenigen wirklich zu studieren und zu fördern, die durch ein Gesetz betroffen werden. Bei uns haben wir das gerade Gegenteil. Der Reichstag bestürmt die Regierung mit Anträgen, denen die Regierung sich schlechterdings nicht entziehen kann, und denen sie in einer Gesetzesvorlage Rechnung trägt. Solcher Vorlage, die ja zweifellos auf vielem Tatsachenmaterial beruht, das aus Interessentenkreisen stammt, steht der Reichstag in seiner Mehrheit von vornherein kritisch, wenn nicht feindselig gegenüber. Es ist das Bürokratische, das der Reichstagsabgeordnete unter allen Umständen bemängeln zu müssen glaubt. Und nun legen die Herren erst von ihrem „sozialen Standpunkt" aus los und zerpflücken und verschlechtern von theoretischen Gesichtspunkten aus solch' einen Gesetzentwurf. Sie fühlen sich nun etwa nicht veranlaßt, ihrerseits die interessierten Kreise nochmals zu hören und auf deren Wünsche und Vorstellungen einzugehen. Die tatsächlichen Verhältnisse sind den Herren Abgeordneten nicht nur fremd, sondern auch gänzlich gleichgültig, man gibt sich auch nicht die geringste Mühe, die mangelnde Sachkunde durch sachverständige Information zu ergänzen. Das ist der gewaltige Unterschied in der Art, wie die Gesetzgbeung in Deutschland arbeitet zu der Tätigkeit in anderen Staaten. (Sehr richtig!) Ich könnte das alles noch weiter ausführen; es wird sich aber heute noch genug Gelegenheit bieten, auf die Gründe näher einzugehen, die zu dieser, die Industrie so überaus schädigenden, theoretischen Sozialpolitik, die allein für die Beratungen in solcher Weise zusammengesetzter Reichstagskommissionen maßgeblich ist, führen. Unser hochverehrter Herr Bueck wird ja Veranlassung haben, alle diese Dinge noch weiter zu erörtern.

Wenn wir nun weiter fragen, warum auch die Regierung in diesem speziellen Falle Ihren Wünschen, meine Herren, nicht nachgekommen ist, so ist uns zweierlei gesagt worden. Einmal wurde in der Kommission entgegengehalten: wir müssen die Berner Konvention ratifizieren. Meine Herren, das, was notwendig war, um die sog. Berner Konvention, das internationale Uebereinkommen über das Verbot der Nachtarbeit der gewerblichen Arbeiterinnen vom 26. 9. 1906, ratifizieren zu können, war tatsächlich eigentlich bei uns längst Gesetz. Denn daß den weiblichen Arbeitern fast in allen Industrien eine mindestens elfstündige Nachtruhe bereits gewährleistet ist, steht fest, daß dies nunmehr auch gesetzlich festgelegt wurde, darüber hat sich kein Industrieller beschwert. Es wäre eine Kleinigkeit gewesen, dies durch einen Zusatz zu § 137 G.-O. in einer „lex specialis" zum Ausdruck zu bringen, damit wäre die Sache erledigt gewesen, und dann konnte die Berner Konvention glatt unterzeichnet werden. Deren Ratifizierung war nur das Schreckgespenst, mit dem man die öffentliche Meinung irre führte, das man dazu benutzte, noch die vielen anderen Bestimmungen in die Sondergewerbenovelle einzufügen, die mit der Berner Konvention nicht das Geringste zu tun haben. In diesem Zusammenhange möchte ich noch an etwas erinnern — ich bin dazu ganz besonders aus den Interessentenkreisen aufgefordert worden —: wenn wir immer gar so emsig darauf bedacht sind, internationale Vereinbarungen zu halten, bezw. abzuschließen, warum schafft man keine Sicherheiten, daß dies auch seitens des Auslandes geschieht! Nach der internationalen Arbeiterschutz-Konferenz vom Jahre 1890 ist die Beschäftigung von Kindern unter 14 Jahren, bezw. vor beendeter Schulpflicht untersagt, in Deutschland wird dies längst beachtet, und kein Mensch bei uns denkt daran, die Aufhebung dieses Verbots zu erstreben. Das Ausland kehrt sich aber nicht daran. In Belgien, Frankreich und England kehrt sich niemand an die Bestimmungen dieser Vereinbarung; die Kinderarbeit herrscht überall noch. Gerade in England ist sie erst durch eine Parlamentsakte von 1901 noch besonders festgelegt worden. So sehr man natürlich vom sozialpolitischen Standpunkt aus, den wir hier vollständig teilen, das Verbot billigen kann, — auch die Industrie will nicht etwa für die Wiederzulassung der Kinderarbeit eintreten, das will ich hier nur feststellen, damit uns nicht ein Strick daraus gedreht werden könnte — so ist trotzdem die Kinderarbeit für diese Konkurrenzstaaten, namentlich für England besonders wertvoll, weil sie gerade für die Spinnereien einen außerordentlich geschickten Nachwuchs sichert. (Sehr richtig!)

Also, meine Herren, mit der Berner Konvention durfte uns die Regierung nicht kommen; sie wollte eben den Wünschen der Industrie nicht Rechnung tragen, sie glaubte es nicht tun zu können, wohl deshalb, weil sie den sozialpolitischen Strömungen der Mehrheit im Reichstage nachzugeben sich verpflichtet fühlte; und, meine Herren, das ist das ungemein Bedenkliche, wogegen wir wieder und immer wieder Stellung nehmen müssen und heute ja noch bei anderer Gelegenheit werden Stellung ergreifen, weil die Kreise der Regierung die Dinge überhaupt von einem anderen Gesichtswinkel aus betrachten, oder zu beurteilen sich veranlaßt fühlen. Ich bin auch Verwaltungsbeamter gewesen und habe es gelernt, dieselben Fragen zunächst ganz anders zu betrachten; aber ich habe in meiner neuen Tätigkeit umgelernt, und ich stehe nunmehr mit Ueberzeugung auf Ihrem Standpunkt, denn in der Praxis sehen sich die Dinge ganz anders an. Ich weiß, daß das, was ich hier vertrete, nicht Flausen sind, sondern es sind wirklich Ihre Lebensinteressen, die betroffen werden, es sind schwerwiegende Sorgen, die Sie, ernste und patriotische Männer, erfüllen gegen eine Gesetzgebung, die in so hohem Maße zu einer Schematisierung und Reglementierung neigt, wie sie zum Beispiel in der Festlegung des zehnstündigen Maximalarbeitstages zu finden ist. Denn, meine Herren, was haben Sie denn eigentlich verlangt? Sie haben gesagt: laßt uns doch neben dem zehnstündigen Maximalarbeitstag, oder auch statt dessen die 60stündige Normalarbeitswoche. Dann hat der einzelne Unternehmer die Möglichkeit, sich seinen Betrieb so einzurichten, wie es sich örtlich am besten gestalten läßt; denn natürlich liegen in den verschiedenen Teilen des Reichs mit ganz verschiedenen wirtschaftlichen Entwicklungen die Dinge nicht nach „Schema F" gleich. Bei der 60stündigen Normalarbeitswoche wäre es so gekommen, daß man in der Regel 10½ Stunden gearbeitet, dafür aber den Sonnabend nachmittag freigelassen hätte. Das wäre auch für die Arbeiter am bequemsten und nützlichsten gewesen. Das verstieße aber gegen den „Geist der Berner Konvention", so sagte man in der Kommission und kam zu dem starren System, was den „Vorteil" bietet, daß der Unternehmer die Polizei auf dem Nacken sitzen hat, sobald er einmal 5 Minuten über zehn Stunden hat arbeiten lassen. Und das unfreiwillig Humoristische ist dabei, daß der Reichstag und diejenige Presse, die den „sozialpolitischen Fortschritt" vertreten, die ewig schimpfen auf den Bürokratismus und auf die Verschlechterung unserer Gesetzgebung, durch ihre eigenen Vertreter im Reichstage eben diese Gesetze selber machen helfen. Diese „moderne" Gesetzgebung selbst ist es, die immer neue Behörden und Zuständigkeiten schafft, immer neue Mittel findet, um Polizeiverordnungen gegen die gewerblichen Kreise zu ermöglichen, um die industriellen Betriebe immer mehr unter polizeiliche Kontrolle zu stellen. Es ist nichts als ein lächerlicher circulus vitiosus, wenn in der Presse gewisser Parteien behauptet wird, wir lebten in einem bürokratischen Staat, und wenn die Vertreter derselben Parteien im Reichstage gerade in erster Linie dazu beitragen, daß solche Gesetze zustande kommen. (Lebhafte Zustimmung.) Damit ist Punkt 1 der Tagesordnung erledigt.

Meine Herren, wenn ich nun nach dieser allgemeinen Betrachtung zu den weiteren Punkten der Resolution übergehe, so gewinnt nach der durch die Sondergewerbenovelle geschaffenen erheblichen Verkürzung der Arbeitszeit, die weit über die schlimmsten Befürchtungen der Industrie hinausgeht, besondere Bedeutung die erweiterte Zulassung des Fortbildungsschulzwangs. Gerade dies hat auch den Centralverband veranlaßt, obwohl die Delegiertenversammlung auch hierzu schon im Vorjahre Stellung genommen hat, auf diese Sache noch einmal etwas näher einzugehen. Ich möchte zunächst einmal etwas von der Stellungnahme der Regierung selbst zu diesen Fragen vortragen:

In der Begründung zu der Novelle zur Gewerbeordnung von 1873 — ich kann das natürlich nur ganz kurz berühren — war gesagt, „Fortbildungsschulunterricht ist nicht die technische Ausbildung für bestimmte Gewerbezweige, vielmehr hat er vornehmlich den Zweck, die Schüler in den in der Volksschule erworbenen elementaren Kenntnissen und Fertigkeiten in der durch die Bedürfnisse des praktischen Lebens gewiesenen Richtung weiterzubilden.“ Die Begründung verweist dann weiter auf die Verschiedenheit der Entwicklung in den verschiedenen Landesteilen und sagt, es genügt Unterricht in den Nebenstunden, als Sonntags-, Feiertags-, Abend-, Früh- oder Handwerkerlehrlingsschulen. Dem wird jeder von uns zustimmen. (Sehr wahr!) Warum soll nicht dafür gesorgt werden, daß der heranwachsenden Jugend Gelegenheit geboten ist, nachdem sie aus der Volksschule entlassen ist, sich weiter namentlich praktisch fortzubilden! Das wird jeder Industrielle unterschreiben. Es wird auch weiter von Ihnen nicht das Geringste dagegen eingewendet, daß in der Begründung zur Novelle von 1891, die sich besonders nunmehr mit der „weiblichen Jugend“ befaßte, gesagt war, es kommt auf die Bedürfnisse der weiblichen Jugend an, es empfiehlt sich, die weibliche Jugend für den Beruf der Hausfrau, in weiblicher Hand- und Hausarbeit zu unterweisen, also Haushaltungsschulen usw. einzurichten. Meine Herren, auch dagegen wird kein Industrieller etwas zu erinnern finden, wie wir überhaupt gegen den Gedanken der Fortbildungsschule — das möchte ich auch hier gerade der Oeffentlichkeit gegenüber feststellen — absolut nichts einzuwenden haben. Sie wehren sich nur dagegen, daß sie in zu enge Fesseln gelegt werden sollen und namentlich — was ja hier ganz besondere Bedeutung gewinnt —, daß dieser weibliche Fortbildungsschulunterricht auch noch zu einer weiteren Verkürzung der Arbeitszeit dienen kann. (Lebhafte Zustimmung!) Denn, meine Herren, dieser weibliche Fortbildungsschulunterricht steht auf einem ganz anderen Brett wie der der männlichen heranwachsenden Jugend. Bei der männlichen Jugend kann man sagen, ist es notwendig und zweckmäßig, daß — abgesehen vom Handfertigkeitsunterricht, der hauptsächlich für das Handwerk und einzelne Industrien nützlich ist — sie in den Grundlagen der Volksschule weiter gebildet wird. Aber ein Mädchen, das bis zum 14. Jahre in der Schule gewesen ist, was soll die noch viel dazu lernen, um als Fabrikarbeiterin ihre Pflicht zu erfüllen! Der fehlt hauptsächlich das eine: die Vorbereitung zu ihrem Hausfrauenberuf. (Zustimmung.) Und dagegen haben wir gar nichts, daß sie sich am Feierabend oder am späten Nachmittag oder auch an den Sonn- und Feiertagen damit beschäftigt. Denn das ist nicht eine so schwere Arbeit, daß sie nicht noch *nach* der üblichen *Fabrikarbeit* geleistet werden könnte. (Sehr richtig!) Aber das, was bereits jetzt wieder in der Kommission beschlossen ist, geht darüber natürlich weit hinaus. Man sagt zwar, es ist ja kein obligatorischer Fortbildungsschulunterricht, er ist nur fakultativ, er *kann* in den Gemeinden eingeführt werden; ja, wenn er aber eingerichtet wird, so ist eben die *gesetzliche* Unterlage da, ihn bis zum 18. Lebensjahre auszudehnen, und vor allen Dingen auch die *gesetzliche* Möglichkeit, ihn in beliebiger Weise in die Arbeitsstunden zu legen. Wir wünschen — und wir können das den Herren Vertretern der Regierung nicht eindringlich genug sagen, — daß man wenigstens in diesem kleinen Punkte uns entgegenkommt, daß der weibliche Fortbildungsschulunterricht für Fabrikarbeiterinnen bis auf das 16. Lebensjahr beschränkt bleibt, denn das genügt völlig für die bezeichnete Vorbildung, und daß er — das würde sich ja vielleicht auch im Rahmen von Ausführungsbestimmungen durchsetzen lassen — vor allem außerhalb der gewöhnlichen Arbeitszeit gelegt wird.

Wenn jetzt nach dem Gesetz bereits die *weiblichen Handlungsgehülfen* bis zum 18. Lebensjahre einem Fortbildungsschulunterricht unterworfen werden können, so liegen deren Verhältnisse doch ganz anders wie bei den Arbeiterinnen. Daß eine Angestellte in einem kaufmännischen Geschäft ein Interesse daran hat, besser rechnen und schreiben zu lernen, sich weiter in den „Realien" auszubilden, wird jeder von uns verstehen. Aber dasselbe ist keineswegs notwendig für eine Fabrikarbeiterin.

Fragen wir nun aber, was hat denn eigentlich die Regierung zu diesem weiteren Schritt veranlaßt — denn er ist tatsächlich von der Regierung ausgegangen — so ist er nach der Begründung der Gesetzesvorlage veranlaßt durch eine Petition, die der rheinisch-westfälische Frauenverband in Kreuznach an den Reichstag gerichtet hat, eine Petition, die, wie Hunderte solcher dem Herrn Reichskanzler „zur Berücksichtigung" überwiesen worden ist. Welche Gründe für den rheinisch-westfälischen Frauenverein maßgebend gewesen sind, eine so weitgehende Maßregel zu befürworten, über welches Tatsachenmaterial er verfügt, davon steht kein Wort in den Motiven des Gesetzes.

Meine Herren, ich muß auch noch auf einen anderen technischen Gesichtspunkt hinweisen, der mir gerade von seiten der Textilindustrie an die Hand gegeben worden ist, nämlich wie ungeheuer wichtig und wertvoll es für die Erhaltung der Konkurrenzfähigkeit der deutschen Textilindustrie ist, sich einen zuverlässigen Nachwuchs von Arbeiterinnen zu sichern. In der Zeit vom 14. bis zum 16. Lebensjahre sind die Arbeiterinnen gewissermaßen Lehrlinge. Da helfen sie beim Abnehmen und Aufstecken der Spulen und machen allerlei Handgriffe, bis sie selbst soweit kommen, allmählich eine Maschine zu bedienen, hierzu sind sie zumeist mit Beginn des 16. Lebensjahres befähigt. Zwischen dem 16. und 18. Lebensjahre gehören die Mädchen zur Kerntruppe des Betriebs, können sie aber während der Arbeitszeit zum Fortbildungsschulunterricht herausgenommen werden, dann ist der ganze Betrieb gehemmt. Es ist hundert Mal von den Sachverständigen gesagt worden, wie in der Textilindustrie der ganze Arbeitsprozeß ein einheitlicher ist, und wie die Herausnahme eines Teils der Arbeiterschaft den ganzen Betrieb lahm legen kann. Ich brauche das in diesem Kreise nicht näher zu erörtern. Aus diesen Gründen bitten wir Sie, meine Herren, dem Punkt 2 der Resolution zuzustimmen.

Ich will nun nicht auf alle anderen Einzelbestimmungen der Gewerbeordnungsnovelle, die vorläufig noch nicht Gesetz geworden sind, eingehen. Wir haben aber aus den Zeitungen ersehen, daß die Herren Reichstagsabgeordneten bei der Regelung der Vertragsverhältnisse der technischen Angestellten im Falle der Erkrankung bereits die Nichtanrechnung der Beiträge zur Kranken- und Unfallversicherung beschlossen haben. Sie wissen ja ganz genau, wie wir über diese Frage denken, und Sie wissen ja auch andererseits — und das ist sehr erfreulich, hier zu konstatieren —, daß die Regierung einem ähnlichen Beschlusse, der vom Reichstage im Interesse der Handlungsgehülfen gefaßt wurde, nicht zugestimmt hat. Es steht zu hoffen, daß die Reichsregierung wenigstens in diesem Punkte konsequent bleiben wird.

Dann sind noch sehr wichtig die Bestimmungen über die Konkurrenzklausel. Meine Herren, auch da sind Ihre Wünsche in der Delegiertenversammlung vom 13. März vorigen Jahres zum Ausdruck gekommen. Wir können sie nur wiederholen, und ich will die Verhandlungen nicht dadurch verlängern, daß ich Ihnen diesen Standpunkt noch einmal hier vortrage.

Meine Herren, schließlich will ich Sie fragen: was sollen wir denn dieser ganzen Sachlage gegenüber tun, und wie soll denn insbesondere der Centralverband Deutscher Industrieller weiter vorgehen? Sie wissen, daß uns gerade aus den Kreisen der Textilindustrie der Vorwurf gemacht worden ist, wir hätten deren Interessen nicht mit dem nötigen Nachdruck vertreten. Meine Herren, es ist Ihnen an anderer Stelle überzeugend nachgewiesen worden, daß wir durch Eingaben, durch persönliche Fühlung — soweit wir irgendwie konnten — mit Reichstagsabgeordneten und auch mit den Kreisen der Regierung für Ihre Interessen einzutreten versucht haben — leider aber erfolglos. Wir sind eben nicht gehört worden, und dann ist uns noch von der Regierung gesagt worden, wir hätten uns nicht gerührt. Meine Herren, das ist eine tatsächliche Unrichtigkeit; ich muß dies hier ausdrücklich im Interesse der beteiligten Industrien feststellen. (Lebhafte Zustimmung.) Wir haben die Regierung überhäuft mit Eingaben (Zustimmung), nicht, daß wir etwas versäumt hätten, und es ist unbegreiflich, wie man uns nachsagen kann, wir hätten uns nicht gerührt. Wir werden die Beschlüsse, um deren Annahme wir Sie bitten, alsbald der Regierung und der Reichstagskommission zur Kenntnis bringen. (Lebhafte Zustimmung und Beifall.)

Vorsitzender: Meine Herren, ich eröffne die Diskussion.

Direktor **Haasemann**-Bremen: Meine Herren, ich glaube, ich spreche in aller Namen, wenn ich dem Referenten, Herrn Regierungsrat Bartels, unseren allerverbindlichsten Dank ausdrücke für die wirklich kernigen und sachgemäßen Ausführungen, die derselbe soeben zur Gewerbenovelle gemacht hat. (Beifall.) Es geht aus den Darlegungen hervor, daß die Industrie im Reichstage immer nur nach parteipolitischen Gründen beurteilt wird und nicht nach wirtschaftlichen, und wenn seitens der Regierung gesagt wird „die Industrie tut nichts“, so soll damit zum Ausdruck gebracht werden, daß wir unsere Macht den politischen Parteien gegenüber nicht zeigen. Wir müssen uns in unseren Organisationen viel fester zusammenschließen, um die Industriemacht den Reichstagsparteien möglichst drastisch zeigen zu können, sonst werden wir immer noch schlechter behandelt werden. (Sehr richtig.)

Die vorzüglichen Ausführungen des Herrn Regierungsrats finde ich aber in der uns vorliegenden Resolution etwas schwach ausgedrückt in Bezug auf die Fortbildungsschulen für Arbeiterinnen. Für unsere Textilindustrie ist die obligatorische Einführung der Fortbildungsschule für Arbeiterinnen eine so gefahrbringende Einrichtung, wie uns schlimmeres noch nicht geboten worden ist. Sie wissen, meine Herren, wie die heutige Schule bestrebt ist, sich ihre Einrichtungen und ihren Stundenplan möglichst bequem zu gestalten, und wenn dann die Fortbildungsschulstunden z. B. von 2—4 oder von 4—6 gelegt werden, so werden uns die ganzen jugendlichen Arbeiterinnen entzogen und damit unsere Betriebe glatt lahm gelegt. Daß derartig einschneidende Verordnungen der Willkür der einzelnen Gemeinden überlassen werden sollen, ist ungeheuerlich. Deshalb meine ich, wir müssen unbedingt darauf dringen, daß bei der jetzigen Beratung in das Gesetz hineinkommt, daß die Unterrichtsstunden der Fortbildungsschule nicht in die ortsübliche Arbeitszeit fallen dürfen. (Zustimmung.) Durch den Schlußsatz der Resolution finde ich das nicht scharf genug zum Ausdruck gebracht. Es heißt da nur: „Es soll Rücksicht darauf genommen werden“ usw. Soll diese Rücksicht vielleicht seitens der Gemeinden geübt werden? Den Beschlüssen der einzelnen Gemeinden dürfen wir uns keinesfalls überantworten lassen. Denn häufig liegen gleichartige konkurrierende Fabriken ganz nahe beieinander, aber in verschiedenen Gemeinden oder sogar in verschiedenen Bundesstaaten. Wird nun in der einen Gemeinde, vielleicht unter einer gewissen Pression des Bundesstaates, die obligatorische Fortbildungsschule eingeführt, in der anderen dagegen nicht, so wird die eine Fabrik ganz enorm geschädigt, die andere nicht. Eine solche differenzierende Behandlung ist keinesfalls zulässig, und wir müssen deshalb im Gesetz davor gesichert werden, daß wir der Willkür der verschiedenen Gemeinden ausgesetzt sind.

Ich möchte mir deshalb den Vorschlag erlauben, den Schlußsatz in Absatz 2 etwas anders, und zwar wie folgt, zu fassen:

„Vor allem muß verlangt werden, um eine differenzierende Behandlung der einzelnen Betriebe zueinander durch Beschlüsse der einzelnen Gemeinden zu vermeiden, daß in der Gewerbeordnung für Arbeiter in Betrieben mit motorischer Kraft vorgesehen wird, daß der Fortbildungsschulunterricht außerhalb der ortsüblichen Arbeitszeit angesetzt werde." (Sehr richtig.) Ich hatte gestern auch Gelegenheit, mit einem Herrn aus der Reichstagskommission für die Bearbeitung der Gewerbenovelle zu sprechen und ich fand dessen volle Zustimmung, wenn wir beantragen würden, daß in das Gesetz und zwar in § 120, Absatz 3, aufgenommen würde:

„Jedoch können Arbeiter in Betrieben mit motorischer Kraft und mehr als 10 Arbeitern nicht obligatorisch zum Schulbesuch herangezogen werden für Schulstunden, welche in die ortsübliche Berufsarbeitszeit fallen, und zwar an Sonnabenden nicht vor 4½ Uhr nachmittags, an anderen Wochentagen nicht vor 6½ Uhr nachmittags."

Meine Herren! Diese spezielle Bestimmung ist notwendig. Denn wenn wir nur verlangen wollten, der Gesetzgeber solle die Bestimmung aufnehmen, daß der Fortbildungsschulunterricht nicht in die Arbeitszeit fällt, so ist das ein zu weitgehender Begriff. Die Ausführung einer derartigen Bestimmung ist nicht möglich, weil die Fabriken an einem Ort verschiedene Arbeitszeit haben. Ich glaube deshalb, daß es nötig ist, eine derartige Zeitbestimmung, wie von mir beantragt, in das Gesetz aufzunehmen, wenn wir praktisch mit der Sache durchdringen wollen.

Das sind die beiden Vorschläge, die ich zu machen habe. (Beifall.)

Vorsitzender: Ich darf bitten, Herr Direktor H a a s e m a n n , daß Sie die Anträge schriftlich hier vorlegen.

Geheimer Kommerzienrat **Vogel**-Chemnitz: Meine Herren, ich hatte mir eigentlich vorgenommen, bei dem nächsten Punkt der Tagesordnung das Wort zu nehmen. Da aber von Seiten der Textilindustrie, die diese Angelegenheit der Gewerbeordnung ganz besonders betrifft, nur mein verehrter Herr Kollege H a a s e m a n n gesprochen hat, so möchte ich trotz der sehr ausführlichen Darlegungen des Herrn Referenten doch den Centralverband auch noch nach der Richtung hin in Schutz nehmen, daß ich konstatiere, er hat sich rechtzeitig um diese Gewerbenovelle bekümmert und alle nötigen Schritte getan, um dasjenige abzuwenden, was für sie jetzt voraussichtlich so nachteilig werden wird.

Meine Herren, e s g i b t k e i n e I n d u s t r i e i n d e r W e l t , die in den letzten 20 oder 30 Jahren o p f e r f r e u d i g e r und o p f e r w i l l i g e r gewesen ist als die d e u t s c h e (Sehr wahr!), e s g i b t k e i n e R e g i e r u n g , d i e w e n i g e r e n t g e g e nkommend gegen Industrie und Handel gewesen ist als die deutsche. (Lebhafte laute Zustimmung, starker Beifall.) Und es gibt kein Parlament, das mit solcher Rücksichtslosigkeit gegen alles das, was Handel und Industrie betrifft, vorgeht, wie das Parlament des Deutschen Reiches. (Lebhafte Zustimmung.) Meine Herren, dort wird nach der Stimmung, die durch die tausend Einwirkungen des Wahlkampfes erzeugt worden ist, das festgesetzt, was man konzedieren soll oder muß, und nicht nach den tatsächlichen Verhältnissen. (Sehr richtig!)

Meine Herren, ich glaube, die letzte oder vorletzte große Versammlung des Centralverbandes hat gezeigt, daß die deutsche Industrie ganz gewiß an Opferwilligkeit niemandem nachsteht. Sie hat erklärt, daß sie unter Umständen bereitwillig die Hälfte des Krankengeldes bezahlen, also noch weitere Lasten auf sich nehmen will. Wenn aber die deutsche Industrie hier in einer Angelegenheit, die ihre vitalen Interessen betrifft, die vor allen Dingen bezüglich der Textilindustrie von einschneidender Bedeutung ist, von der Regierung überhaupt gar nicht gehört wird (Sehr wahr!), wenn letztere dagegen bei jeder anderen unbedeutenden Frage Enqueten veranstaltet, bei so wichtigen, in die Konkurrenzfähigkeit der deutschen Industrie einschneidenden Bestimmungen es aber nicht für wert hält, die Industrie auch nur zu fragen, so ist das eine Nichtachtung! (Lebhafte Zustimmung.)

Meine Herren, ich weiß ja, daß ein Schutz der Industriellen von unserem Parlament nicht zu erwarten ist. Ich weiß, daß wir uns dort einen Einfluß nicht verschaffen können; aber ich meine, wir sollten aus diesem Vorkommnis doch die Lehre ziehen, daß, wenn wir überhaupt etwas erreichen wollen, wir uns weiter einigen müssen (Beifall.), damit nicht die eine Partei hin-, die andere Partei herzieht, sondern die Industrie als ein geschlossenes Ganze dasteht und sich nicht gegenseitig befehdet. (Beifall.) Leider sehen wir auch, daß die wenigen Industriellen, die im Reichstage sind, in dieser und in der Frage, die uns nachher unterbreitet werden wird, nicht einig sind, und darin, meine Herren, liegt unsere Schwäche. (Sehr wahr!)

Ich bitte Sie daher dringend, die Resolution anzunehmen und auch bei den nächsten Punkten der Tagesordnung zu zeigen, daß die deutsche Industrie einig sein kann! (Lebhafter Beifall.)

Direktor **Meyer**-Hamburg: Meine geehrten Herren, ich möchte zur Begründung dessen, was Herr Direktor Haasemann ausgeführt hat, Ihnen aus der Praxis ein Beispiel geben, wie diese Bestimmungen über die Fortbildungsschule direkt zum Stillstand der Spinnereien für die betreffende Zeit führen müssen, falls der Unterricht in die Arbeitszeit verlegt wird. Es würde das Gegenteil von dem eintreten, was die Sozialpolitik will; statt Zufriedenheit würde Unfrieden die Folge sein und eine Stärkung der Sozialdemokratie herbeiführen. In unseren deutschen Fabriken beschäftigen wir z. B. ungefähr 3600 Arbeiter. Davon sind etwa 12 Prozent, also 430 Arbeiterinnen unter 18 Jahren. Diese Arbeiterinnen haben, abgesehen davon, daß sie für den Nachwuchs als Spinnerinnen sehr wichtig sind, die Funktion, Spindeln abzunehmen, Spulen aufzusetzen, das Garn abzuschneiden usw., so daß, wenn sie während der Arbeitszeit an dem Haushaltungsunterricht teilnehmen, die Spinnerei überhaupt stillstehen würde. Dann würde die Weberei kein Garn haben, die ganze Fabrik würde demnach zum Stillstand kommen. Was wäre also die praktische Folge? Daß man bei der zehnstündigen Arbeitszeit während des Fortbildungsschulunterrichtes die Fabrik ein oder zwei Stunden stillstellt und dann des abends nach 6 Uhr, also bis 7 oder 8 Uhr arbeitet. Nun bedenken Sie die Unzufriedenheit, die dadurch entstehen würde. Damit 430 Arbeiterinnen Fortbildungsunterricht haben, müßten die anderen, also mehr als 3000 Arbeiter, ein bis zwei Stunden länger arbeiten. Es würde also statt allgemeiner Zufriedenheit gerade das Gegenteil, allgemeine Unzufriedenheit entstehen.

Nun, meine Herren, einen zweiten Punkt. Weshalb soll denn der Fortbildungsunterricht auf die Arbeiterinnen bis zum 18. Lebensjahr ausgedehnt werden? Warum genügt nicht die Ausdehnung bis zum 16. Lebensjahre? Da kann ich Ihnen ein ganz drastisches Beispiel gerade aus unserem Betriebe anführen. Wir haben in unserer Fabrik bereits vor mehr als 20 Jahren Haushaltungsunterricht eingeführt und mit dem Kochunterricht begonnen. Ich bestimmte, daß zunächst unentgeltlich den Arbeiterinnen, welche sich verlobt haben, dieser Unterricht erteilt werden sollte. Für die betreffende Zeit würde der Arbeitslohn voll bezahlt werden. Zu meiner Ueberraschung hörte ich, daß sich fast gar keine Arbeiterinnen gemeldet hatten. Ich habe nun einige verlobte Arbeiterinnen selbst gefragt, weshalb sie sich denn nicht meldeten, es wäre doch eine ausgezeichnete Sache, daß, wenn sie sich verheirateten, kochen könnten. Darauf ist mir zur Antwort gegeben worden:

„Wenn mein Schatz hört, daß ich nicht mal kochen kann, dann nimmt er mir nich." —

Also, meine Herren, ich habe das dahin geändert, daß ich, anstatt für Verlobte, den Kochunterricht für 14jährige Arbeiterinnen eingerichtet habe, und die Sache ist ausgezeichnet gegangen. Sie hat sich nach Jahren dahin geändert, daß wir die Räume und Einrichtungen unentgeltlich der Kommune für die Volksschule zur Verfügung gestellt haben, und jetzt wird bei uns der Haushaltungsunterricht in der obersten Klasse der Volksschule obligatorisch erteilt. Dies hat sich so ausgezeichnet bewährt, daß ich es nur allgemein zur Nachahmung empfehlen kann. Die Mädchen, die zu uns in die Fabrik kommen, können jetzt bereits kochen. Nun, meine Herren, wenn sich das aber auch nicht überall erreichen läßt, so glaube ich doch bestimmt, daß nach diesem Beispiel der Haushaltungsunterricht auf Mädchen bis zum 16. Jahre begrenzt werden kann. Wenn Sie eine Enquete bei den Arbeiterinnen anstellen würden, so würden Sie überall dasselbe hören: wer bis zum 16. Jahre den Haushaltungsunterricht nicht erlernt, der will es auch später nicht. (Sehr richtig!) Wenn sich übrigens in einzelnen Fällen ältere Mädchen zum Kochunterricht melden, so wird man sie nicht zurückweisen, aber das braucht nicht gesetzlich reglementiert zu werden, das sollte doch jedem Industriellen selber überlassen bleiben. (Zustimmung.)

Also, meine Herren, ich möchte Sie bitten, die Resolution, wie sie hier vorgeschlagen worden ist, mit den vom Herrn Direktor Haasemann vorgeschlagenen Aenderungen anzunehmen. (Beifall.)

Syndikus Dr. Dilloo-Oberlangenbielau: Meine Herren, ich möchte Sie auch aus folgendem Grunde bitten, das Amendement des Herrn Direktors Haasemann anzunehmen. Nach dem Gesetzentwurf können die einzelnen Gemeinden den Fortbildungsschulzwang einführen, sie brauchen es aber nicht. Es würde also die Möglichkeit vorliegen, daß in einer Gemeinde der Fortbildungsschulzwang eingeführt und der Unterricht in die Arbeitszeit gelegt wird, während das in einer benachbarten Gemeinde nicht geschieht. Das würde zur Folge haben, daß die Fabrik in der Gemeinde ohne Schulzwang einen erheblichen Vorsprung gewänne in der Konkurrenz gegenüber der Nachbarfabrik in der Nachbargemeinde mit Schulzwang innerhalb der Arbeitszeit. Diese nicht gewollte Folge, die gerade für die Textilindustrie mit ihrem Zusammenarbeiten der weiblichen mit den männlichen Arbeitern sehr fühlbar sein würde, kann nur vermieden werden, wenn in das Gesetz eine Bestimmung aufgenommen wird, nach der die Arbeitsstunden in der Fortbildungsschule außerhalb der Arbeitsstunden der Fabrik liegen müssen, wie das Herr Direktor Haasemann in seinem Amendement vorgeschlagen hat. (Beifall.)

Generalsekretär **Bueck**-Berlin: Meine hochgeehrten Herren! Ich habe in den kritischen Tagen, als diese überstürzte Gesetzgebung erfolgte, mitten in der Bewegung gestanden. Ich habe die sehr begreifliche Aufregung miterlebt, die sich der Herren Industriellen über dieses unerwartete plötzliche Vorgehen des Reichstages bemächtigt hatte. Ich hatte auch den Vorzug, mit dem Herrn Staatssekretär über die Sache zu sprechen und ihm die Möglichkeit zur Erwägung zu geben, im Hinblick auf die durch die Kommission vorgenommenen Aenderungen die Zustimmung der Verbündeten Regierungen zu dem Gesetze abzulehnen. Der Herr Staatssekretär wies mich darauf hin, daß doch durch das Plenum des Reichstags Erleichterungen und Milderungen von sehr großer Tragweite gegen die Kommissionsbeschlüsse vorgenommen worden wären, und er glaubte, mir seine Ansicht dahin aussprechen zu sollen, daß unter diesen Bedingungen wohl nicht darauf zu rechnen sei, daß die Bundesstaaten den Beschlüssen des Parlaments die Genehmigung verweigern würden.

Nun, meine Herren, ich glaube aber auch annehmen zu sollen, daß der Herr Staatssekretär mit dem Vorgehen des Reichstages nicht einverstanden war. Es geht das aus einigen Stellen der großen bedeutungsvollen Rede hervor, die er zur Einführung des Arbeitskammergesetzes gehalten hat. An einer Stelle sprach er von den großen Gegensätzen zwischen Arbeitgebern und Arbeitern, die hauptsächlich in den Organisationen der Arbeiter und in der Presse zum Ausdruck gelangen. Er führte aus, wie nun die Gesetzgebung angerufen wird, die sich dann beeilt, wie er sagte, in hölzernen Paragraphen die Sache zum Ausdruck zu bringen, und er führte wörtlich aus: „Wir haben uns daran gewöhnt, in unserer Sozialpolitik allgemeine Vorschriften zu treffen, ohne Rücksicht darauf, ob das Kleid auch für jeden einzelnen paßt. Wir sind eben die deutschen Theoretiker.“ (Hört! Hört! und Sehr richtig!)

Meine Herren, aus diesen Worten des Herrn Staatssekretärs ist zu erkennen, daß doch diese Art der Gesetzgebung, die nicht scharf genug verurteilt werden kann, wie es auch durch Herrn Geheimrat V o g e l geschehen ist, seinem Sinne nicht entspricht. Er hat sich jedoch auch über diesen speziellen Fall geäußert, ohne ihn gerade speziell zu bezeichnen. Er hat gesprochen von den großen Tagesfragen auf dem Gebiete der Sozialpolitik und sagte dazu wörtlich: „Viele von ihnen kommen in völlig ungeklärtem Zustande auch vor das Forum des Reichstages und bisweilen beeilt sich dann dieser, eine Vorlage noch recht schnell unter Dach und Fach zu bringen, nur um nicht den Interessenten außerhalb dieses Hauses Gelegenheit zu geben, noch einmal zu der Angelegenheit Stellung zu nehmen." (Hört! Hört!) Meine Herren, das war der Fall, um den es sich hier handelt, wenn der Herr Staatssekretär ihn auch nicht bezeichnet hat. Und was sagten die Herren Abgeordneten dazu, als der Herr Staatssekretär diese Worte sprach, in denen er ihnen doch den schweren Vorwurf macht, daß sie schnell über eine ungenügend vorbereitete Sache fortgegangen sind, ohne die Interessenten zu hören, daß sie also die vitalsten Interessen verletzt haben? Die Herren Abgeordneten haben dazu gelacht, denn der stenographische Bericht verzeichnet hier „Heiterkeit". (Hört! Hört!)

Meine Herren, bei den Klagen, die hier auch gegen die Regierung gerichtet sind, muß man doch bedenken, mit welchem Parlament unsere Regierung zu kämpfen hat (Sehr richtig!), wie schwer es ihr und namentlich dem Reichsamt des Innern wird, ihre Stellung diesem Parlament gegenüber zu behaupten. Und da sage ich: die Herren Industriellen, die sich aus dem ganzen Deutschland hier im Centralverbande zusammenfinden, müssen auf die Regierungen ihrer eigenen Länder mehr einzuwirken suchen. Die Einzelregierungen müssen aufgefordert werden, mehr Rücksicht auf die einzelnen Interessen zu nehmen, denen sie näher stehen, als hier die Behörden in Berlin, und sie müssen veranlaßt werden, gegen eine solche Gesetzgebung, gegen ein derartiges Vorgehen eines rücksichtslos die industriellen Interessen verleugnenden Parlaments mehr Front zu machen, als es bis jetzt geschehen ist. (Beifall.)

Vorsitzender: Meine Herren, es meldet sich niemand mehr zum Wort. Ich schließe die Diskussion.

Der Herr Referent hat das Schlußwort.

Berichterstatter Dr. **Bartels**-Berlin: Ich verzichte.

Vorsitzender: Ich bringe nun zunächst die Anträge zur Verlesung, welche Herr Direktor Haasemann gestellt hat. Es sind die einzigen Anträge, welche zu unserer Vorlage gestellt sind. Die Vorlage wird durch das Amendement des Herrn Haasemann nur in einem Punkte abgeändert, in dem Schlußsatze des § 2, der nach der Vorlage lauten würde: „Auch ist bei der Regelung der Schulzeit darauf Rücksicht zu nehmen, daß der Fortbildungsschulunterricht außerhalb der gewöhnlichen Arbeitsstunden angesetzt wird." Diesen Satz will das Amendement des Herrn Direktors Haasemann durch folgende Sätze ersetzen:

„Vor allem muß verlangt werden, um eine differenzierende Behandlung der einzelnen Betriebe zu einander durch Beschlüsse der einzelnen Gemeinden zu vermeiden, daß in der Gewerbeordnung für Arbeiter in Betrieben mit motorischer Kraft vorgesehen wird, daß der Fortbildungsschulunterricht außerhalb der ortsüblichen (Berufs-) Arbeitszeit angesetzt werde. Im einzelnen wird deshalb beantragt, im § 120, Absatz 3, nach dem neu eingeschobenen Satz, beginnend mit „Der Stundenplan wird von der hierfür nach Landesrecht" usw. folgenden Satz hinzuzufügen: Jedoch können Arbeiter und Arbeiterinnen in Betrieben mit motorischer Kraft und mit mehr als zehn Arbeitern nicht obligatorisch zum Schulbesuche herangezogen werden für Schulstunden, welche in die ortsübliche (Berufs)-Arbeitszeit fallen, und zwar an Sonnabenden nicht vor 4½ Uhr nachmittags und an den anderen Wochentagen nicht vor 6½ Uhr nachmittags."

Das ist also der Antrag des Herrn Direktors Haasemann, den ich wohl als Zusatzantrag bezeichnen kann. Andere Anträge liegen nicht vor.

Ich bringe zunächst, bevor ich über die ganze Vorlage abstimmen lasse, dieses Amendement zur Abstimmung, um dann je nach dem Ausfalle der Abstimmung das Ganze unter Berücksichtigung dieses Amendements oder ohne Berücksichtigung des Amendements zur Abstimmung zu stellen.

Diejenigen Herren, welche für das Amendement des Herrn Direktors Haasemann sind, bitte ich, sich von ihren Plätzen zu erheben. (Geschieht.) Meine Herren, das ist die überwältigende Mehrheit. (Zuruf: Einstimmig! Rufe: Gegenprobe!)

Meine Herren, ich werde aufgefordert, die Gegenprobe anzustellen. Ich bitte diejenigen Herren, welche sich gegen das Amendement des Herrn Haasemann erklären, sich von ihren Plätzen zu erheben. — Es ist niemand. Das Amendement ist also einstimmig angenommen. (Beifall.)

Nun, meine Herren, bringe ich die Resolution unter Einschiebung dieses Amendements und unter Weglassung des von mir vorhin verlesenen Satzes zur Abstimmung und frage die Versammlung, ob sie wünscht, daß ich die Resolution noch einmal in der nunmehr zur Abstimmung zu stellenden Form verlese. (Wird verneint.) Das ist nicht der Fall.

Ich bitte diejenigen Herren, welche gegen die Annahme der Resolution mit der eben beschlossenen Abänderung sind, sich von ihren Plätzen zu erheben. — Die **Vorlage** ist **einstimmig** mit dem **Amendement** des Herrn **Haasemann angenommen**. (S. S. 132.)

(Pause.)

Vorsitzender: Wir kommen zum nächsten Punkt der Tagesordnung:

Der Gesetzentwurf, betreffend die Errichtung von Arbeitskammern.

Ich gebe das Wort dem Referenten Herrn Bueck.

Berichterstatter Generalsekretär **H. A. Bueck**-Berlin: Meine Herren, am 4. Februar vorigen Jahres wurde im Reichsanzeiger der Entwurf eines Gesetzes betreffend die Errichtung von Arbeitskammern veröffentlicht. Am 26. November vorigen Jahres wurde der Entwurf eines Arbeitskammergesetzes dem Reichstag unterbreitet. Der Centralverband hatte in seiner Versammlung der Delegierten vom 13. März vorigen Jahres zu dem ersten Entwurf Stellung genommen. Damals hatten wir nur den Wortlaut des Gesetzes mit knapper Begründung. Heute hat uns die im Reichstage bereits stattgefundene erste Lesung die Gelegenheit gegeben, aus der groß angelegten und bedeutungsvollen Rede des Herrn Staatssekretärs des Innern die für diese Vorlage maßgebenden Grundanschauungen und die mit ihr verfolgten Ziele und Zwecke, auch die Stellung der Parteien zu dem Gesetzentwurf kennen zu lernen.

Der Centralverband hat in der erwähnten Delegiertenversammlung den Gesetzentwurf abgelehnt. In sehr entschiedener Weise ist er von allen Kreisen der Arbeitgeber wie der Arbeiter, die von ihm erfaßt oder auch nur berührt wurden, gleichfalls zurückgewiesen worden.

In der Begründung des neuen Gesetzentwurfes und auch sonst ist das Bestreben hervorgetreten, diesen Widerstand als belanglos hinzustellen. Beispielsweise Professor Harms bezeichnet diesen Widerspruch besonders in bezug auf die wirtschaftlichen und industriellen Krise in der Kölnischen Zeitung „als blinden Eifer, der sich zur Lächerlichkeit versteigt". Charakteristisch für die Geringschätzung, mit der die Stellungnahme der Industrie von den Abgeordneten behandelt wird, ist aber besonders eine Ausführung des Abg. Giesberts. Er sagte:

„Die Stimmung der organisierten Unternehmer draußen im Lande gibt für die praktische Wirksamkeit der Kammern kein günstiges Zeichen. Aber man würde sich doch wohl einer Täuschung hingeben, wenn man diesen Scharfmacherallüren, die im wesentlichen das geistige Eigentum einiger akademischer Syndici sind (Heiterkeit in der Versammlung) als Aeußerungen der im praktischen Leben stehenden Arbeitgeber nähme. (Zustimmung in der

> Mitte.) (Hört! Hört! und ironisches Bravo in der Versammlung.) Ich hoffe, daß in den Reihen der praktischen Arbeitgeber, die mit dem wirklichen Leben zu tun haben, sich doch allmählich eine andere Stimmung Geltung verschaffen wird."

Nun, meine Herren, ich glaube nicht, daß der Herr Abgeordnete Giesberts geneigt sein wird, unsere Delegiertenversammlung vom 13. März vorigen Jahres von seinem Urteile auszuschließen. Diese Delegiertenversammlung war außergewöhnlich zahlreich besucht, fast ebenso stark wie die heutige. Hunderte unserer ersten, hervorragendsten Industriellen nahmen an ihr teil. Ich selbst referierte. Ich habe leider nicht den Vorzug, mich akademischer Bildung zu erfreuen. (Heiterkeit.) Das ist sehr schade. Aber ich hatte mich zu erfreuen der unbedingten Zustimmung der hervorragendsten Industriellen und praktischen und im Leben stehenden Männer zu dem ablehnenden Antrage, den ich Ihnen vorschlagen mußte; diese Tatsachen hinderten den Abgeordneten Giesberts nicht, die Tribüne des Reichstages zu einer durchaus unrichtigen, irreführenden Darstellung zu mißbrauchen.

Der Herr Staatssekretär des Innern ließ, wie es nicht anders erwartet werden konnte, den tatsächlichen Verhältnissen eine gerechtere Würdigung zuteil werden. Er erkannte in seiner bedeutenden Rede den von den Arbeitgebern wie von den Arbeitern erhobenen Widerspruch als vorhanden an, er gestand der Meinung eine gewisse Berechtigung zu, daß man unter diesen Umständen eigentlich „die Hände davon lassen solle."

> „Aber, meine Herren — so sagte der Herr Staatssekretär wörtlich —, ich bin noch heute der Ansicht, daß paritätisch und sachlich gegliederten Arbeitskammern Aufgaben zugewiesen werden können, welche für die Arbeiterschaft und für das Verhältnis zwischen Arbeitgeber und Arbeitnehmer von der größten Bedeutung sind, für deren Lösung es aber gegenwärtig an Organen fehlt."

Dieser Ansicht haben sich die Verbündeten Regierungen angeschlossen. So stehen wir der Tatsache gegenüber, daß ein Gesetzentwurf, der, wie kaum jemals vorher ein anderer, von allen an ihm interessierten Kreisen, selbst solchen, die sich sonst schroff gegenüberstehen, mit größter Entschiedenheit abgewiesen worden ist, jetzt dem Reichstag vorliegt und sicher Gesetz werden wird.

Beide Gesetzentwürfe sind in der Presse und in den lokalen Organisationen, denen die Herren angehören, so eingehend besprochen worden, daß ich es unterlassen kann, ausführlich auf die Einzelheiten einzugehen. (Zustimmung.) Ich werde mich daher auf die Hauptsachen beschränken.

Meine Herren, die Sozialdemokratie hat den ersten Entwurf abgelehnt und lehnt mit ganz außerordentlicher Entschiedenheit auch den zweiten Entwurf ab. Sie argumentiert folgendermaßen: mit den Handelskammern, den Landwirtschaftskammern, den Handwerkerkammern sind dem Unternehmerstande, den Arbeitgebern, Organe für ihre spezielle Interessenvertretung gegeben. Die Arbeiter haben das Recht, ein gleiches zu verlangen. Deswegen fordern sie reine Arbeiterkammern mit der sozialdemokratischen Ausgestaltung, die schon seit vielen Jahren bekannt ist, mit Arbeitsämtern und dem Reichsarbeitsamt. Die paritätischen Arbeitskammern als eine ihnen zu gewährende Vertretung weisen sie demgemäß zurück und bezeichnen die Verweigerung der reinen Arbeiterkammern als eine schamlose Versündigung egen das Prinzip der Gleichberechtigung.

Meine Herren, die Verbündeten Regierungen haben ungeachtet des Widerspruches der Sozialdemokratie an den paritätischen Arbeitskammern festgehalten. Der Herr Staatssekretär hat in seiner Rede die Gründe gegen die Errichtung von reinen Arbeiterkammern in ausgezeichneter Weise und nach meiner Ueberzeugung vollständig zutreffend dargelegt. Aber auch der Centralverband hat sich von ähnlichen Erwägungen schon bei seiner Delegiertenversammlung am 13. März 1907 leiten lassen; er konnte sich nicht denjenigen Handelskammern und Vereinen anschließen, die sich für die Errichtung von Arbeiterkammern — freilich nur als kleineres Uebel — ausgesprochen hatten.

Meine Herren, die Verbündeten Regierungen haben an der fachlichen Gliederung festgehalten. Freilich ist im Reichstag von starken Parteien Widerspruch erhoben und der territorialen Gliederung der Vorzug gegeben. Es wird dies, wie ich voraussehe, bei den weiteren Verhandlungen im Reichstage noch ein sehr bestrittener Punkt werden. Ich muß erwähnen, daß auch in erheblichen Kreisen der Industrie die territoriale Gliederung für richtiger gehalten wird als die fachliche. Eins scheint mir richtig, daß die ganze Organisation und der Verkehr in der Arbeitskammer bei der fachlichen Gliederung sich schwieriger gestalten könnte.

Meine Herren, die Anlehnung an die Berufsgenossenschaften, die bekanntlich im ersten Gesetzentwurf vorgesehen war, ist fallen gelassen worden. Mit großem Freimut hat der Herr Staatssekretär anerkannt, daß er sich überzeugt habe, dieser Weg sei nicht der richtige gewesen; denn dieser Weg hätte zu der Errichtung eines geschlossenen Netzes von Arbeitskammern über das ganze Reich führen müssen, während das durchaus nicht in seiner Absicht liege. Der Herr Staatssekretär erklärte, er wünschte nur, daß Arbeitskammern da eingeführt würden, wo ein tatsächliches Bedürfnis vorhanden sei. Er exemplifizierte in dieser Beziehung auf die drei großen Kohlenbergbaubezirke in unserem deutschen Vaterlande, in Rheinland-Westfalen, in Oberschlesien und an der Saar. Er meinte auch, es könnte beispielsweise eine Arbeitskammer für die gesamte Metall-Industrie in Rheinland-Westfalen errichtet werden. Kurz und gut, er wollte nur das Bedürfnis entscheidend sein lassen.

Mit der Anlehnung an die Berufsgenossenschaften ist natürlich auch die Belastung derselben mit den Kosten gefallen. Die Kosten sollen nunmehr vom Staat vorgeschossen, von den Gemeinden zurückvergütet werden. Den Gemeinden bleibt es überlassen, die Kosten zu gleichen Teilen auf die beteiligten Arbeitgeber und Arbeiter umzulegen.

Nach dem ersten Entwurf sollten die Arbeitskammern durch Beschluß des Bundesrats errichtet werden. Nach dem jetzt vorliegenden soll diese Befugnis der Landeszentralbehörde überwiesen werden. Auch diese Bestimmung ist im Reichstag stark angefochten worden, weil man glaubt, daß durch sie die Gleichmäßigkeit der Einrichtung in unserem Vaterlande gefährdet werden könnte. Man konstruiert den Fall, daß vielleicht eine Landeszentralbehörde von der Vorzüglichkeit dieser Institution nicht überzeugt sein könnte und infolgedessen überhaupt keine Arbeitskammer in ihrem Bezirk einführt. Also das will man vermeiden.

Die Aufgaben sind ziemlich unverändert geblieben, meine Herren: die Förderung eines gedeihlichen Verhältnisses zwischen Arbeitgebern und Arbeitnehmern, zu diesem Zweck die Unterstützung der Staats- und Gemeindebehörden durch Mitteilungen, durch die Abgabe von Gutachten. Die Arbeitskammern sollen berechtigt sein, Wünsche und Anträge, die ihre Angelegenheiten betreffen, zu beraten und zu stellen; Veranstaltungen und Maßnahmen, welche die Hebung der wirtschaftlichen Lage und die allgemeine Wohlfahrt der Arbeitnehmer zum Zwecke haben, anzuregen und auf Antrag der Vertreter der hierfür getroffenen Einrichtungen an der Verwaltung mitzuwirken.

Meine Herren, nach dem ersten Entwurf sollten die Arbeitskammern befugt sein, Erhebungen über die gewerblichen und wirtschaftlichen Verhältnisse der in ihnen vertretenen Gewerbe in ihrem Bezirk zu veranstalten. Diese Bestimmung stieß auf große, für uns sehr nahe liegende Bedenken; diese Bedenken sind von den Verbündeten Regierungen anerkannt worden. Diese Bestimmung ist dahin geändert worden, daß die Arbeitskammern nicht derartige Erhebungen veranstalten, sondern nur auf Ersuchen der Staats- und Gemeindebehörden bei solchen Erhebungen mitwirken sollen. Aber, meine Herren, diese Aenderung hat auch große Unzufriedenheit bei den linksliberalen Parteien, im Zentrum und bei den Sozialdemokraten hervorgerufen. Es ist möglich, daß die Bestimmung des ersten Entwurfs wieder hergestellt wird.

Die Befugnis, unter gewissen Voraussetzungen als Einigungsamt angerufen zu werden, ist der Arbeitskammer auch ferner belassen.

Ausgeschlossen von der Arbeitskammer bleiben die Gehilfen, Lehrlinge und Arbeiter in den Apotheken, weil, nach der Begründung, ein Bedürfnis für die Errichtung besonderer Vertretungskörperschaften hier nicht vorliegt. Die Handelsangestellten sind ausgeschlossen, weil es in der Absicht der Regierungen liegt, für diese Kategorie besondere Körperschaften zur Vertretung ihrer Interessen zu schaffen. Natürlich sind die betreffenden Kategorien der Arbeitgeber auch nicht in das Gesetz einbezogen.

Ausgeschlossen bleiben die unter der Heeres- und Marineverwaltung stehenden Betriebe, sowie die Hilfsbetriebe der Eisenbahnverwaltung. Dieser Ausschluß hat auch bei den linken Parteien einschließlich der Sozialdemokratie und im Zentrum großes Aergernis hervorgerufen. Man wird natürlich darauf hinarbeiten, diesen Ausschluß zu beseitigen.

Meine Herren, soweit Arbeitgeber in Betracht kommen, war nach meiner Auffassung, schon durch den ersten Entwurf das ganze Handwerk in den Bereich des Gesetzes einbegriffen, denn es hieß in § 7, Absatz 2: „Als Arbeitgeber sollen im Sinne des Gesetzes die Unternehmer in Betrieben gelten, welche als gewerbliche im Sinne der Reichsgewerbeordnung anzusehen sind, sofern sie mindestens einen Arbeitnehmer regelmäßig das Jahr hindurch oder zu gewissen Zeiten des Jahres beschäftigen.“ Dieselbe Bestimmung findet sich wieder in dem § 7, Abs. 2, des neuen Entwurfs.

Meine Herren, damit sind die kleinen und die kleinsten Arbeitgeber im gesamten Gewerbe in die Arbeitskammern als wahlberechtigt und wählbar einbegriffen. Nun, meine Herren, ist es eine bekannte Tatsache, daß diese kleinen Arbeitgeber und ziemlich hoch hinauf — Sozialdemokraten sind; es handelt sich nicht nur um solche, die einen Arbeiter das Jahr hindurch beschäftigen oder für einige Zeit, sondern mir ist aus einem der größten deutschen Fabrikorte von sehr kompetenter Seite versichert worden, daß es da genug Arbeitgeber mit 20, 30 und 40 Arbeitern gibt, die stramme Sozialdemokraten sind.

(Sehr richtig!) Meine Herren, darin liegt eine außerordentliche Gefahr, denn namentlich bei der Proportionalwahl, wie sie vorgeschlagen ist, wird auch auf seiten der Arbeitgeber ein hoher Prozentsatz von Sozialdemokraten in die Kammern kommen, die sich natürlich in allen Stücken auf die Seite der Arbeiter, ihrer Sinnesgenossen, stellen werden, und dadurch verschärft sich für die Arbeitgeber die Gefahr, überstimmt zu werden.

Nun, meine Herren, lautet es zwar in § 12: „Für die Wahlen der Arbeitgeber kann die Aufsichtsbehörde das Stimmrecht nach Maßgabe der Zahl der von den einzelnen Arbeitgebern beschäftigten Arbeitnehmer verschieden festsetzen.“ (Zuruf: Kann!) — Jawohl: Kann, es kommt aber auch darauf an, wie die Aufsichtsbehörde diese an sich, glaube ich, recht schwer durchzuführende Bestimmung handhaben wird.

Meine Herren, in den neuen Entwurf sind nun aber auch einbezogen die Arbeitnehmer, die Gehilfen des Handwerks, die ja eigentlich schon eine Vertretung in den Gesellenausschüssen bei den Handwerkerkammern haben. Aber die Begründung sagt, daß die Arbeitskammern doch auf gewissen Gebieten eine andere Tätigkeit auszuüben haben.

Einbezogen sind ferner nach der Begründung die Betriebsbeamten, die Werkmeister und die Techniker. Freilich sagt die Begründung, daß, ebenso wie für die Angestellten im Handelsgewerbe, beabsichtigt wird, auch für diese drei Kategorien der Angestellten der Industrie besondere Vertretungskörperschaften zur „Erörterung allgemeiner Standesfragen“ zu errichten. Aber es wird doch für zweckmäßig gehalten, sie vorläufig auch in die Arbeitskammern einzubeziehen. Ich möchte nur hervorheben, daß diese drei Kategorien von Angestellten der Industrie sich jetzt schon außerordentlich umfassende und bedeutende freiwillige Vertretungskörperschaften selbst geschaffen haben, die aber leider zum Teil, wie es notorisch ist, in ihren Prinzipien den Arbeitgebern gegenüber sich schon auf den Boden des sozialdemokratischen Klassenkampfes gestellt haben. Ob nun diese ganzen Kategorien bei dem in Aussicht genommenen Wahlsystem Aussicht haben, überhaupt in die Arbeitskammern zu kommen, ist eine andere Frage. Kommen sie aber hinein und müssen sich da unter die Arbeiter, unter die Sozialdemokraten setzen, dann ist zu befürchten, daß dieser Umstand sie noch mehr veranlassen wird, sich diesen Leuten zuzuwenden, als das bisher schon der Fall ist. (Sehr wahr!)

Im Reichstag, auch in der Presse, ist verlangt worden, für die einzuberufenden Betriebsbeamten, Werkmeister und Techniker besondere Ableilungen zu bilden. Nach dem Grundsatze der Parität mußten für diese Abteilungen doch auch besondere Arbeitgeber gewählt werden. Ferner bestimmt der § 8, daß überhaupt für Gewerbzweige oder für besondere Arten von Gewerbebetrieben Abteilungen gebildet werden können, die dann doch natürlich auch paritätisch zusammen gesetzt sein müßten. Hieraus werden Sie ersehen, daß das Institut der Arbeitskammern doch ein recht kompliziertes werden wird, und daß besonders mit Bezug auf die Wahlen doch einige Schwierigkeiten auftreten werden.

Meine Herren, daß die Verbündeten Regierungen den in dem ersten Gesetzentwurf gemachten Vorschlag in bezug auf die Gestaltung der Wahlen nicht würden aufrecht erhalten können, war vorauszusehen und jedem klar. Die Verbündeten Regierungen haben sich demnach, wohl um allen Weiterungen im Reichstage auszuweichen, kurz entschlossen, für die Wahl auch in diesem Falle das unmittelbare und geheime Wahlverfahren einzuführen. Meine Herren, das wird Sie mit einiger Verwunderung und wohl auch mit Besorgnis erfüllt haben; denn es ist doch nicht zu verkennen, daß dieses Wahlverfahren, wo es bisher zur Anwendung gekommen ist, recht üble Folgen nach sich gezogen hat. Auch die Redner im Reichstage, die entschieden für dieses Wahlsystem eintraten, haben zugegeben, daß es zur Erregung und zur Beunruhigung weiter Bevölkerungskreise beiträgt. Ich möchte behaupten, meine Herren, daß eine fieberhafte Beunruhigung, eine fieberhafte Aufregung herbeigeführt wird. Ganz besonders, wenn wir auf die feindselige Rivalität der verschiedenen Arbeiterorganisationen unter einander hinblicken, wenn wir sehen, we sie aufs äußerste gegen einander kämpfen, darf man wohl annehmen, daß bei den Wahlen zu den Arbeitskammern der Haß, die Erregung, die Verhetzung in weit höherem Maße sich geltend machen wird, als auf anderen Gebieten, und diese Aufregung wird sich — wahrlich nicht zur Förderung der Zwecke und Ziele der Arbeitskammern — auch in die Arbeitskammern übertragen.

Meine Herren, diese Wahlen sind ja überhaupt eines der größten Förderungsmittel der sozialdemokratischen Organisation und der sozialdemokratischen Agitation. Jede Wahl ist für die Sozialdemokratie gewissermaßen eine Heerschau über ihre Truppen (sehr richtig!), ein Manöver, in welchem ihre Truppen exerziert und diszipliniert werden (sehr wahr!), und die Sozialdemokratie kann sich kein größeres Förderungsmittel denken.

Meine Herren, der Herr Reichskanzler hat, wie schon mehrfach, so auch in seiner jetzt am 19. Januar im Abgeordnetenhause gehaltenen Rede sehr scharfe Worte gegen die Sozialdemokratie gebraucht. Er sagte:

„Ich glaube, es gibt niemanden, der die in dieser Richtung liegende Gefahr klarer erkennt als ich. Ich weiß wohl, daß die Sozialdemokratie nicht nur die Monarchie, sondern daß sie die Errungenschaften Preußens, die Machtstellung Deutschlands, die Fundamente unserer christlichen und nationalen Kultur bedroht."

Der Herr Reichskanzler wies auf die Möglichkeit hin, daß die Regierungen sich genötigt sehen könnten, auf dem Wege der Gesetzgebung der Sozialdemokratie entgegenzutreten. Er fügte aber hinzu: Dazu gehört, daß die Regierungen die Ueberzeugung erlangen, daß die jetzt schon bestehenden Mittel bei einer sicheren und furchtlosen Ausführung nicht genügten, und er sagte weiter, daß die Regierungen diese Ueberzeugung nicht gewonnen hätten.

Meine Herren, der Herr Reichskanzler hatte auch darauf hingewiesen, daß es die Regierungen doch nicht an Versuchen hätten fehlen lassen, auf dem Wege der Gesetzgebung die Auswüchse der Sozialdemokratie zu beschneiden, und er fragte, woran sind diese Versuche gescheitert? Der Herr Reichskanzler beantwortete diese Frage selbst, indem er sagte: „nicht an den Regierungen, sondern an der Uneinigkeit der bürgerlichen Parteien". Er fuhr dann fort:

„Worauf es ankommt ist, daß die Regierung in ihrem Kampfe gegen die Sozialdemokratie auch wirklich unterstützt wird, daß alle diejenigen, die nicht wünschen, daß es der Sozialdemokratie gelingt, die Dämme und Deiche einzureißen, die unsere bürgerliche Gesellschaft schützen, die Regierungen in ihrem Kampf gegen die Sozialdemokratie stützen und unterstützen." (Sehr richtig!)

Da ist es doch wunderbar, daß die Regierung, zu deren Unterstützung im Kampf gegen die Sozialdemokratie der Herr Reichskanzler uns, die Gesamtheit des Volkes auffordert, Gesetze einbringt und warm befürwortet, die in ihren einzelnen Maßregeln geeignet sind, die Sozialdemokratie in hohem Maße zu stützen und zu fördern. (Lebhafte Zustimmung.)

Meine Herren, wenn es mir die Zeit gestattete, so würde ich eine Reihe derartiger gesetzgeberischer Bestimmungen, die in der von mir angedeuteten Richtung wirken, aus den letzten 30 Jahren anführen können. Heute werden wir uns noch mit einem Gesetzentwurf zu beschäftigen haben, der geeignet ist, sehr erheblich in jener Richtung zu wirken.

Meine Herren, um nach dieser Abweichung mit den einzelnen

Bestimmungen fortzufahren: es ist neu und gut, daß den Minoritäten in der Arbeitskammer die Ermächtigung gegeben ist, wenn sie überstimmt worden sind, Sondergutachten abzugeben.

Die Bestimmung aus dem ersten Gesetzentwurf, daß Personen, die in dem Gewerbe, das in der Arbeitskammer vertreten ist, nicht mehr tätig sind oder nicht tätig sind, von der Wahlberechtigung und von dem Recht, gewählt zu werden, ausgeschlossen sind, ist auch in dem neuen Gesetzentwurf beibehalten. Sie hat große Erregung hervorgerufen schon nach dem Bekanntwerden des ersten Entwurfes, und die liberalen Parteien, das Zentrum und selbstverständlich die Sozialdemokraten sind gegen eine Bestimmung, durch welche die Führer, die Agitatoren, die Sekretäre der Arbeiterorganisationen von der Kammer ausgeschlossen werden.

Aber, meine Herren, in dem neuen Gesetzentwurf ist durch die Bestimmung, daß die Kammer berechtigt sein soll, Sachverständige hinzuzuziehen, der Weg eröffnet, auf dem alle diese von mir hier eben bezeichneten Kategorien von Leuten wohl mit Leichtigkeit in die Kammern werden gelangen können, um da ihre Hetz- und Brandreden vor der breiten Oeffentlichkeit der Kammer und, was ja für sie ein großer Vorzug sein wird, den Arbeitgebern in Gesicht zu halten.

Meine Herren, das werden so, nicht vollständig wiedergegeben, aber doch die wesentlichsten Aenderungen sein, die in dem zweiten Gesetzentwurf enthalten sind.

Aber, meine Herren, für uns haben alle diese Einzelbestimmungen heute nur eine untergeordnete Bedeutung dem Umstande gegenüber, daß die für den Erlaß dieses Gesetzes maßgebenden Grundanschauungen und die Zwecke und Ziele, die mit ihm erreicht werden sollen, dieselben geblieben sind. (Sehr richtig!)

Die Arbeitskammern sollen berufen und befähigt sein, die Gegensätze zwischen Arbeitgebern und Arbeitern auszugleichen, die wirtschaftlichen und gewerblichen Interessen beider Teile zu fördern und den wirtschaftlichen Frieden herbeizuführen und zu pflegen.

Meine Herren, der Herr Staatssekretär hat in seiner Rede auf die schwerwiegenden, „schreienden", wie er sich ausdrückte, Differenzen zwischen Arbeitgebern und Arbeitern hingewiesen; hingewiesen hat er auf den angehäuften Haß und die angesammelte Erbitterung, die zwischen den beiden Kategorien herrscht. Die Schuld daran schreibt er dem Umstande zu, daß es an Versuchen zum Ausgleich fehle, daß es an der Gelegenheit fehle, sich auszusprechen und zum Frieden zu gelangen. Die Parteien gehen aneinander vorüber. Es ist nötig, sie zusammen zu führen, und auf diese Zusammenführung hat der Herr Staatssekretär wiederholt den Nachdruck gelegt. Aufgabe des Staates sei es, in dieser Richtung zu wirken. Da die Zusammenführung, die nach seiner Ueberzeugung sicher zum Ausgleich und zum Frieden dienen werde, nur durch die Arbeitskammern erfolgen könne, so hält er jede anders geartete Organisation zu diesem Zwecke für untauglich.

Meine Herren, wer die Rede des Herrn Staatssekretärs gehört oder wer sie, wie ich, aufmerksam gelesen hat, der muß den Eindruck erhalten, daß der Herr Staatssekretär in dem tiefsten Innern seiner Seele von der Richtigkeit dessen, was er sagt, überzeugt ist und daß er auf dem Wege, den er beschritten hat, geleitet wird von dem größten, höchsten Wohlwollen und von den besten, wohlmeinendsten Absichten (Zuruf: Sicher!), und dennoch, meine Herren, muß ich heute bei Ihnen den Antrag stellen, sich in Gegensatz zu ihm zu setzen und diesen Arbeitskammerentwurf entschieden abzulehnen. (Beifall.) Die Handhabe zur erneuten Begründung unseres Widerspruches hat der Herr Staatssekretär selbst gegeben. In dem Teile seiner Rede, in dem er in seiner großen Unparteilichkeit auch den Andersdenkenden Gerechtigkeit widerfahren ließ, sagte er, man könne dem Einwand der Arbeitgeber, daß unter gewissen Umständen durch die Arbeitskammern die „Reibungsflächen erweitert", also mit anderen Worten, die Gegensätze verschärft werden können, eine gewisse Berechtigung nicht absprechen, und man könnte von diesem Gesichtspunkt aus sagen, wie der Herr Staatssekretär sich ausdrückte: „laßt die Hände davon". Aber, meine Herren, er blieb doch bei seiner Ansicht stehen, daß diese Arbeitskammern der einzige Weg seien, auf dem eine Verständigung herbeizuführen sei. Er meinte nur, daß dieser Fall eintreten könnte, wenn „Agitationslust oder übermäßiger Drang nach Betätigung im Spiele ist, vor allem dann, wenn es an gutem Willen auf einer von beiden Seiten oder gar auf beiden Seiten fehlt."

Meine Herren, hier liegt der springende Punkt! (Sehr wahr!) Bezüglich des guten Willens der Arbeitgeber habe ich in den vielen Vorträgen und Debatten, die ich über Arbeiterfragen und Arbeitgeberfragen schon habe halten und führen müssen, mehrfach darauf hingewiesen, daß ein gutes Verhältnis zwischen Arbeitgeber und Arbeitnehmer in dem vitalsten Interesse der Arbeitgeber selbst liegt. Nehmen Sie unsere Großindustrie, in der — ich gebe dem Herrn Staatssekretär vollständig recht — das größte Maß von Haß und Bitternis und die größte Masse von schreienden Differenzen besteht. In unserer Großindustrie lastet auf den Arbeitgebern, auf den, als besonders arbeiterfreundlich verschrienen Leitern der großen Betriebe, der jetzt so außerordentlich umfangreichen Betriebe, eine furchtbar schwere Verantwortung. Ganz gewaltige Kapitalien, wie man sie früher an einem Punkte unserer produktiven Tätigkeit vereinigt, nicht gekannt hat, sind ihnen zur Verwertung anvertraut. Eine der wesentlichsten Vorbedingungen für die Verwertung ist aber die ungestörte Kontinuität des Betriebes; denn nur bei ungestört fortgesetzter Arbeit kann darauf gerechnet werden, daß ein Ertrag aus diesen Kapitalien erzielt wird. Daher liegt es nicht nur in der unabweisbaren Pflicht dieser obersten Leiter unserer Betriebe, sondern in ihrem eigensten Interesse, den Arbeitern nachzugeben, ihnen entgegenzukommen bis zur äußersten Grenze des Möglichen. (Lebhafte Zustimmung.) Daher kann es an dem guten Willen der Arbeitgeber, an der Herbeiführung und Erhaltung des wirtschaftlichen Friedens mitzuwirken, nicht fehlen.

Meine Herren, ich will noch ein anderes Verhältnis anführen, um den guten Willen der Arbeitgeber hier festzustellen. Wie lange Jahre haben die Arbeitgeber die schweren Angriffe der Sozialdemokratie und ihrer Organisationen, die schweren Schädigungen, die ihnen durch zum Teil höchst unberechtigte Forderungen, durch frivol eingeleitete Streiks und Arbeitseinstellungen zugefügt sind, ruhig ertragen, ehe sie dazu gekommen sind, sich in Arbeitgeberverbänden fest zusammen zu schließen um die Angriffe kräftig abzuwehren. (Sehr richtig!) Und auch heute noch ist es, möchte ich beinahe sagen, doch nur noch immer die Minderheit der Arbeitgeber, die das tut, und noch heute können wir, die wir uns mit diesen einschlägigen Sachen beschäftigen, hören, wie der Arbeitgeber uns sagt: nein, ich trete einem solchen Verbande nicht bei, um keine Unzufriedenheit bei meinen Arbeitern zu erregen. (Sehr wahr!) Das können Sie alle Tage hören.

Nun, meine Herren, glaube ich, daß auch in dem vorliegenden Falle es die Arbeitgeber an gutem Willen nicht würden fehlen lassen, wenn sie irgendwie auf den von dem Gesetzentwurf erwarteten guten Folgen rechnen, wenn sie vor allem auf der anderen Seite auf guten Willen zählen könnten.

Aber, meine Herren, dieser gute Wille auf der anderen Seite ist gänzlich ausgeschlossen — gänzlich ausgeschlossen. (Zuruf: So ist es!) Denn, meine Herren, ganz im Gegensatz zu dem vitalen Interesse der Arbeitgeber erfordert gerade das Interesse derer, die heute unsere Arbeitermassen führen und leiten, nicht die Verständigung in wirtschaftlichen Fragen, sondern den äußersten Gegensatz, die äußerste Verhetzung, den Kampf auf allen diesen Gebieten, die

Unzufriedenheit, Haß und Bitternis in wachsendem Maße. Denn nur wenn diese Verhältnisse sich so gestalten, haben sie Aussicht, ihre, ich möchte sagen, verbrecherischen Ziele zu erreichen. (Zustimmung.)

Meine Herren, daß aber der gute Wille gänzlich ausgeschlossen ist, daß die mit den Arbeitskammern verfolgten wohlgemeinten Zwecke an jener Seite scheitern müssen, das hat der oberste Führer der sozialdemokratischen gewerkschaftlichen Bewegung, der Abgeordnete Legien, mit dürren Worten im Reichstage ausgesprochen, und diese Sache ist so wichtig, daß ich Sie bitten muß, mir zu gestatten, seine Worte hier zu verlesen.

Er vertrat die Meinung, die Bestrebungen, einen Ausgleich in dem Interessengegensatz zwischen Arbeitern und Arbeitgebern herbeizuführen, seien vollständig utopisch, — utopisch wenigstens von seiten der bürgerlichen Parteien und der Regierungen, „die ja beide alle ihnen zu Gebote stehenden Machtmittel anwenden, um die gegenwärtige Gesellschaftsordnung aufrecht zu erhalten. Unter dieser Gesellschaftsordnung ist ein Ausgleich der bestehenden Differenzen nicht möglich.“ Er fuhr dann fort:

„Worauf beruht denn die Differenz zwischen Unternehmertum und Arbeiterschaft, zwischen den Besitzern der Produktionsmittel und denen, die die Arbeit ausführen? Sie beruht auf dem Streit um den Anteil an dem Ertrage der Arbeit. Der Unternehmer will einen größtmöglichsten Anteil am Ertrage der Arbeit haben, der Arbeiter seinerseits desgleichen. — — Und nun bitte ich Sie, einen Versuch zu machen, in einer Gesellschaftsorganisation, die auf dem Privateigentum an den Produktionsmitteln beruht, die darauf beruht, daß die Arbeiter, die Besitzlosen, genötigt sind, ihre Arbeitskraft anderen zu verkaufen, den Gegensatz, der in einer solchen gesellschaftlichen Organisation notwendigerweise bestehen muß, auszugleichen. Ausgeglichen und beseitigt kann er nur werden, wenn Arbeit und Kapital vereinigt werden, wenn die Arbeiter auch Besitzer der Produktionsmittel sind. Deshalb ist ihr Bestreben, den Ausgleich zwischen Unternehmer- und Arbeiterinteressen herbeizuführen, utopisch.“

Nun, meine Herren, hier klingt dem Herrn Staatssekretär, seinem guten Willen, das entschiedenste „Nein“ entgegen. Kein Ausgleich, kein Friede, sondern Kampf, äußerster Kampf gegen das Arbeitgebertum, gegen die Unternehmer, gegen die Gesellschaftsordnung und gegen den Staat. Kampf bis aufs Messer und bis zur Vernichtung!

Ich habe nicht nötig, hier die Voraussetzung näher zu begründen, daß die von der Gesinnung des Herrn Legien durchtränkten und erfüllten Arbeiter auch die Plätze der Arbeiter in den Arbeitskammern einnehmen werden. (Sehr richtig!)

Der Herr Staatssekretär hat, als er von den Gewerkschaften sprach, folgendes geäußert:

„Kein Gesetzgeber hätte mit der Umsicht, mit der Energie, mit dem Organisationstalent, auch mit dem rücksichtslosen Draufgängertum der gewerkschaftlichen Bewegung irgendwie in Konkurrenz treten können."

Er hätte sicher noch hinzufügen können: mit der gewaltigen Opferwilligkeit, in der der Arbeiter die gesamte Arbeitgeberschaft bei weitem übertrifft. (Sehr richtig!)

Diese Eigenschaften aber, die wir alle bei den Gewerkschaften kennen und anerkennen, diese Eigenschaften werden sie auch befähigen, mit ihrem rücksichtslosen Draufgängertum bei den Wahlen ihre Leute in die Arbeitskammern zu bringen. Meine Herren, daher erblicken die Arbeitgeber in den Arbeitskammern nur die Herrichtung eines neuen Gebietes, auf dem sich neue Kämpfe, sicher in bei weitem stärkerer Weise als auf den bisherigen, abspielen werden. (Sehr richtig!) Da in den Arbeitskammern, vor der breiten Oeffentlichkeit, Auge in Auge, wird man die Arbeitgeber angreifen, schmähen und verdächtigen. Dem wollen sie sich um so weniger aussetzen, da nach Maßgabe der vorliegenden Verhältnisse der Friede nicht erreicht, das Verhältnis zwischen Arbeitgebern und Arbeitern noch weiter verschlechtert, die Beziehungen zu einander noch weitere Verschärfung und Erbitterung erfahren werden.

Meine Herren, ich will hier einschalten, daß wir uns mit dem an die Spitze gestellten Hauptgrunde für die Errichtung der Arbeitskammern, die Berufung auf den Kaiserlichen Erlaß vom 4. Februar 1890, schon in der Delegiertenversammlung vom 13. März vorigen Jahres beschäftigt haben. Wir sind auch heute überzeugt, daß diese Berufung verfehlt ist, da sich in den 19 Jahren, die seitdem verlaufen sind, sich in allen den Verhältnissen der Arbeitgeber und der Arbeitnehmerschaft, die gerade hier maßgebend sind, und maßgebend sein sollen, eine solche Umgestaltung vollzogen hat, daß man wohl mit Bestimmtheit sagen kann, jener Erlaß würde nicht gekommen sein, wenn die Verhältnisse sich damals schon so gestaltet gehabt hätten, wie es in der Gegenwart tatsächlich der Fall ist. (Sehr gut!)

Meine Herren, Sie werden nach alledem die Einbringung der Vorlage bedauern und vielleicht noch mehr bedauern, wenn Sie zu der Ueberzeugung gelangen, wie ich sie nach dem Studium der Verhandlungen in der ersten Lesung erlangt habe, daß diese Vorlage unter allen Umständen Gesetz werden wird. Aber, meine Herren, nicht das Gesetz, wie die Verbündeten Regierungen es eingebracht haben, sondern ein ganz anders gestaltetes Gesetz wird aus dem Reichstage hervorgehen (Sehr richtig!) nach den Erfahrungen, die wir überhaupt in der ganzen sozialpolitischen Gesetzgebung bisher gemacht haben. (Sehr wahr!) Die Verbündeten Regierungen werden sich wundern, was die Kommission des Reichstages und die Mitglieder der Parteien, die ja tun, was die Kommission ihnen vorschreibt, aus ihrer Vorlage machen werden! Meine Herren, ich will, von den weitgehenden Bestrebungen der Sozialdemokratie ganz absehen, ich will Ihnen nur an einigen Beispielen zeigen, was von den bürgerlichen Parteien verlangt wird.

Ich habe schon erwähnt, daß unter allen Umständen die Führer der Sozialdemokratie, die Agitatoren in die Arbeitskammern hineingebracht werden sollen. Es sollen ferner einbezogen werden sofort nicht nur die Angestellten und Arbeiter im Handelsgewerbe, sondern auch die Arbeiter der Landwirtschaft. Meine Herren, nach den letzten Verhandlungen im Reichstage, die auf Veranlassung der Sozialdemokratie über die Verhältnisse der landwirtschaftlichen Arbeiter und des Gesindes geführt worden sind, könnten die Herren Landwirte im Reichstag, die ja ihre berufene Vertretung in der konservativen Partei haben, sich fragen, ob es ganz in ihrem Sinne gewesen ist, wenn ihr Redner doch mit einem gewissen Wohlwollen diesem Gesetzentwurf gegenüber getreten ist. Denn, meine Herren, was aus unserer Landwirtschaft werden soll, wenn die landwirtschaftlichen Arbeiter sich auch erst einmal organisieren und dann in Arbeitskammern zusammenkommen sollen, wenn der Weizen auf dem Felde steht und eingefahren werden soll (Heiterkeit), das, meine Herren, werden wir den Herren Landwirten selbst zur Erwägung überlassen müssen. (Sehr gut!)

Es sollen natürlich auch die Betriebe der Heeres-, der Marine- und der Eisenbahnverwaltung mit einbezogen werden. Das ist der einmütige Wunsch des Zentrums, der linksliberalen Parteien und der Sozialdemokratie.

Die Arbeitskammern sollen ausgestattet werden mit „verwaltungsrechtlichen Befugnissen“ und „exekutiver Gewalt“.

Meine Herren, welche Erwartungen man aber an die Wirkungen dieses Gesetzes knüpft, das hat der Abgeordnete Erzberger mit erfrischender Offenheit in einem Artikel im „Tag“ dargelegt. Er bezeichnet den Gesetzentwurf als gut und lobt ganz besonders die paritätische Grundlage; in Anknüpfung an diese sagt er:

„Diese paritätische Grundlage bricht mit dem Prinzip des autokratischen Unternehmertums, das „Herr im Hause“ sein will; sie ist die Anbahnung des konstitutionellen Regimes in der Fabrik der Einzelnen“ (Hört! Hört! in der Versammlung) „und bedeutet für den gesamten Gewerbezweig das parlamentarische System.“ (Hört! Hört! und große Heiterkeit in der Versammlung.)

Ja, meine Herren, lachen Sie nicht. Die Kreuz-Zeitung hat erst vor kurzem in ganz ernsthafter Weise den Abgeordneten Erzberger als den Leiter und Führer der großen mächtigsten Partei in unserem Reichstage, des Zentrums, dargestellt, und wir müssen doch wohl annehmen, daß die Partei ihrem Führer folgt, also die Absicht hat, durch dieses Gesetz auch das parlamentarische Regime in unserer Industrie einzuführen, durch das natürlich die Autorität des Arbeitgebers gänzlich untergraben und beseitigt werden würde.

Nun, meine Herren, in seiner schon erwähnten großen Rede am 19. Januar hat der Herr Reichskanzler auch sehr eingehend von der Aufrechterhaltung der Autorität gesprochen. Er hat gesprochen von der Autorität des höheren Beamten über die ihn Untergebenen oder Nachgeordneten, will ich mich richtiger ausdrücken; er hat gesprochen von der Autorität im allgemeinen, immer im Interesse des Staates.

Nun, meine Herren, was ist denn der Staat? Ist denn der Staat ein ganz von uns abgesondertes, eigenes Wesen? Nach meiner Ansicht ist der Staat der Inbegriff des Strebens, der Tätigkeit seiner Angehörigen, besteht er aus den Tätigkeitsgebieten, auf denen dieses Streben und diese Tätigkeit sich abspielt; diese Tätigkeitsgebiete sind es eben, die den Staat in seiner Gesamtheit bilden und zu seiner Wohlfahrt beitragen. (Sehr gut! und Beifall.) Und, meine Herren, das bedeutendste Tätigkeitsgebiet, welches heute in unserem deutschen Vaterlande ist, ist der Gewerbebetrieb, ist die Industrie, und meine Herren, ebenso gut, wie für den Staat, gehört für die Tätigkeitsgebiete, wenn sie und wenn der Staat gedeihen sollen, die Autorität — bei uns die Autorität der Arbeitgeber. (Sehr richtig!) Die soll nun gänzlich untergraben werden. Meine Herren, ich muß meine innerste Ueberzeugung hier unumwunden zum Ausdruck bringen: auch dieser Gesetzentwurf trägt dazu bei, die Autorität des Arbeitgebers zu untergraben. (Sehr richtig! Zuruf: Soll er ja!) Meine Herren, das ist das allgemeine Urteil, das ich wohl, wie ich hoffe, in voller Uebereinstimmung mit Ihnen über dieses Gesetz abgeben kann.

Ich werde es nicht erleben, aber ich habe die feste Ueberzeugung — ebenso, wie ich überzeugt davon bin, daß das Gesetz kommt — daß wenige Jahre vergehen werden, bis man mit Bedauern auf dieses Gesetz hinblicken wird (sehr wahr!) nicht bloß in den Kreisen der Industrie, sondern auch in den Kreisen derer, die dieses Gesetz gemacht haben. (Sehr richtig!) Man wird es aber dann nicht los werden, denn Sie kennen ja den schönen Spruch: „Es erben sich Gesetz und Rechte, wie eine ew'ge Krankheit fort." An der Krankheit, die dieses Gesetz bringt, wird unser Arbeitgebertum, wird unsere Industrie noch schwer zu leiden haben. Und daher, meine Herren, da wir mit den Grundgedanken dieses Gesetzes nicht einverstanden sind, da wir glauben, daß das nicht erreicht werden wird, was mit diesem Gesetz erreicht werden soll, da wir überzeugt sind, meine Herren, daß es nachteilige Folgen für die Industrie, für die Gesamtheit und für das Wohl des Staates mit sich bringen wird, deswegen, meine Herren, habe ich mir erlaubt, Ihnen im Auftrage des Direktoriums und in Uebereinstimmung mit dem Ausschuß eine Resolution, einen Beschlußantrag vorzulegen, in dem Sie gebeten werden, sich gegen dieses Gesetz auszusprechen. (Lebhafter anhaltender Beifall.)

Vorsitzender: Ich eröffne die Diskussion.

Generalsekretär **Stumpf**-Osnabrück: Meine verehrten Herren! Ich gebe zu, daß der Herr Berichterstatter sich über die Materie, die uns beschäftigt, eigentlich in erschöpfender Weise ausgesprochen hat. Gleichwohl möchte ich um die Erlaubnis bitten, seine, wie immer hochinteressanten Ausführungen noch nach einigen Richtungen ergänzen zu dürfen, weil ich der Ansicht bin — und das Gefühl, glaube ich, werden Sie mit mir teilen —, daß es sich hier um eine Sache von solcher Bedeutung handelt, daß wir vor allen Dingen nicht den Vorwurf auf uns sitzen lassen dürfen, als wenn wir irgend ein Motiv, welches den Erlaß eines solchen Gesetzes rechtfertigen könnte, unbeachtet gelassen hätten.

Meine Herren, die Reichstagsverhandlungen vom 15. und 16. dieses Monats haben bezüglich der bei der Regierung und dem Parlament herrschenden Strömung insofern eine lehrreiche Klärung herbeigeführt, als sie erkennen lassen, daß man sich innerhalb des hohen Hauses schlichtweg festgelegt hat, obschon man sich über die ganze Sache noch sehr wenig klar ist.

Die Fiktion, als ob Handel und Industrie, d. h. das Unternehmertum, in den Handelskammern eine Vertretung besäßen, der man in geeigneter Form auch eine Vertretung der Arbeiter gegenüberstellen müsse, hat die Reichsregierung endlich fallen lassen, und auch der Redner des Zentrums, der im Jahre 1903 für die Begründung der Notwendigkeit der Arbeitskammern noch den nämlichen Irrtum ins Feld führte, hat sich bekehren lassen, während die Vertreter der übrigen Parteien mit Ausnahme der Konservativen ruhig an der eigentlich längst abgetanen Legende festhalten, weil sie gar zu brauchbar ist, für die jetzt verfolgte Absicht geltend gemacht zu werden.

In dieser Beziehung haben es die Herren im Reichstage ja natürlich bequemer als viele andere. Man darf dort Behauptungen aufstellen, soviel man lustig ist (Heiterkeit); zu beweisen braucht man sie nicht. Das deckt sich alles vortrefflich mit der parlamentarischen Immunität. (Heiterkeit.)

Im übrigen scheint ja auch die Kaiserliche Botschaft von 1890 jetzt nachgerade verbraucht zu sein. Sie ist in den Verhandlungen noch erwähnt worden; aber es wird doch nicht mehr mit dem gleichen Nachdruck wie früher darauf hingewiesen. Es müssen jetzt andere Momente für die Begründung des Bedürfnisses herhalten.

Der Reichsregierung erscheint als die Hauptaufgabe des geplanten Instituts der Ausgleich von Differenzen zwischen Arbeitgebern und Arbeitnehmern, eine Zweckbestimmung, von deren praktischer Verwertung man sich allerdings nicht nur bei der sozialdemokratischen Partei wenig oder gar nichts verspricht. Von seiten anderer Fraktionen, meine Herren, legt man dem Umstande besondere Bedeutung bei, daß durch die Arbeitskammern der Abschluß von Tarifverträgen erfolgreicher gefördert werden könne, wenngleich die Tatsache, daß etliche tausend Tarifverträge ohne Arbeitskammern zustande gekommen sind, und daß in sehr vielen Industriezweigen Tarifverträge überhaupt nicht durchführbar sein würden, nicht gerade geeignet ist, dieserhalb wenigstens die Notwendigkeit solcher Bildungen zu beweisen.

Was man nun im Reichstag mangels wirklicher Gründe zugunsten der Idee herangezogen hat, das ist zum Teil wirklich ebenso erstaunlich als unverständlich. Das Merkwürdige dabei ist zunächst, daß sich die Vertreter der verschiedenen Parteien in wesentlichen Punkten vollständig widersprechen und doch schließlich alle in den gleichen Ton einstimmen.

Alle Einwände gegen den Entwurf sind ja glatt in den einleitenden Worten des Herrn Staatssekretärs mit der einfachen Bemerkung abgetan, daß in bezug auf die negierende Kritik der Interessentenkreise der Gesetzentwurf eben das Schicksal der meisten Regierungsvorlagen teile. Ich muß nun offen gestehen: ich habe in dieser Aeußerung eigentlich mehr eine façon de parler erblickt, denn auf den Centralverband Deutscher Industrieller und auch auf den Deutschen Handelstag kann ein solcher Vorwurf wohl kaum Anwendung finden. Ich brauche da nur, um zwei große Momente hervorzuheben, auf unsere Mitarbeit an der Arbeiterversicherungsgesetzgebung und auf unsere Stellungnahme zur Reichsfinanzreform hinzuweisen, und ich glaube in der gleichen Beziehung auch den Deutschen Handelstag in Schutz nehmen zu dürfen.

Möglicherweise wird ja nun allerdings dieser Ausspruch des Herrn Staatssekretärs von mir überhaupt irrig aufgefaßt. Es könnte sein, daß hierbei viel mehr an den in der Arbeitskammerfrage so begeisterungsfreudigen Reichstag gedacht ist (Heiterkeit), der in Sachen der Reichsfinanzreform es wenigstens an einer recht bösen Kritik nach allen Richtungen hin nicht hat fehlen lassen. (Sehr richtig!)

Der leitende Gedanke, meine Herren, welchem die Regierung bei der Ausarbeitung der Entwürfe gefolgt ist, geht jetzt sonderbarerweise davon aus, daß nicht mehr der Arbeitgeber durch unmittelbare Beziehung zu seinen Arbeitern auf ein friedliches Verhältnis im eigenen Betriebe hinwirken soll, sondern daß mit Rücksicht auf die Entwickelung des Associationsprinzips man auch in weiteren Kreisen Instanzen organisieren müsse, die gelegentlich in den Streit der Elemente versöhnend eingreifen könnten. Das ist eine schöne neue Theorie, meine Herren. Aber darauf muß ich nun doch gerade auch das Wort anwenden, daß wir Deutschen doch eben ganz hervorragende Theoretiker sind. Da mögen noch so viele Bedenken gegen die praktische Anwendung dieser Theorie mitsprechen, — das wird wenigstens solange nichts nützen, bis man durch Schaden klug geworden ist.

Ich frage mich wirklich vergeblich, meine Herren, was denn nun eigentlich von der Tätigkeit der Arbeitskammern erwartet wird. Wenn die Behörden und gesetzgebenden Faktoren den maßvoll begründeten Auffassungen und Anträgen der Gesamtvertretung von Deutschlands Handel und Industrie gar kein Gewicht beilegen — welchen Einfluß wird man dann den Gutachten der Arbeitskammern einräumen (Sehr gut!) —, Gutachten, die noch dazu durch die verdächtige Mitwirkung der Arbeitgeber zustande kommen? (Heiterkeit und Sehr gut!)

Meine Herren, Herr Trimborn meint zwar, daß derartige Gutachten und selbst Minoritätsgutachten deshalb besonders wertvoll seien, weil sie ja doch nach kontradiktorischen Verhandlungen zustande gekommen seien. Ja, meine Herren, ich begreife nur nicht, wozu man diesen Umweg wählt, wenn man im voraus weiß, wie die Sache läuft. Denn daß damit etwas Gedeihliches nicht zu erreichen ist, darauf gehen doch wohl alle Erfahrungen des praktischen Lebens, auch diejenigen, die man mit ähnlichen Instituten im Auslande gemacht hat, hinaus. Bei uns ist davon noch viel weniger zu erwarten, da man sich auch sonst in der Gesetzgebung auf gewerblichem und wirtschaftlichem Gebiete an den sachlichen Erwägungen, die berufene Kreise rechtzeitig zur Berücksichtigung empfehlen und empfohlen haben, doch nur sehr selten stößt.

Meine Herren, allerdings mag jene Aeußerung des Herrn Abgeordneten Trimborn ja auch nicht ganz ernst gemeint sein. Es ist noch nicht sehr lange her, als von mir das Musterbild einer offiziellen Interessenvertretung in einer Organisation erblickt wurde, in der Handel, Industrie, Landwirtschaft und Kleingewerbe ihre der Bedeutung jeder einzelnen Gruppe in dem betreffenden Bezirke entsprechende gemeinsame Vertretung fänden. Das war um die Zeit, meine Herren, als es sich um die Reform der wirtschaftlichen Interessenvertretungen handelte, als es sich darum handelte, die Handelskammern durch ein neues Gesetz lebensfähiger zu gestalten und neben ihnen Landwirtschaftskammern und Handwerkskammern ins Leben zu rufen. Damals wurde mir entgegengehalten, man wolle keine Verwässerung der Gegensätze, sondern man wolle Körperschaften, die die Anliegen und Ansichten der von ihnen vertretenen Berufsgruppen in reiner, unverfälschter und entschiedener Weise zum Ausdruck brächten. (Sehr gut!) Jetzt heißt es anders, meine Herren. Jetzt heißt es, daß man p a r i t ä t i s c h organisieren müsse. Man nimmt wohl dabei im besten Falle an, daß man ja nicht wissen kann, ob nicht — vielleicht auf alchymistischem Wege — doch noch etwas Gutes damit zustande zu bringen ist. Ja, meine Herren, ich fürchte nur, daß bei dem Experiment ebenso wenig wie im Mittelalter Gold, aber auch nicht statt dessen — was doch immerhin etwas war — wie in Meißen, Porzellan herauskommen wird. (Große Heiterkeit.)

Meine Herren, man sagt, Arbeitgeber und Arbeiter müssen sich finden. Ich behaupte, meine Herren, daß sie das täglich in tausend und abertausend Betrieben des Vaterlandes auch tun (sehr richtig!), es sei denn, daß im gegebenen Falle der gute Wille mangelt — u n d irgend ein Agitator dazwischen tritt. (Zustimmung.)

Ich halte es auch recht wohl für möglich, daß der Herr Staatssekretär, wenn er Arbeitgeber und Arbeiter zu einer Konferenz bei sich einlud, von den bei solcher Gelegenheit unter der Aegide Seiner Exzellenz stattgehabten Auseinandersetzungen einen ganz freundlichen Eindruck bekommen hat. (Heiterkeit.) Ja, derartige Wahrnehmungen bilden aber doch wahrhaftig in so ernsten Dingen keine nutzbaren Beweise. Das sind eben, wie mir scheint, irrig gegriffene Beispiele. (Sehr richtig!)

Mit der Annahme, daß Leute mit gegnerischen Gesinnungen oder besser gesagt mit sogenannten Interessengegensätzen sich, wenn sie an einem Tische zusammensitzen, leicht verständigen sollen, ist es eine ganz eigene Sache, meine Herren, denn die Erfahrungen des praktischen Lebens beweisen sehr viel für das Gegenteil. Ich werde Ihnen das inbezug auf die ausländischen Institutionen, die wir bei uns nachahmen sollen, klarstellen. Bei uns im Lande brauche ich nur auf den großen Allgemeinen Knappschaftsverein in Westfalen und nicht minder auf die verschiedenen Reichsenqueten hinzuweisen, z. B. über das Kohlensyndikat und den Stahlwerksverband. (Lebhafte Zustimmung.) Bei diesen Enqueten ist ja vieles, wenn auch noch nicht alles, klargestellt worden. Aber die Gegensätze sind dabei nicht nur in keiner Weise beseitigt, nein, ich behaupte, meine Herren, daß die Gegensätze dabei entschieden noch verschärft worden sind. (Sehr wahr!) Ich will auf die besonderen Fälle hier im Augenblick nicht näher eingehen. Man kennt sie zur Genüge.

Mit dem fruchtbringenden Charakter praktischer Arbeit zwischen den vier Wänden ist es also wirklich nicht so weit her, und überdies ist es mir völlig unverständlich, meine Herren, was man sich bei einer solchen vertraulichen Verhandlung denkt, wenn dieselbe öffentlich stattfinden soll, wie das nach § 31 des Gesetzentwurfes ja ganz bestimmt vorgesehen ist. Vor allem kann ich mir dabei unmöglich versöhnliche Resultate versprechen, wenn als Sachverständige, wie das Freund Bueck schon andeutete, obendrein die Parteisekretäre, die Arbeitersekretäre mit in die Kammern hinein sollen. Den Vertretern verschiedener Parteien scheint gerade dieser Gedanke den Gesetzentwurf sogar noch besonders schmackhaft zu machen, und Herr Trimborn hat ja auch breits geäußert, daß er besondere Freude empfinden würde, wenn beispielsweise meine beiden Freunde, die Herren Bueck und Beumer, die er auch als Gewerkschaftssekretäre anzusehen scheint, in die Arbeitskammer hineinkämen. Ob die Herren dazu eine besondere Neigung besitzen, weiß ich nicht; das kann man ihnen ja überlassen. Aber interessant wäre es jedenfalls; die Geschichte würde nach meiner Ueberzeugung überaus lustig werden. (Heiterkeit.)

Nun will man ja auch noch eine weitere Schattierung in die Arbeitskammern hineinbringen, indem man das Handwerk mit hineinzieht, wie der Herr Berichterstatter bereits ausgeführt hat. — Nach der Ansicht des Herrn Abgeordneten Dr. Potthoff soll die Beteiligung der Handwerker deshalb eine so große Bedeutung haben, weil sie in der Verständigung mit ihren Arbeitern der Großindustrie weit voraus seien. (Ironisches Bravo!) Ja, meine Herren, daß man sich mit einem oder zwei Arbeitern verhältnismäßig leichter abfinden kann als mit 1000 oder 2000 Arbeitern, erkenne ich vollständig an. Wem da im Kreise der Arbeitgeber oder der Arbeitnehmer die Verhältnisse nicht mehr behagen, wenn es sich um zwei oder drei Leute handelt, dem bringt der durch eine einfache Kündigung herbeizuführende Wechsel eine sehr wenig erschütternde und gewiß von gar keinen weiteren sozialen Folgen begleitete friedliche Lösung. (Heiterkeit.)

Immerhin, meine Herren, muß man aus dieser Einbeziehung des Handwerks doch schließen, daß die Gesellenausschüsse bei den Handwerkskammern ihren Zweck nicht erreicht haben. Die Handwerker selbst stimmen aber nur aus dem wohlerwogenen Grunde für ihre Einbeziehung in die Arbeitskammern, weil sie einsehen, daß sie durch die Tätigkeit dieser neuen Gebilde betroffen werden, und weil sie deshalb wenigstens mitreden wollen.

Ja, meine Herren, wenn sowohl der Herr Staatssekretär als die Vertreter der verschiedenen Parteien wiederholt darauf hingewiesen haben, daß es wesentlich darauf ankomme, durch die neuen Körperschaften wiederum eine engere Fühlung zwischen Arbeitgebern und Arbeitnehmern, — zwischen der Industrie und ihren Arbeitern — das wird ja ausdrücklich betont — herzustellen, dann frage ich — Sie können mir vielleicht darüber eine Aufklärung geben —, wie die Fühlung der industriellen Arbeitgeber mit ihren Arbeitnehmern hergestellt werden soll in einer Organisation, die auf der Arbeitgeberseite zum großen Teil aus Handwerkern besteht und die sich auf ein Gebiet erstreckt, das vielleicht ein oder zwei Regierungsbezirke oder eine ganze Provinz umfaßt. Ich verstehe das nicht. Aber vielleicht ist jemand hier, der mir das auseinandersetzt.

Meine Herren, wie kurzsichtig, bedenklich es erscheinen muß, auch technische Angestellte in die Arbeitskammern hineinzubringen, hat Ihnen der Herr Berichterstatter bereits dargelegt. Es ist ja selbstverständlich, daß die Leute sofort in eine schiefe Stellung geraten. Auf der einen Seite werden sie den ihnen unterstellten Arbeitern gegenüber, wenn sie nicht mit ihnen gehen, in ein feindliches Verhältnis geraten, und auf der anderen Seite werden sie stets befürchten, daß sie ihre Existenz riskieren. Ich halte das für eine höchst unglückliche Bestimmung, von der man wahrscheinlich bei ernsterer Ueberlegung auch zurückkommen wird.

Nun, meine Herren, wurde schon erwähnt, daß so, wie die Dinge bei uns liegen, und wie es sich in anderen Ländern auch deutlich erwiesen hat, die Vertreter der Arbeitnehmer in den Arbeitskammern zweifellos vorwiegend Delegierte der Gewerkschaften sein werden. Der Herr Abg. Potthof hat das ja auch ausdrücklich hervorgehoben, indem er darauf hinwies, daß, wenn wir Arbeiterkammern hätten, diese zu 90 Prozent aus Delegierten bezw. Beauftragten dieser Gewerkschaften bestehen würden. Ja, meine Herren, was bezüglich der Arbeiterkammern zutrifft, das trifft zweifellos genau so zu auf die Arbeitervertreter in den Arbeitskammern. Der Einfluß der Gewerkschaften ist in dem einen Falle wie in dem anderen trotz Verhältniswahl genau derselbe. (Sehr richtig!) Und was neben diesen Vertretern ein technischer Angestellter in einer solchen Kammer für eine klägliche Figur machen würde, kann sich jeder ausmalen.

Da ich einmal bei dem Abgeordneten Potthoff bin, möchte ich mir auch nicht versagen, auf seine köstliche Mitteilung einzugehen, daß er mehr als einmal mit zehn oder zwanzig der besten und intelligentesten Werkmeister — er ist ja bekanntlich Geschäftsführer des Werkmeisterverbandes — sich stundenlang unterhalten und gestritten habe, bis er plötzlich zu der Erkenntnis gekommen sei, daß man aneinander vorbei geredet habe. (Große Heiterkeit.) — Man habe sich nicht verstanden und zwar sprachlich nicht verstanden (Heiterkeit), woraus er dann die Notwendigkeit der Bildung der Arbeitskammern herleitet (Große Heiterkeit.); die würden in dieser Beziehung ganz andere Zustände herbeiführen, meint er. Ich weiß es nicht. Ich muß sagen, daß ich aus diesem Geständnis eigentlich die entgegengesetzten Schlüsse ziehe. — Ich will aber zugeben, daß der Abgeordnete Potthoff Pech gehabt hat. (Heiterkeit.) Ich bin nämlich zufälligerweise Ehrenmitglied der Bezirksabteilung des Werkmeisterverbandes in Osnabrück, stehe aber auch in meiner geschäftlichen Berufspraxis unausgesetzt mit den Vertretern dieses Standes in Berührung, und muß sagen, ich habe die Schwierigkeit einer Verständigung mit diesen intelligenten Leuten bisher nicht empfunden. (Sehr gut!) Es kommt mir vor, als wenn der im Reichstag erwähnten kleinen Geschichte doch eine arge, für den Werkmeisterstand nicht eben schmeichelhafte Uebertreibung zugrunde liegt. Freilich wird es sich ja auch in jenen Fällen, die Herr Dr. Potthoff im Auge hat, wahrscheinlich nur um akademische Fragen gehandelt haben, für deren Austrag man aber doch wahrhaftig auch keine gesetzlichen Institutionen ins Leben ruft.

Wo es auf Versöhnung und Einigung ankommt, bleibe ich dabei, wie ich es in meinem Referat im Handelstage ausgesprochen habe, daß nach Maßgabe aller Erfahrungen nur dann ersprießliche Ergebnisse zu erwarten sind, wenn in dem betreffenden Streitfall solche Kräfte als Vermittler eintreten, die den beiden Parteien möglichst fern stehen. Meine Herren, das hat auch die neueste belgische Gesetzgebung vollkommen begriffen, indem sie gewissermaßen neben den Arbeitskammern noch eine besondere Instanz geschaffen hat, die nur zum Teil aus Mitgliedern dieser Arbeitskammern besteht, sonst aber aus ganz unbeteiligten Persönlichkeiten, und die, — wie ich gleich dabei sagen will, ihres offiziellen Charakters wegen bis jetzt natürlich auch nichts geleistet hat. (Heiterkeit.)

Wie sehr der ganze Arbeitskammergedanke noch im Nebel schwebt, das geht mir auch daraus hervor, daß nach der Ansicht der Regierung ein Eingreifen in die individuellen Betriebsverhältnisse nicht gestattet sein soll. Nun frage ich mich, meine Herren, wie dann aber überhaupt in irgend welchen Streitfällen von einer Einigung gesprochen werden kann, wenn da nicht individualisiert wird. Es muß individualisiert werden, und ohne eine solche Individualisierung ist noch niemals ein Streit beigelegt worden. (Sehr wahr!)

Die Heranziehung der alten Geschichte, daß seinerzeit die Bergwerksbesitzer des Ruhrreviers nicht mit der berühmten Siebenerkommission haben verhandeln wollen, kann auf den Fall keine Anwendung finden, denn, meine Herren, mit den eigenen Arbeitern zu verhandeln hat noch keine Verwaltung eines industriellen Werkes meines Wissens sich geweigert. (Zustimmung.) Man wittert doch nur Unheil von der Einmischung fremder, den Streit schürender Elemente, die auch — mag man sonst darüber denken, wie man will — bisher unter allen Umständen mehr zur Verhetzung als zum Frieden beigetragen haben. (Lebhafte Zustimmung und Beifall.)

Wie man überhaupt bei den Freunden der Arbeitskammern den Frieden will, muß doch sehr fraglich erscheinen, wenn man bedenkt, daß beispielsweise der Reichstagsabgeordnete Naumann sich nach seinen früheren Auslassungen die Wirksamkeit der Arbeitskammern nur dann als fruchtbringend vorzustellen vermag, wenn sie auf dem Unterbau freier Organisationen errichtet werden, das heißt also mit anderen Worten, daß sie einfach als eine Delegation der Gewerkschaften und somit in sozialdemokratischem Sinne als eine Krönung des Gebäudes sich darstellen.

Man spricht da immer von einer Gleichberechtigung der Arbeiter, die durch die Arbeitskammern gewährleistet werden soll — —

als wenn diese Gleichberechtigung der Arbeiter, soweit sie in vernünftiger Weise überhaupt möglich und denkbar ist, von irgend jemandem angetastet würde. Ich meine, man braucht doch nur auf die Parlamente, auf die Gemeineverwaltungen und auf zahllose andere Korporationen hinzuweisen, um diese Phrase als ebenso unangebracht wie lächerlich hinzustellen. (Sehr richtig!)

Im Lande soll sich für die Arbeitskammern eine freundliche Stimmung kundgeben; so meint man wenigstens im Reichstage, und will sich dabei wahrscheinlich auf gewisse Auslassungen der Presse beziehen, die aber vermutlich, zum Teil wenigstens, ganz anders zur Sache stehen würde, wenn diesen Auslassungen nicht Phantasiegebilde zugrunde lägen, die sich mit dem, was im Reichstage gesprochen wurde, gar nicht decken.

Man hat den Widerstand der offiziellen Interessenvertretungen Deutschlands gegen die neue Bescherung dahin gedeutet, daß man die Stoßkraft der Arbeiterschaft zersplittern wolle. Ja, meine Herren, wenn man mit solchen Begriffen arbeitet, dann ist es doch ganz klar und offenbar, daß man auf jener Seite sich nicht mit der Sorge um den sozialen Frieden, sondern nur mit Gedanken des Kampfes trägt, denn ich wüßte nicht, wie die „Stoßkraft" eine andere als für den Gegner bedrohliche Bedeutung haben sollte.

Gewiß ist die Industrie im Reichstage, und zwar trotz der Meinung des Herrn Giesberts, schlecht vertreten. Die Herren sagen: nur wegen unserer antisozialen Haltung. Das ist aber wieder ein billiges Schlagwort, meine Herren, das man, weil es unter der Immunität des Parlaments gesprochen wird, ja natürlich nicht zu beweisen braucht. Sonst dürfte wohl die Frage erlaubt sein, warum Leute, wie Krupp und die zahlreichen Männer, die in der Ehrentafel der Zeitschrift „Der Arbeiterfreund" sich aufgeführt finden, kein Mandat im Reichstage zu vertreten haben. Offenbar haben sich allerdings nur die wenigsten dieser Wohltäter der Arbeiter jemals darum bemüht. Aber wenn sie es auch getan hätten, meine Herren, dann würde ihnen doch ganz unzweifelhaft, wie die Geschichte lehrt, von den Führern der gegnerischen Parteien mit der allergröbsten Verhetzung entgegengearbeitet worden sein (Sehr wahr!), und, meine Herren, wer neben dem Ehrgeiz, Volksvertreter zu werden, auch noch sonst etwas zu tun hat, um die ihm anvertrauten geschäftlichen Interessen wahrzunehmen, und namentlich der Arbeiterschaft der ihm unterstellten Betriebe lohnende Beschäftigung zu erhalten, der kann nicht so leicht, wie viele andere, die Ueberwindung finden, sich über die ihm nach seinem Gewissen nächstliegenden verantwortungsvollen Aufgaben hinwegzusetzen und im Wahlkampf mit den Parteien Phrasen zu dreschen. (Sehr richtig!)

Von einem aus politischen Hintergedanken hervorgehenden Widerstande der Unternehmer gegen Arbeits- oder Arbeiterkammern, den verschiedene Herren im Reichstage schlankweg feststellen zu müssen glauben, kann überhaupt keine Rede sein. Die Unternehmer haben nur über die Arbeitskammern kein anderes Urteil, als es der Abgeordnete Legien auch hat. Sie halten sie zunächst für nutzlos, aber nebenbei auch noch für sehr bedenklich, und für nutzlose und bedenkliche Ideen schafft man keine staatlichen Institutionen. (Beifall.)

Nun, meine Herren, möchte ich noch kurz auf diejenigen Behauptungen eingehen, die man im Reichstage bezüglich der Erfahrungen des Auslandes aufzutischen für angezeigt gehalten hat. Da hat sich in erster Linie der Herr Abg. Freiherr Heyl zu Herrnsheim auf die Erfahrungen berufen, die man in Belgien, Holland und Frankreich gemacht habe, die er als durchaus befriedigende bezeichnet. Ja, wie steht denn nun die Sache in Wirklichkeit?

In Belgien hat der Minister Francotte unter Bezugnahme darauf, daß der Mißerfolg der bisherigen Organisationen nicht zu leugnen sei — das sind seine eigenen Worte — bei der Begründung des neuen Gesetzes einfach als „unzweifelhaft“ festgestellt, daß bisher Arbeitgeber und Arbeiter zur Begleichung von Differenzen von den Arbeitskammern nur sehr wenig Gebrauch gemacht haben, und daß, wo davon Gebrauch gemacht wurde, es meistens ohne Erfolg geschehen sei. (Heiterkeit.) Bei der Begutachtung haben die Arbeitermitglieder stets nach der ihnen von den Gewerkschaftsführern gegebenen Parole gestimmt, und sie gaben das auch zu.

Eine charakteristische Aeußerung über den Wert der begutachtenden Tätigkeit der belgischen Arbeitskammern liegt mir von einer sehr nüchtern denkenden und vollständig unbefangenen Stelle vor, von der man mir schreibt, daß die Erwartungen, welche die Regierung auf die Beurteilung der sozialen Gesetze durch die Arbeitskammern gegründet hat, zwar, was die Menge der Gutachten angeht, ziemlich erfüllt worden wären, daß man aber diesem Umstande unmöglich einen Wert beilegen könne, denn die Sache verlaufe in der Regel so: „**Les patrons disent oui, les ouvriers disent non et vice versa . . .**“ (Große Heiterkeit.)

Der anläßlich der Lütticher Ausstellung vom Jahre 1905 erschienene Zeitungsartikel, welcher der Begründung des Gesetzentwurfs beigegeben ist, übertreibt ganz offensichtlich, wenn er anführt, daß die

Arbeitskammern oft industrielle Konflikte verhütet und meistens zur Beruhigung beigetragen hätten, denn in der Begründung des neuen Gesetzes vor der **Chambre des représentants** am 14. Juni 1907 wurde gerade im Gegenteil gesagt, daß die Kammern in dieser Beziehung weniger befriedigt hätten, da in den seltenen Fällen, in denen man ihre Vermittelung anrief, diese oft ohne Wirkung gewesen sei. — Meine Herren, ich übersetze wörtlich und mache Sie auf diese merkwürdig interessanten Einschränkungen der Auslassung aufmerksam, also: weniger befriedigt, weil in den seltenen Fällen die Sache oft ohne Wirkung gewesen sei. (Heiterkeit.)

In den belgischen Arbeitskammern war bei den Arbeitern stets eine vorgefaßte Meinung vorhanden, das ist eine feststehende Tatsache, und im besten Falle enthielt man sich der Stimme, wo die Leute nicht wagen, offen aufzutreten. Deshalb müssen die Mitglieder der Arbeitskammern in Belgien jetzt einen Schwur leisten, daß sie ohne gebundene Marschroute ihre Meinung vertreten werden. Nun, was das zu bedeuten hat, brauche ich Ihnen nicht auseinanderzusetzen; es ist auf alle Fälle sehr bezeichnend.

Für die Beilegung von Differenzen hält man in den industriellen Kreisen Belgiens die Arbeitskammern eher für schädlich als nützlich, und dabei ist sehr interessant, was die Begründung des neuen belgischen Gesetzes wegen der Einigungsaufgaben sagt. Da heißt es, wie ich bereits erwähnte, daß zur Beilegung von Differenzen Unbeteiligte herangezogen werden müßten, da die Mitglieder der Arbeitskammern nicht unbefangen und nicht selten sogar als Konkurrenten interessiert seien, so daß man ihnen den Versöhnungsversuch mit irgend einer Aussicht auf Erfolg nicht überlassen könne. (Heiterkeit.)

Sehen Sie, das sind die vorzüglichen Erfahrungen mit den belgischen Arbeitskammern!

Meine Herren, wie sich die Versöhnungsversuche abgespielt haben, sagt ja auch die Begründung des deutschen Gesetzentwurfes selbst, indem sie auf Seite 16 erwähnt, daß von 849 in zehn Jahren vorgekommenen Arbeitseinstellungen nur 16 durch die Vermittelung der belgischen Arbeitskammern zum Austrag gelangt wären. Das nennt Herr Heyl zu Herrnsheim befriedigende Erfahrungen! (Sehr gut!) Die Tugend der Bescheidenheit stirbt offenbar im deutschen Volke noch nicht aus. (Heiterkeit.)

Meine Herren, was der nämliche Herr Abgeordnete und mit ihm die Herren Trimborn und Kulerski im Reichstage über Frankreich mitgeteilt haben, muß jedenfalls auf einer gewissen Hypnose beruhen (Heiterkeit), denn abgesehen davon, daß die nach den Dekreten des sozialistischen Ministers Millerand — mit dem in Parallele gestellt zu werden, der Herr Staatssekretär des Innern ja wohl dem Herrn Heyl zu Herrnsheim sehr hoch anrechnen wird — gebildeten Organisationen in keiner Weise befriedigt haben, ist das, was die französische Gesetzgebung neuerdings bestimmt, aber noch nicht in die Praxis übersetzt hat, etwas ganz anderes als was man bei uns schaffen will. Es hat gar nicht dieselbe Bedeutung, denn erstens sollen in Frankreich Arbeitskammern nur dann und nur dort ins Leben treten, wo die Voraussetzung ihrer Nützlichkeit dargetan ist, und in dieser Frage haben u. a. auch die Handelskammern des Landes ein entscheidendes Wort mitzusprechen. (Hört! Hört!) Es sind die Handelskammern, und die **Chambres consultatives des Arts et Manufactures**, also die Gewerbekammern. Diese zwei haben mit dem **Conseil général** darüber zu befinden, ob eine Arbeitskammer gebildet werden soll.

Die französischen Arbeitskammern sind in zwei Gruppen geteilt, die getrennt beraten und ihre eigenen Vorsitzenden und Sekretäre haben. Die Mitgliederzahl beschränkt sich auf höchstens je 12 für jede Gruppe. Arbeitersekretäre sind nicht zugelassen. Die Sitzungen sind nicht öffentlich. Einigungsverhandlungen sind ausgeschlossen, und das einzige, was diese Organisationen zu tun haben, ist die Erstattung von Gutachten über die gemeinsamen Interessen von Arbeitgebern und Arbeitnehmern, eine Aufgabe, deren Verwirklichung man in der französischen Industrie vorläufig noch mit sehr großen Bedenken gegenübersteht.

Was das nun heißen soll, meine Herren, derartige allerdings gelegte, aber jedenfalls noch nicht zerschlagene und leichtlich auch faule Eier als mustergültig zu empfehlen (stürmische Heiterkeit), muß natürlich der Einsicht der Herren im Reichstage überlassen bleiben. (Sehr gut!) Aber wenn Sie der Sache einmal ernsthaft näher treten, muß es doch sonderbar berühren, daß der Herr Heyl zu Herrnsheim in seinen langgedehnten Ausführungen gerade auf die französische Gesetzgebung in seiner Rede für das Zustandekommen des Gesetzes Bezug nimmt. Das hat mich, da ich über die Sachlage anders unterrichtet war, dazu geführt, mir noch weitere Unterlagen zu verschaffen. Ich habe mir das Journal offiziell über diejenigen Verhandlungen der französischen Kammer vom 9. Juli vorigen Jahres kommen lassen, auf die Herr Heyl zu Herrnsheim Bezug nimmt, und darin lese ich wunderbare Sachen. Herr Heyl zu Herrnsheim folgt offenbar in seinen Ausführungen namentlich den Auslassungen des Berichterstatters Mr. Dron. Er sagt, die Arbeitskammern in Frankreich seien noch sehr jungen Datums, und man sei dazu gekommen, weil man im Falle eines großen Streiks in Armentières außerordentlich gute Erfolge mit einer freiwilligen, gewissermaßen nach diesem Schema gebildeten Organisation erzielt habe. Deshalb sei der Minister Millerand, bekannter Sozialist, dazu gekommen, diese Arbeitskammern einzurichten. Herr Heyl hat jedenfalls gelesen, daß der Berichterstatter dies der Kammer mit überzeugenden Worten dargelegt habe, läßt aber vollständig aus, daß unmittelbar nach dem Berichterstatter, wie ich hier im Journal offiziell lese, ein Mr. Hector Depasse dem Berichterstatter erwidert, da müsse er doch wohl falsch unterrichtet sein; er (Depasse) sei aus Armentières, kenne die Verhältnisse dort ganz genau und könne ihm nur sagen, daß das, was in Armentières vor sich gegangen, eine Nutzanwendung auf das, was hier beabsichtigt werde, gar nicht zulasse. (Hört, Hört! und Heiterkeit.) Die Sache hat nämlich so gelegen, daß bei einem Streik der Weber in der genannten Gemeinde, — genau wie es bei uns in Deutschland auch und oft mit Erfolg geschehen ist, — eine angesehene Persönlichkeit, die namentlich auch durch ihre Stellung und persönliches Geschick nach dieser Richtung hin Einfluß zu üben befähigt war, nämlich der Präfekt des Departements du Nord, nach Armentières gekommen ist und die Leute von beiden Seiten zu einer gemischten Kommission zusammengebracht hat, die alsdann, unterstützt durch das bereits herrschende große Elend, die Streitenden versöhnte. Der Präfekt hat es dann 1904 fertiggebracht, diese Kommission fortbestehen zu lassen, für den Fall, daß wieder einmal neue Differenzen vorkommen sollten, die alsdann in ähnlicher Weise geschlichtet werden könnten. Das ist die Arbeitskammer in Armentières, die aber ausweislich des der französischen Kammer erstatteten Berichtes schon vom Jahre 1905 ab — nach kaum einjährigem Bestehen — nichts mehr von sich hat hören lassen. (Heiterkeit.)

Es ist im übrigen auch schon aus dem einen Grunde irrig, diese Geschichte aus Armentières, die beiläufig nur für die beiden zusammenhängenden Gemeinden Armentières und Houplines Bedeutung hatte, als den Ausgangspunkt der Bestrebungen auf Errichtung von Arbeitskammern in Frankreich hinzustellen, da in dem Bericht des Deputierten Dron mit dürren Worten gesagt wird, daß die Frage im französischen Parlament bereits 1892 angeschnitten wurde, während der Streit in Armentières im Jahre 1903 spielte.

Außerdem hat der Herr Heyl zu Herrnsheim auch angeführt, — und das ist gewiß außerordentlich interessant —, daß von seiten des Ministers Millerand verschiedene Arbeitskammern gegründet worden seien in Paris, Marseille, Lille und Nantes. Zunächst hat er dabei Lyon ausgelassen und ein paar andere Orte verwechselt — er hat verwechselt Lens mit Nantes. Darauf kommt es ja freilich nicht an, so etwas kann vorkommen, wie heute morgen, als Herr Kommerzienrat Funke uns im Ausschuß mitgeteilt hat, daß nach dem französischen Gesetze nur solche Mitglieder Sitz und Stimme haben dürften, die zehn Jahre in dem betreffenden Gewerbe waren. Da hatte er nämlich „dix“ mit „deux“ verwechselt. (Große Heiterkeit.) Das nebenbei! Aber ich wollte hier nur auf das eine hinweisen: bei jenen französischen Arbeitskammern spricht Herr Heyl zu Herrnsheim doch von durchaus befriedigenden Erfahrungen, und als Gott den Schaden bei Lichte besieht, lauten die mir von offizieller Seite gewordenen Auskünfte dahin, es sei richtig, jene Arbeitskammern wären gebildet, sie seien aber sozusagen niemals in Funktion getreten und niemand habe etwas von ihnen gehört. (Heiterkeit.) Das sind doch auch Erfahrungen, meine Herren! (Heiterkeit.)

Also, das ist Frankreich.

Nun muß ich aber noch kurz auf die holländischen Arbeitskammern eingehen, auf die nicht nur Herr Heyl zu Herrnsheim, sondern auch verschiedene andere Herren im Reichstage Bezug genommen haben. Ja, meine Herren, was die holländischen Kammern angeht, so liegt da die Sache insofern verhältnismäßig lehrreicher, als diese Institutionen wirklich in der Praxis aufgetreten sind; hier liegen auch tatsächliche Erfahrungen vor. Aber von woher Herr Heyl zu Herrnsheim sich seine Auskünfte beschafft hat, will ich mal als Geschäftsgeheimnis betrachten (Heiterkeit); ich weiß es nicht. Jedenfalls stehen die Ergebnisse meiner von sieben zuverlässigen Stellen eingezogenen Auskünfte über die holländischen Arbeitskammern denen des Herrn Heyl zu Herrnsheim diametral gegenüber.

Ein Fabrikant aus der meinem Bezirk benachbarten Provinz Overyssel teilt mir beispielsweise mit, daß man an seinem Wohnort zwei Arbeitskammern gehabt habe, eine für die Textilindustrie und eine für die Metall- und Holzbearbeitung. Die letztere sei im vorigen Jahre aufgelöst worden, die andere bestehe zwar, allein ohne jeglichen Einfluß. Die Arbeitgeber hätten im vorigen Jahre eine Wiederwahl für die letztere abgelehnt, weil der Verband der Metallarbeiter es durchgesetzt hatte, daß von den fünf Arbeiter-Mitgliedern vier von einer Fabrik gewählt wurden, deren Arbeiterzahl ungefähr ein Viertel derjenigen Zahl ausmachte, die mein Gewährsmann beschäftigte. Die Arbeiter sahen selbst ein, daß diese Zusammensetzung unhaltbar war, sie verlangten aber, man solle bei dem genannten Verbande der Metallarbeiter **darum bitten**, daß die Sache geändert würde, und dieser Kapitulation haben die Arbeitgeber geglaubt, sich nicht unterwerfen zu können. Infolgedessen sind sie ausgetreten, und die Arbeitskammer schwebt in der Luft.

Nun haben die holländischen Kammern ja noch die besondere Einrichtung, daß der Vorsitzende jedes halbe Jahr wechselt, und zwar einmal aus der Gruppe der Arbeitgeber und das andere Mal aus der Gruppe der Arbeitnehmer gewählt wird. Da nun bei jeder wichtigen Frage Stimmenparität eintritt, der Vorsitzende aber zu entscheiden hat, so hängt die Sache lediglich davon ab, wer gerade zufällig in dem halben Jahr Vorsitzender der Arbeitskammer ist. (Große Heiterkeit.) Das ist nämlich der Nutzen dieser Institution, daß wenigstens zeitweise eine gewisse Abwechselung eintritt (Heiterkeit.) nach dem schönen Sprichwort der alten Römer, das ich in der Sexta gelernt habe: varietas delectat. (Heiterkeit.)

Nun schreibt man mir, daß die Kammern, wenn auch im allgemeinen meistens radikale Arbeiter hineingewählt werden, sehr großen Schaden bisher nicht angestiftet haben, weil die Arbeitgeber sich in der angedeuteten Weise dagegen wehren. Taugen täten die Kammern freilich auch nichts. Man müsse indessen, so schreibt der betreffende Herr mir wörtlich, soviel „Mustergültiges" (?) von Deutschland übernehmen, daß wir auch einmal etwas „Mustergültiges" von Holland übernehmen könnten. (Heiterkeit.)

Von Rotterdam wird mir mitgeteilt, daß dort im Jahre 1900 eine Kammer für Haven-Bedrijf errichtet wurde — ich habe das auch schon im Handelstage angeführt — die aber nach fünf Jahren aufgelöst werden mußte, da keine Arbeitgeber mehr zu finden waren, die bereit gewesen wären, das Mandat zu übernehmen. Dasselbe Schicksal hat auch die Arbeitskammer für Tabakindustrie in Rotterdam gehabt.

Ueber die Wirksamkeit der Arbeitskammern in Holland teilte man mir von einer anderen Seite mit, daß man nicht viel davon höre. Jedenfalls sei aber kein Fall bekannt — ich hatte nämlich ganz bestimmte Fragen gestellt —, wo bei einer Differenz zwischen Arbeitgebern und Arbeitnehmern das Eintreten der Arbeitskammer irgend einen Streik oder Streit beendet habe.

In gleicher Weise verlautet aus Amsterdam, daß man das Institut der Arbeitskammern für eine „Mißglückung", wie mein holländischer Gewährsmann sich deutsch ausdrückt, halte, da das Ziel, welches man bei der Einrichtung vor Augen hatte, namentlich in Bezug auf die Beilegung von Differenzen zwischen Arbeitgebern und Arbeitnehmern, völlig verfehlt sei. Weder in den Kreisen der Arbeitgeber noch der Arbeitnehmer fänden die Arbeitskammern Sympathien, was auch daraus erhelle, daß bereits mehrere Kammern aus Mangel an Interesse aufgehoben wurden.

So hat auch in Amsterdam die Arbeitskammer für den Transportbetrieb zunächst zweimal ein großes Fiasko gemacht, weshalb die Mitglieder ihr Amt in beiden Fällen niederlegten. Als dann die Regierung zum dritten Male wieder die Arbeitskammer ins Leben rufen wollte, ist es auch da nicht gelungen, da keiner der Wahlberechtigten von seinem Wahlrecht Gebrauch machte.

Ich möchte Ihnen aber von Holland noch eine Aeußerung nicht vorenthalten, welche die angeführten Mitteilungen so mitten aus dem Leben bestätigt; es ist ein längerer Brief eines Fabrikanten, der selbst Mitglied einer holländischen Arbeitskammer war. Ich muß um Verzeihung bitten, wenn ich Sie damit noch einen Augenblick aufhalte. Der Brief ist so lehrreich, daß ich ihn Ihnen wirklich nicht vorenthalten möchte. Ich lese nur diejenigen Stellen vor, die für Sie Interesse haben. Da schreibt mir der betreffende Herr:

„Ich war damals als Mitglied der „Kamer van Arbeid" für die und die Industrie gewählt worden und habe meine fünf Jahre ausgedient. Die Erfahrungen, die ich in dieser Periode und nachher gewonnen habe, teile ich Ihnen wie folgt mit: Im allgemeinen werden die „Kamers van Arbeid" sowohl von Arbeitgebern wie von Arbeitnehmern als eine „**Failure**" — wie er sich ausdrückt — betrachtet, wozu keine von beiden Parteien irgendwie Zutrauen hat. Deswegen ist an verschiedenen Plätzen diese Institution aufgehoben, u. a. „de Kamer van Arbeid voor de Katoen Industrie te Almelo", weil das Interesse von beiden Seiten fehlte und sich zuletzt die Arbeitgeber nicht weiter zur Wahl disponibel stellten.

Der Fehler liegt darin, wie sich das bei der Tätigkeit in meiner Kammer bald herausgestellt hat, daß von den Arbeitern nur die Sozialisten oder die am meisten radikalen unter ihnen gewählt wurden, und wenn einmal ein verständiger Arbeiter Mitglied der Kammer ist, hält er es nicht lange aus. Wir hatten z. B. bei Gründung der Kammer unter fünf Arbeitermitgliedern zwei sehr nette kluge Leute, mit denen sich reden ließ, und welche sowohl gegen Arbeitgeber wie Arbeitnehmer ein freies, gerechtes Urteil abgaben. Bei einem Streik in unserer Gegend gaben sie jedoch den Arbeitern der Fabrik eine verdiente Reprimande, und später bei der Abstimmung über diese Sache stellten sie sich auf die Seite der Arbeitgebermitglieder, was ihnen von den anderen drei Arbeitermitgliedern sehr übel genommen und sofort in allen Fabriken erzählt worden ist. Innerhalb vier

Wochen haben beide Arbeitermitglieder ihren Abschied aus der Kammer nehmen müssen, weil sie in ihrer Fabrik derartig belästigt wurden, daß es nicht weiter ging. (Hört, Hört!) Sie sind beide zu mir gekommen und haben sich wegen ihres Ausscheidens entschuldigt. Sie teilten mir mit, daß ihre Kinder und Weiber auf der Straße keine Ruhe hätten (Hört! Hört!), daß ihnen nachgeschimpft und daß sie mit Steinen geworfen würden." (Hört, hört!)

Dann kommt er auf die Sache, daß der Vorsitz wechselt und sagt: „Diese Umstände haben dazu geleitet, daß nach Ablauf der fünfjährigen Sitzung keiner der fünf Arbeitgeber sich wieder disponibel stellte, was auch wieder am Ende der zweiten Periode der Fall gewesen ist. Es mußten jedes Mal andere gewählt werden.

Die Arbeiter haben kein Vertrauen zu der Kammer, weil in einigen Fällen das Urteil gegen sie ausgesprochen wurde (mit Hilfe der zwei vorerwähnten Mitglieder). Wie Sie auch aus Ihrer Erfahrung sicher wissen, hat der Arbeiter überhaupt kein Vertrauen zu irgend einer Institution, wo nicht immer das Urteil zu seinen Gunsten ausfällt." (Zustimmung und Heiterkeit.)

Meine Herren, das sind die Erfahrungen aus Holland, und ich darf nun auch vielleicht noch kurz darauf hinweisen, wie auch damit etwas geschauspielert worden ist, daß man auf Kanada verwies. Die in dieser Beziehung gemachten Ausführungen sind einfach dahin zu berichtigen, daß in Kanada ein Gesetz besteht, wonach ein Streik nicht organisiert werden darf, wenn nicht zuvor je ein Vertreter der Arbeitgeber und Arbeitnehmer zusammengetreten sind und einen Dritten als Schiedsrichter gewählt haben, um einen Versöhnungsversuch zu machen, so wie bei unseren Schiedsmännern, wenn es sich um Beleidigungsklagen handelt. Wenn sich aber die Parteien auf diesem Wege nicht zusammenfinden, dann darf der Streik oder die Aussperrung ausbrechen. Es ist also lediglich ein formelles Verfahren, das — wie Sie zugeben werden — unter keinen Umständen mit dem Institut der Arbeitskammern verglichen werden kann, das man bei uns einführen will.

Nun, meine Herren, hält man uns vor: bei dem jetzigen Stande der Sache im Reichstag, nach dem sich sämtliche Parteien auf den § 1, der ja grundsätzlich die Errichtung von paritätischen Arbeitskammern will, bereits festgelegt haben, sei es unpolitisch und verkehrt, daß wir uns trotzdem abweisend verhalten und nicht lieber darauf eingehen, an den einzelnen Paragraphen des Gesetzentwurfs Kritik zu üben, um zu sehen, ob nicht inbezug auf diese gefährlichen Bestimmungen, die mein verehrter Freund Bueck schon in ausgiebiger Weise vor Ihnen erörtert könne. Meine Herren, ich stehe vollständig auf dem Standpunkt der uns vorgeschlagenen Resolution. Ich bin der Meinung, wenn wir zu der Ueberzeugung gekommen sind nach Lage der Dinge — und ich glaube, zu der Ueberzeugung können wir heute gekommen sein —, daß mit der Errichtung der Arbeitskammern jedenfalls etwas geschieht, was den sozialen Frieden mehr untergraben als fördern wird, dann haben wir das auch heute trotz Reichstag und trotz Stellung der Parteien mit ernstester Entschiedenheit zu erklären. Meine Herren, inbezug auf die Errichtung von Arbeitskamern gibt es für einen ehrlich denkenden Menschen, der den sozialen Frieden zwischen der Industrie und ihren Arbeitern will, kein Kompromiß (sehr richtig!), die Fraktionen des Parlaments mögen sich so festgelegt haben, wie sie wollen. Ich bin auch der Meinung — mein Freund Bueck erlebt es wohl noch mit mir — es wird gar nicht so lange dauern, bis man durch Schaden klug geworden ist, wenn man wirklich deratige Gebilde ins Leben ruft. Deshalb bitte ich Sie, meine Herren, mag man auf uns hören oder mag man uns nicht hören — wir sind ja seit Jahren gewöhnt, daß die sachverständigsten Auslassungen berufener Kreise im Reichstag am wenigsten beachtet werden — mag man also in gleicher Weise auch jetzt verfahren — ich bitte Sie dringend, nehmen Sie die Resolution einstimmig an. (Lebhafter anhaltender Beifall.)

Vorsitzender: Meine Herren, die sehr interessanten Ausführungen des Herrn Stumpf, die ja auch unsere Lachmuskeln zuweilen in köstlicher Weise gereizt haben, veranlassen mich, mit Rücksicht auf ihre Länge die weiteren Herren Redner zu bitten, daß sie möglichst kurz sprechen. (Bravo!) Es soll darin durchaus keine Rekrimination gegen den Herrn Vorredner liegen, aber ich glaube, bei der vorgeschrittenen Zeit in Ihrer aller Sinne zu handeln, wenn ich diese Bitte ausspreche. (Beifall.)

Generaldirektor Bergrat **Randebrock**-Gelsenkirchen: Meine Herren, ich werde mich ganz kurz fassen. Ich möchte nur als Vertreter des westfälischen Bergbaues hier einige Wort äußern.

Der Verein für die bergbaulichen Interessen im Oberbergamtsbezirk Dortmund hat im Oktober vorigen Jahres eine Eingabe an den Reichstag gerichtet, aus der ich Ihnen nur einen Satz verlesen will, weil er mir besonders bemerkenswert erscheint:

„Die Erfahrungen von fast zwei Jahrzehnten haben es unseres Erachtens vollauf bewiesen, daß die ganzen Versöhnungsversuche zwischen den Arbeitgebern und den Arbeitnehmern gescheitert sind an dem fortgesetzten Kampfe um die Stimmen, gescheitert an dem politischen Ringen von Sozialdemokratie und Zentrum, zwischen denen die Arbeiter beständig hin und hergerissen werden, gescheitert sind an dem Liebeswerben um die Gunst der Arbeiter, das wie auf einer Schraube ohne Ende die Versprechungen der beiden gegnerischen Parteien immer höher und höher treiben läßt."

Unserer Versicherung, daß man in diesem Gesetz mit untauglichen Mitteln den sozialen Frieden zu fördern suchen will, wird man weder im Reichstag noch im Bundesrat Beachtung schenken. Unsere Bedenken, unsere Proteste werden sämtlich wirkungslos verhallen. Einen moralischen Nutzen aber werden sie haben, der darin besteht, daß wir mit diesen Protesten unser Gewissen entlasten. (Sehr richtig!) Wir müssen wohl beachten, daß dieses Gesetz nur ein Glied ist in einer noch lange nicht geschlossenen Kette (sehr richtig!), daß es ein Symptom darstellt eines sozialpolitischen Beglückungssystems, dessen noch gar nicht zu ermessende verderbliche Folgen man an den für die Wohlfahrt des Landes verantwortlichen Stellen aller Wahrscheinlichkeit nach erst erkennen wird, wenn es zu spät ist. (Lebhafter Beifall.)

Landtagsabgeordneter Dr. **Beumer**-Düsseldorf: Meine Herren, ich beschränke mich auf eine ganz kurze Erklärung, die ich für eine parlamentarische Pflicht erachte.

Es ist hier hervorgehoben worden, daß ganze Parteien im Reichstag geschlossen für die Vorlage eingetreten seien. Dieser Eindruck wird auch in Bezug auf die nationalliberale Partei durch die Ausführungen des Herrn Freiherrn Heyl zu Herrnsheim erweckt. Der genannte Parlamentarier hat am Schlusse seiner Ausführungen im Reichstage wörtlich gesagt — ich habe hier das amtliche Stenogramm —: „Meine Fraktion ist der Ansicht, daß wir bestrebt sein müssen, die wirtschaftliche Arbeit tunlichst von den schwierigen Kämpfen, wie sie sich heute in unserem gewerblichen Leben abspielen, fernzuhalten, um sie einer friedlichen Entwicklung zuzuführen. Ich bin persönlich davon durchdrungen, daß dieser Weg am leichtesten gefunden werden kann, wenn der Gesetzentwurf, der hier vorliegt, in seinen wesentlichen Teilen Annahme findet. Meine Herren, ich habe den Auftrag von meiner Fraktion, vorzuschlagen, diesen Entwurf an eine Kommission von 21 Mitgliedern zu verweisen."

Sie werden mir zugeben, daß in diesen Worten von einer nationalliberalen Minorität, die im Reichstag eine gegnerische Stellung zu diesem Arbeitskammergesetzentwurf einnimmt, nicht die Rede ist.

Nun habe ich mich bei einem nationalliberalen Kollegen im Reichstag erkundigt, und der hat mir gesagt, daß eine solche Minorität in der nationalliberalen Fraktion vorhanden sei, und daß diese Minorität auch gebeten habe, dies möge zum Ausdruck kommen. Meine hat, eine Abschwächung der Gesetzesvorlage herbeigeführt werden Herren, es ist parlamentarische Gewohnheit, daß der Fraktionsredner derartigen Wünschen nachkommt, also feststellt, daß doch eine Minorität, sie mag so klein sein, wie sie will — wie groß oder wie klein sie in diesem Falle ist, das ist mir zurzeit nicht bekannt — vorhanden ist. Ich stelle also hier fest, daß eine solche Minorität in der nationalliberalen Fraktion des Reichstages existiert, daß es aber Herr Freiherr Heyl zu Herrnsheim nicht für angezeigt erachtet hat, davon dem Reichstag Kenntnis zu geben. (Hört! Hört!)

Geheimer Baurat **Schrey**-Danzig: Meine Herren, es scheint mir, daß die Freude, die wir an den ausgezeichneten Referaten des Herrn Bueck und des Herrn Stumpf genossen haben, die einzige Freude sein und bleiben wird, die wir an diesem Gesetzentwurf erleben. (Heiterkeit.)

Wenn ich mich zum Wort gemeldet habe, so ist es geschehen, weil ich es doch nicht für ganz nutzlos halte, gegen einige Bestimmungen dieses Gesetzentwurfs Bedenken geltend zu machen. Von der Reichsregierung darf es erwartet werden, daß sie den übereinstimmenden Wünschen der Industrie Rechnung tragen wird. Eine solche Rücksichtnahme nach den bisherigen Vorgängen beim Reichstage zu erwarten, würde ich für einen maßlosen Optimismus halten.

Meine Herren, es ist hier auf das Ausland Bezug genommen worden, und es ist dargelegt worden, daß man im Auslande mit diesen Einrichtungen habe fertig werden können, ohne daß sie den Erwerbsständen erheblich nachteilig geworden sind. Ich glaube, es hängt das aber mit einer Eigentümlichkeit des Auslandes zusammen, die wir in Deutschland vorläufig nicht nachahmen, und das ist die, daß man es im Auslande mit der Handhabung erlassener Gesetze nicht allzu streng nimmt, sie vielmehr vor den Augen der Obrigkeit in geeigneten Fällen einfach außer Acht läßt. Leider wird in Deutschland — in diesem Sinne möchte ich „leider" sagen — jedes Gesetz, das erlassen ist, auch streng durchgeführt, und wenn wir ein Arbeitskammergesetz erhalten, meine Herren, dann haben wir nicht darauf zu rechnen, daß es mit der Rücksichtnahme angewandt wird, wie im Auslande, dann werden die schweren Schädigungen unserer vaterländischen Industrie ganz sicher nicht ausbleiben, die ihre Geburtsstunde in diesem Gesetz haben (Sehr wahr!), und um deswillen, meine Herren, will es mir denn doch scheinen, als ob wir auf einige besonders wichtige Punkte auch heute noch verweisen dürften, trotz der Kürze der Zeit und trotz der Abneigung gegen das ganze Gesetz. Aus dem Material, das aus dem Auslande und auch im Inlande hat gesammelt werden können, ist ersichtlich, daß es überaus wertvoll ist, an die Spitze dieser Arbeitskammern die richtigen Männer zu stellen, denn darüber, meine Herren, werden wir uns klar werden müssen, daß die Entscheidung in den meisten Fällen gerade durch den Vorsitzenden zu treffen sein wird. (Sehr richtig!) Daß ein Ausgleich der Interessen durch eine Aussprache in den Arbeitskammern herbeigeführt wird, darf nicht erwartet werden (Sehr richtig!), und wenn beide Seiten die deutsche Sprache ganz richtig handhaben, so werden sie doch aneinander vorbeireden, denn sie folgen einer gegebenen Marschroute, jedenfalls auf seiten der Arbeiter; und wohin es in Deutschland führen kann, wenn wir in die Arbeitskammern Arbeiter hineinbekommen, die nicht der Marschroute der Sozialdemokraten und der Gewerkschaften anderer Richtungen folgen, das, meine Herren, haben wir aus Holland gehört. Der Terrorismus in Deutschland diesen Leuten gegenüber wird natürlich nicht geringer sein, und sie brauchen nur einmal von ihrer Unabhängigkeit Gebrauch gemacht zu haben, um hinterher ganz sicher derartigen Belästigungen und Schädigungen ausgesetzt zu sein, daß sie zum zweiten Male nicht wieder der eigenen Ueberzeugung folgen. (Sehr wahr!)

Also, meine Herren, die Wahl des *Vorsitzenden* ist der eine Gesichtspunkt, dann aber auch, wie ich glaube, die *vorsichtige Ausbreitung* der Kammern. Man mag an einer oder an wenigen Stellen den Versuch machen, mag sich dann aber durch die Ergebnisse dieses Versuchs belehren lassen, bevor man das ganze Vaterland mit einem Netz dieser Einrichtungen überzieht. Ich bin dessen gewiß: die Erfahrungen werden der heutigen Ueberzeugung des Centralverbandes recht geben.

Bedenklich ist es zweifellos, daß die Betriebsbeamten herangezogen und auf die Seite der Arbeiter gesetzt werden sollen. Es ist jetzt schon unter den Betriebsbeamten eine ganz verderbliche Neigung vorhanden, sich zu proletarisieren, und diese dürfte nur gestärkt werden. (Sehr richtig!) Statt, daß die Vereine der Betriebsbeamten an ihre Mitglieder die Aufforderung richten, sich auszuzeichnen, sich durch eine ganz besondere Tüchtigkeit ihrem Prinzipal zu empfehlen, veranlassen sie sie, unterzutauchen in einer großen Masse und dieser Masse eine Stoßkraft zu geben; das ist es nicht, was den Beamten und unserer vaterländischen Industrie nottut, was sie zu ihren bisherigen Erfolgen geführt hat. (Zustimmung und Beifall.)

Meine Herren, wir haben hier gehört, daß eine verhetzende Wahlagitation zweifellos den Wahlen zur Arbeitskammer vorangehen wird. Nun, es ist ebenso zweifellos, daß die erste Sitzung und wahrscheinlich auch längere Zeit hindurch die folgenden Sitzungen der Arbeitskammern noch unter dem Eindruck dieser Wahlagitation stehen werden, und daß durch diese Erregung die kleinen Funken nützlichen Feuers, die da glimmen könnten, unter allen Umständen von vornherein erstickt werden. Meine Herren, schon den Gewerkschaften folgen die Arbeiter dann nicht, wenn ihnen die Entschließung der Führer nicht paßt; wie sollten Leute, um deren Führung es sich hier handelt, dem Urteil einer Arbeitskammer folgen, deren Entschließungen einer Beratung entflossen sind, an der auch die verwerflichen Arbeitgeber teilgenommen haben! Ich halte es für ganz ausgeschlossen, daß eine solche Einrichtung mit ihren Entschließungen auf die Arbeiter irgend einen Eindruck machen wird, und dann, meine ich, werden die Entschließungen der Arbeitskammern sicherlich um deswillen eine sehr verderbliche Wirkung haben, weil sowohl die Reichsregierung, wie der Reichstag sich in Zukunft bei ihren sozialpolitischen Maßnahmen gar nicht mehr zu beeilen brauchen, um die Interessenten zu überrumpeln, statt sie zu hören. Sie können sich stützen auf die Begutachtungen, die sie aus den Arbeitskammern erhalten, und ich glaube, wir Arbeitgeber haben alle Veranlassung, zu sagen: Der Herr schütze uns vor unseren Freunden — wenn man die Arbeitskammern als unsere Freunde bezeichnet —, vor unseren Feinden werden wir uns schon selber schützen. (Sehr richtig!)

Trotz meiner Bemerkungen zu einzelnen Punkten des Entwurfs schließe ich mich aber den Worten des Herrn Vorredners an, daß es um unseres Gewissens willen eine Pflicht der hier Versammelten ist, selbst für den Fall Stellung gegen dieses Gesetz zu nehmen, daß wir der Ueberzeugung sind: bekommen werden wir es doch.

Möchte doch auch draußen sich die Erkenntnis verbreiten, daß die Männer, die heute hier zu dem Gesetzentwurf Stellung nehmen, es nicht aus eigennützigem Interesse tun, sondern im Interesse des gesamten Vaterlandes. (Beifall.)

Kommerzienrat **Funcke**-Hagen: Meine Herren, es ist in der erwähnten Sitzung von heute morgen meine Absicht nicht gewesen, gegen den früheren einmütigen Beschluß des Centralverbandes auf Verwerfung des Gesetzes Stellung zu nehmen. Was mich diesen Morgen veranlaßt hat, das Wort zu ergreifen, ist die Sicherheit, daß wir das Gesetz bekommen werden, auch wenn wir es heute ablehnen. Der Reichstag hat sich so überwiegend für die Annahme des Gesetzes ausgesprochen, daß wohl kein Zweifel daran sein wird, daß aus den Kommissionsverhandlungen Beschlüsse hervorgehen, die der Reichstag annimmt, mit denen wir also in vielleicht ein bis zwei Monaten zu rechnen haben werden. Von denen, die hier versammelt sind, werden eine ganze Reihe Herren Veranlassung haben, nachher in den Arbeitskammern zu sitzen, und wenn wir uns ja auch nichts Ersprießliches aus den Arbeitskammern in bezug auf die Allgemeinheit versprechen dürfen, so wäre es doch möglich, daß mit ruhigen Arbeitern praktische Erfolge erzielt werden. Wir haben deshalb wohl Veranlassung, darauf zu sehen, daß in die Arbeitskammern Leute gewählt werden, die wirkliche Arbeiter sind, die wirkliches Interesse an ihrem Arbeitszweig haben, und nicht an ihrer Stelle die Arbeitersekretäre, die Arbeiterführer ihre Leute hineinbringen, oder selbst das große Wort dort führen.

Meine Herren, ich habe gebeten, noch auf einige Punkte der jetzigen Vorlage einzugehen, zu suchen, dort die bessernde Hand anzulegen. Ich habe namentlich auch darauf hingewiesen, daß das jetzige Gesetz nur eine einjährige Tätigkeit in der betreffenden Branche fordert, während in anderen Ländern ein weit längerer Termin verlangt wird. Der Witz, den Herr Stumpf soeben auf meine Kosten gemacht hat, ist viel schöner, als er richtig ist. Meine Herren, ich glaube, daß, wenn ich einen Gegenstand vor einer solchen Versammlung behandle, ich dann zwischen „dix" und „deux" wohl unterscheiden werde. Aber es wird mir noch leichter, wenn mir die Uebersetzung geboten wird. In der Begründung des Entwurfs des Arbeitskammergesetzes steht: „Die Wählbarkeit setzte auf der Arbeitgeber- und Arbeitnehmerseite zehnjährige Betätigung in dem in der Sektion vertretenen Gewerbezweige voraus." Allerdings, meine Herren, ist in den jetzt Gesetz werdenden Bestimmungen nur von einer zweijährigen Periode die Rede. Bis jetzt hat aber in Frankreich die Forderung einer zehnjährigen Betätigung bestanden. (Widerspruch des Herrn Stumpf.) Ich habe es soeben verlesen.

Nun, meine Herren, ich gehe auf diese Fragen nicht näher ein, weil ich ja Ihrem einmütigen Beschlusse nicht entgegentreten will durch Aeußerungen von diesem Morgen, wie ich mich jetzt auch nicht zum Worte gemeldet hätte, wenn es nicht zur Richtigstellung erforderlich gewesen wäre. (Beifall.)

Fabrikbesitzer **Curtius**-Duisburg: Meine hochverehrten Herren! Nach den Reden, die wir hier gehört haben, und nach der ganzen Haltung der hier Versammelten darf ich glauben, hier von Privatunterhaltungen und Anregungen, die wir gestern noch in industriellen Versammlungen gehabt haben, abgehen zu müssen und auch empfehlen zu müssen, rückhaltlos dem Entwurf unseres Direktoriums und des Ausschusses zuzustimmen, und zwar aus dem Grunde: Wir haben vorhin in unseren Gruppen und speziell zusammen mit den Herren Abgeordneten betont, daß es politisch-taktisch nicht richtig wäre, wenn wir uns durch totale Negation vollständig ausschalten würden. Aber, meine Herren, wenn wir weiter in die Materie hineingekommen sind, wenn Sie die Rede gehört haben von unserem hochverehrten Herrn Bueck, die außerordentlich gute und humoristische, vielleicht darum umsomehr wirksame Rede unseres verehrten Herrn Generalsekretärs Stumpf, die Worte, die früher gefallen sind in den einzelnen Sitzungen, dann werden wir sehen: erreichen können wir nichts, und es ist vielleicht viel richtiger, daß wir vollständig reine Bahn machen und sagen, wir wollen nichts damit zu tun haben. Wir haben umsomehr Grund, uns auf diesen Standpunkt zu stellen, weil die hochlöbliche Regierung sich wohl gehütet hat, sich diese Segnungen für ihre eigenen Betriebe zuzuziehen (Sehr wahr!), weil sie weiß, daß durch dieses Arbeitskammergesetz die Disziplin in einem Betriebe außerordentlich gefährdet ist, und daß sie keinen Betrieb ohne Disziplin durchführen kann. Dieses Motiv hat es mir außerordentlich schwer gemacht, den Entwurf als einen bona-fide-Entwurf anzusehen. Dieses Motiv allein berechtigt uns zu sagen, wir wollen auch nichts damit zu tun haben.

Nun, meine Herren, über eins müssen wir uns klar werden. Wir sind alle überzeugt, daß der Entwurf für uns nach dem schönen Sprichwort zu beurteilen ist: Nur die allerdümmsten Kälber wählen ihre Metzger selber, daß die Industrie total geschädigt wird. Aber ein Mittel dagegen haben wir. Es kann uns niemand zwingen, irgend welche Arbeit in diesen Arbeitskammern zu tun. (Sehr richtig!) Und wenn wir heute einstimmig oder mit einer kolossalen Mehrheit der Versammelten sagen: wir wollen den Entwurf unter keinen Umständen, so stehe ich auf dem Standpunkt, daß es möglich ist, trotzdem wir den Entwurf ablehnen wollen, offiziös einige Verbesserungen anzubringen, die wir vielleicht heute nicht mehr diskutieren, daß wir aber dann die Konsequenz ziehen: wir wollen in der Wirklichkeit den Entwurf mit aller Macht zu Fall bringen. (Beifall.)

Kommerzienrat **Venator**-Dessau: Meine Herren, in den interessanten Reden, die gehalten worden sind, habe ich eins vermißt, und das ist das, daß unsere deutsche Sozialdemokratie eine ganz andere ist wie die Sozialdemokratie aller anderen Länder. (Sehr richtig!)

Es ist vorhin gesagt worden, in Belgien, in Holland, in England, in anderen Ländern sind bereits Arbeitskammern gebildet worden. In allen den genannten Ländern steht die Sozialdemokratie auf einem patriotischen Standpunkt. (Sehr richtig!) Nur unsere deutsche

Sozialdemokratie ist antinational, ist staatsfeindlich. (Zustimmung.) Durch alle sozialen Gesetze, mit denen wir bis jetzt beglückt worden sind, hat es die Sozialdemokratie verstanden, überall ihre Macht zu stärken und uns ihre Macht fühlen zu lassen. (Sehr wahr!) Auch mit diesem Gesetzentwurf, wenn er zum Gesetz wird, wird genau das Gleiche wieder stattfinden, und aus diesem Grunde schon stehe auch ich auf dem Standpunkt, daß eine reine Ablehnung hier in unserer Versammlung die einzig richtige Antwort ist.

Es ist gesagt worden, die Kommission hätte sich schon festgelegt. Das ist ganz einerlei. Selbst wenn wir es nicht verhindern können, daß der Entwurf Gesetz wird, soll wenigstens aus unserer Versammlung die Regierung und der Reichstag das Gefühl bekommen: wir machen solche Gesetze nicht mit, wir wehren uns dagegen, soweit wir es können! (Beifall.) Ich bitte deshalb auch, die Resolution möglichst einstimmig anzunehmen. (Beifall.)

Vorsitzender: Meine Herren, die Rednerliste ist erschöpft. Es meldet sich niemand mehr zum Wort. Ich schließe die Diskussion.

Es liegt nur der Antrag vor, den Ihnen das Direktorium unterbreitet hat, und den Sie alle in Händen haben. Bei der vorgerückten Tageszeit werden Sie mir erlassen, ihn nochmals zu verlesen. Ich bringe ihn sofort zur Abstimmung.

Diejenigen Herren, welche gegen diesen Antrag sind, bitte ich, sich zu erheben. — Der Antrag ist einstimmig angenommen. (Lebhafter, anhaltender Beifall.) (S. S. 133.)

Meine Herren, das Direktorium hat die Absicht, die Sache noch einmal im Centralverbande zur Sprache zu bringen, wenn der Gesetzentwurf die Beratung in der Kommission hinter sich hat. Es wird dann überlegt werden, ob wir die Delegiertenversammlung noch einberufen, oder ob wir uns damit genügen lassen, den Ausschuß einzuberufen. Das wird ja wesentlich davon abhängen, wie der Entwurf ausfallen wird. Jedenfalls werden wir uns mit der Angelegenheit noch einmal eingehend befassen.

Wir kommen nun zu Punkt 4 unserer Tagesordnung:

Die zu erwartende Novelle zum preußischen Berggesetz, insbesondere in ihrer Einwirkung auf das Verhältnis zwischen Arbeitgebern und Arbeitern im allgemeinen.

Der Referent Herr von und zu Loewenstein hat das Wort.

(Eine Anzahl der Anwesenden will den Saal verlassen.)

Meine Herren, ich möchte Sie doch bitten, den Vortrag, welcher jetzt bevorsteht, nicht als einen solchen anzusehen, der lediglich die Bergwerksindustrie angeht. Sie werden, wenn Sie dem Vortrage des Herrn von Loewenstein folgen, sehen, daß es sich um Interessen der Industrie überhaupt handelt.

Assessor von und zu **Löwenstein**-Essen: Meine Herren! Die furchtbare Katastrophe auf Zeche Radbod am 12. November vorigen Jahres hat alle, die dem Bergbau nahestehen, aufs tiefste erschüttert. Sie hat auch in den weitesten Kreisen des Landes die Teilnahme der Bevölkerung begreiflicherweise in ganz besonderem Maße erregt. Leider wurde nur das teilnahmsvolle Mitgefühl der unserer Industrie ferner stehenden Kreise der Bevölkerung durch eine gewisse Sorte von Blättern in einer geradezu niederträchtigen Weise mißbraucht und politisch ausgeschlachtet.

Ich kann darauf nicht näher eingehen. Zur Illustration der geradezu gehässigen Sensationsmacherei, wie man sie anläßlich der Radbodkatastrophe getrieben hat, möchte ich aber doch daran erinnern, daß man sich nicht einmal gescheut hat, unserer Bergbehörde den Vorwurf zu machen, sie habe in der Grube abgeschlossene, überlebende Bergleute lebendig einmauern und elendiglich ersticken oder in den aufsteigenden Wassern ertrinken lassen.

Vor einigen Tagen brachten einige Zeitungen die Nachricht, bei der Wasserförderung auf Radbod habe man ein Buch gefunden, worin ein genauer Bericht von dem Steiger Maas über die letzten Tage einer ganzen Anzahl von Bergleuten enthalten sei. Tagelang hätten sich die Leute von Pferdefleisch genährt und immer auf Rettung gehofft, bis das Wasser schließlich immer höher gestiegen sei und ihnen den Tod durch Ertrinken gebracht hätte. Auch diese haarsträubende Nachricht ist von A bis Z erlogen, sie diene nur als Beweis dafür, wie das tieftraurige Unglück durch gewissenlose Reporter ausgenutzt worden ist. Derartige und ähnliche Schauermärchen trugen natürlich viel dazu bei, im ganzen Lande die Erregung über das Unglück wesentlich zu steigern, und der Ruf nach mehr Arbeiterschutz, der von den Arbeiterzeitungen zuerst ausging, wurde als nur zu sehr begründet auch bald von der bürgerlichen Presse aufgenommen. Er ertönte schließlich allenthalben so laut, daß die Königliche Staatsregierung in Anbetracht der Lage es doch für zweckmäßig und geboten hielt, dem von allen Seiten andringenden Sturm in etwas nachzugeben. Noch ehe man die eigentliche Ursache der Katastrophe erkannt hat, noch ehe die vom Staatsanwalt eingeleitete Untersuchung abgeschlossen ist, hat man in aller Eile einen Gesetzentwurf vorbereitet, mit dem man jetzt einem alten Wunsch der sozialdemokratischen Gewerkschaften oder, wenn man will, gewissen doktrinären Meinungen entgegenkommt und Arbeiterkontrolleure für den Bergbau obligatorisch einführen will.

Der Wortlaut des Entwurfs ist noch nicht bekannt. Man hat nur gehört, daß die Arbeiterkontrolleure kommen werden und zwar in einer ähnlichen Form, wie sie auf fiskalischen Gruben schon eingeführt sind. Auch von der Begründung ist noch nichts bekannt; man kann sie mit umso größerer Spannung erwarten, als bisher seitens der Königlichen Staatsregierung noch wenig Neigung bestand, diese Kontrolleure obligatorisch einzuführen.

Bei der Beratung des Bergetats im Jahre 1899, meine Herren, äußerte sich Exzellenz Brefeld über die Einführung von Arbeiterkontrolleuren folgendermaßen:

„Nun sage ich, wenn irgendwo eine Einrichtung (Arbeiterkontrolleure), die den Zweck haben soll, die Sicherheit zu erhöhen, eingeführt werden soll, so müßte sie doch da eingeführt werden, wo die Gefahr am allergrößten ist, also im Ruhrrevier. Nun frage ich Sie aber, meine Herren, wer die Arbeiterverhältnisse des Ruhrreviers kennt, wird der es empfehlen, eine solche Einrichtung dort einzuführen? Ich glaube, nirgendwo würde man größeres Unheil schaffen als gerade dort.“

Weiter erklärte im Jahre 1905 gelegentlich der Beratung des Bergetats der damalige Handelsminister Exzellenz Möller:

„Wir haben etwas Aehnliches wie die Arbeiterkontrolleure auch auf den Gruben an der Saar versucht. Wir haben auf den Gruben an der Saar Arbeiterausschüsse, wie der Herr Dr. Hirsch sie wünscht. Wir haben aber dort dasselbe Ergebnis gehabt, wie eigentlich überall in ganz Deutschland, wo man auf das System der Arbeiterausschüsse gekommen ist, das heißt, ihre Ergebnisse sind äußerst gering, sowohl nach der positiven wie nach der negativen Seite.“

Gelegentlich der Interpellation des Abgeordneten Aronsohn und Genossen und des Abgeordneten Mark, betreffend das Unglück auf Grube Reden, sprach der Herr Minister Delbrück sich folgendermaßen über das Institut der Arbeiterkontrolleure aus:

„Meine Herren, ich habe ein Jahr Zeit gehabt, die Sache zu überlegen und durchzudenken, und stehe noch auf dem Standpunkt, auf dem ich vor einem Jahre gestanden habe. Es ist unzweckmäßig, ein solches Institut im Wege des Gesetzes und Zwanges einzuführen. Das ganze Institut kann nur bei gegenseitigem Vertrauen funktionieren. Solange Verwaltung und Arbeiter sich verstehen, wird ein derartiges Institut funktionieren, sobald sich Verwaltung und Arbeiter nicht verstehen, wird es nicht funktionieren, und sobald das Institut zu politischer Agitation, zur Erörterung persönlicher Angelegenheiten, die mit dem Betriebe der Grube nichts zu tun haben, benutzt werden sollte, muß es schaden. Ich bin der Ansicht, daß die Arbeiter sich dieses Recht der Beteiligung an der Beaufsichtigung der Baue, soweit es ihnen ihre Arbeitgeber nicht freiwillig geben, dadurch verdienen müssen, daß sie auch ihrerseits mit Vertrauen, mit Ruhe und mit Interesse für den Betrieb an ihre Arbeit herangehen und ihren Vorgesetzten gegenübertreten."

Meine Herren, nach diesen Erklärungen seitens der Königlichen Regierung muß man sich fragen, was ist inzwischen eingetreten, daß sich die Anschauungen im Ministerium so ändern konnten? Sind die Erfahrungen, die man in anderen Gegenden mit diesem Institut gemacht hat, andere — bessere geworden, so daß man es uns wirklich empfehlen kann?

Lassen Sie mich mit einigen Worten auf die vorhandenen wichtigsten Einrichtungen zu sprechen kommen. Bei der mir knapp bemessenen Zeit habe ich mir erlaubt, einige graphische Darstellungen auf zwei Blättern auszulegen, an deren Hand ich glaube, mein Referat möglichst kurz fassen zu können.

Ich beginne mit England, meine Herren, dem Land, das dem Niederrheinisch-westfälischen Bergbau in sozialer Beziehung stets als Muster vorgehalten wird, und das gesetzliche Bestimmungen über Arbeiterkontrolleure schon seit 36 Jahren, seit dem Jahre 1872, besitzt. Die Einrichtung in England ist im Gegensatz zu anderslautenden Mitteilungen nicht obligatorisch, sondern fakultativ. Daher kommt es auch, daß, wie die englischen Inspektoren berichten, eine Beaufsichtigung der Gruben durch Arbeitervertreter in bemerkenswertem Umfange nur in fünf Bezirken stattfindet. In den übrigen sieben, es sind im ganzen zwölf, wird von dem Recht, Arbeitervertreter zur Kontrolle der Grubenbaue und des Grubenbetriebes zu wählen, gar kein oder nur in geringem Umfange Gebrauch gemacht. Und wenn, so wird weiter berichtet, in den ersten fünf Bezirken Wahlen überhaupt zustande kommen, so sei das nur auf die straffe Disziplin der Verbände und ihren starken Einfluß auf die Mitglieder zurückzuführen.

Das Urteil der englischen Staatsinspektoren über die Kontrolleure dieser fünf Bezirke lautet an sich nicht ungünstig; das ist auch in den Berichten der preußischen Stein- und Kohlenfallkommission, die im staatlichen Auftrage die Frage der Grubenkontrolleure der verschiedenen Länder eingehend studiert hat, zum Ausdruck gekommen. Es findet aber seine Aufklärung darin, daß die englischen Inspektoren in dieser Beaufsichtigung eine gewisse Erleichterung in ihrer dienstlichen Ueberlastung erblicken; auf einen staatlichen Aufsichtsbeamten in England entfallen 18 600, bei uns 2400 Arbeiter.

Wenn man an der Hand der Statistik über die tödlichen Unfälle im Steinkohlenbergbau Englands den Einfluß der englischen Arbeiterkontrolleure auf die Sicherheit der Betriebe prüft, so wird man finden, daß ein solcher Einfluß nicht zu erkennen ist. Die Unfälle durch Stein- und Kohlenfall, deren Abnahme man doch gerade durch diese, aus den Reihen der Arbeiter gewählten, erfahrenen Sicherheitsmänner erwartet, halten sich in England seit 1873, von geringen Schwankungen abgesehen, stets auf gleicher Höhe.

Verfolgt man die Statistik aller tödlichen Verunglückungen unter Tage, so findet man für England allerdings eine auffallende Abnahme. Liegt z. B. der Durchschnitt der auf 1000 Mann bezogenen Zahl der Todesfälle in den Jahren 1878—1882 etwa bei 2,6, so liegt er in den Jahren 1904—1907 ungefähr bei 1,4, das ist also ein Rückgang von 1,2 auf 1000 Mann innerhalb eines Zeitraums von zirka 25 Jahren. Um hier aber ganz klar zu sehen, ist es erforderlich, die Statistik der Todesfälle in den fünf Revieren mit Arbeiterkontrolleuren gesondert zu prüfen von der Statistik der übrigen sieben Reviere ohne Kontrolleure. Dabei findet man, daß in beiden Fällen ein Rückgang zu verzeichnen ist, der aber in beiden Fällen verhältnismäßig gleichmäßig verläuft, nur ist die Häufigkeit der Todesfälle in den Bezirken ohne Kontrolleure nicht unerheblich geringer, als in den andern Bezirken mit Kontrolleuren.

Von einer ersprießlichen Tätigkeit der Kontrolleure in England läßt die Statistik also nichts erkennen.

Die Beobachtung, daß die Kontrolleure im britischen Bergbau wenig zur Verhütung von Unfällen beitragen, hat auch der bekannte sozialdemokratische Abgeordnete Hue gemacht. In einem der Bergarbeiterzeitung zugestellten Reisebericht über England vom 30. Juni 1906 schreibt er:

„Die englischen Unfallziffern sind seit Jahrzehnten ständig gesunken und stehen zurzeit durchschnittlich 60 Prozent tiefer als die deutschen. Woran das liegt, werde ich bei der Besprechung der Arbeitsverhältnisse zu zeigen versuchen. Doch will ich jetzt schon einen von mir früher auch gehegten Irrtum berichtigen. Die Arbeiterkontrolleure haben weniger Verdienst an der Verbesserung der Sicherheitszustände, wie wir hier in Deutschland gemeinhin annehmen."

Auch in Frankreich besteht die Kontrolle durch Arbeiter. Sie wurde nach jahrzehntelangen, heftigen parlamentarischen Kämpfen im

Jahre 1890 auf Grund des alle Einzelheiten der Einrichtung peinlich genau bestimmenden Gesetzes **sur la sécurité des ouvriers mineurs** eingeführt. Wie in England besteht das Amt der Delegierten darin, die Grubenbetriebe zu beaufsichtigen und über die Befunde zu berichten. Die Kosten der Einrichtung werden aus der Staatskasse vorgeschossen und von den Bergwerksunternehmern wie direkte Steuern eingezogen.

Ueber die Zweckmäßigkeit des Instituts äußern sich die Unternehmer ziemlich gleichgültig. Einen Nutzen bei der Beaufsichtigung des Grubenbetriebs durch Arbeiter vermögen sie nur dann zu erkennen, wenn wirklich tüchtige, brauchbare und von den Gewerkschaften unabhängige Leute gewählt werden. Dies trifft aber nur in Ausnahmefällen zu. Meist sind die Delegierten gleichzeitig Vertreter der Syndikate, sie beteiligen sich lebhaft an der politischen Bewegung und sollen namentlich in den letzten Jahren sehr dazu beigetragen haben, Konflikte zwischen den Unternehmern und den Arbeitern einzuleiten, und zu verschärfen. Diese Aeußerungen der privaten Bergwerksbesitzer finden ihre Bestätigung in den Berichten der preußischen Stein- und Kohlenfallkommission.

In diesen heißt es über Frankreich:

„Sehr charakteristisch dafür, wie die Gruben ständig durch die Sozialisten unter dem Druck der öffentlichen Meinung gehalten werden, ist die Tatsache, daß die vielen in Monceau les Mines erscheinenden Arbeiterzeitungen täglich offenbar aus der Feder der Delegierten stammende Mitteilungen über den Hergang der einzelnen Unfälle bringen."

Auch die Ansicht der staatlichen Bergingenieure über das Institut der Delegierten ist nach den preußischen Kommissionsberichten nichts weniger als günstig. Diese erblicken nur insofern einen Wert von den Kontrolleuren, als es für die Arbeiter und das Publikum eine gewisse Beruhigung sei, zu wissen, daß nach großen Unfällen wirkliche Vertreter der Arbeiter ihre Ansicht über die Ursachen darlegen könnten.

Ueber den Erfolg der Sicherheitsmänner auf dem Gebiet der Unfallverhütung gelangt man an Hand der Statistik, soweit diese die tödlichen Verunglückungen umfaßt, zu demselben Resultat, wie bei der englischen Statistik. Die Todesfälle durch Stein- und Kohlenfall haben auch in Frankreich seit 1890, dem Jahr der Einführung der Grubenkontrolleure, in keiner Weise abgenommen, sie schwanken jahraus, jahrein zwischen 0,6 und 0,5 auf 1000 Mann der Belegschaft. Was die Zahl der tödlichen Verunglückungen unter Tage insgesamt betrifft, so kann für Frankreich seit 1892, obwohl hier die Kontrolleure dem Ideal unserer Gewerkschaftsführer recht nahe kommen, sogar eine Zunahme konstatiert werden.

Auch haben die Kontrolleure von Courrières auf die besonderen Gefahrenquellen, wie sie die eigentümliche, übrigens den westfälischen Werksverwaltungen häufig als nachahmenswert empfohlene Betriebseinrichtung dieser Grube in sich barg, niemals aufmerksam gemacht. Sie haben diese nicht erkannt und so die größte Katastrophe, die jemals ein Werk betroffen hat, nicht verhindern können.

Belgien, meine Herren, wo die Arbeiterkontrolleure im Jahre 1897 eingeführt sind, kann ich aus den Ausführungen ganz ausschalten, weil das dortige Institut mehr unseren Königlichen Einfahrern entspricht. In Belgien werden von dem Industrie- und Arbeitsrat, der aus Arbeitgebern und Arbeitnehmern besteht, alle drei Jahre für jeden Aufsichtsbezirk zwei Kandidaten dem Minister vorgeschlagen, der einen von diesen zum Delegierten ernennt. Abweichend von England und Frankreich werden diese Delegierte hier vom Staate besoldet. Sie scheiden während ihrer Tätigkeit als Kontrolleure ganz aus den Reihen der Arbeiter aus, werden Angestellte des staatlichen Aufsichtsapparates und haben sich genau nach den Vorschriften der Königlichen Bergingenieure zu richten. Um eigentliche Arbeiterkontrolleure handelt es sich also in Belgien nicht.

Von größerer Bedeutung zur Beurteilung der vorliegenden Frage ist die Einführung der Sicherheitsmänner auf den fiskalischen Gruben im Saarbrücker Revier und in Westfalen, bedeutungsvoll insofern, weil man in letzter Zeit von den verschiedensten Seiten auf die hier schon vorhandene und „bewährte" Einrichtung hingewiesen hat.

Vorweg, meine Herren, muß gesagt werden, daß ein derartiges Exemplifizieren auf die Verhältnisse im Saarrevier durchaus unangängig ist, weil die Verhältnisse dort so ganz anders liegen wie bei uns. In Saarbrücken, meine Herren, ein einziger Arbeitgeber in einem vollkommen isolierten, von anderen Industriezentren im wesentlichen unabhängigen Bezirk, eine seßhafte, bis vor kurzem von gewerkschaftlichen Ideen kaum berührte Belegschaft, ein minimaler Belegschaftswechsel, dadurch engste Fühlung zwischen der Werksleitung und den Leuten, kurz: Stabilität der Arbeiterverhältnisse und Autorität der Arbeitgeber.

Wenn auch heute schon manche Anzeichen vorliegen, daß dort nicht mehr alles so ist wie vor 6 Jahren, so kann man trotzdem das Saarrevier als ausgesprochenes Beispiel eines Typus des patriarchalischen Systems gelten lassen, indem es kein Mann aus, ich will sagen, Respekt vor seinem Vorgesetzten wagt, seine Arbeitsstelle zu wechseln, wenn er nicht gleichzeitig einen Ersatzmann, einen Tauschmann zu stellen in der Lage ist, eines Systems, in dem jeder Sozialdemokrat „hinausfliegt", wie uns seinerzeit gelegentlich der Debatte im Abgeordnetenhause über die Novelle zum Allgemeinen Berggesetz betreffend Arbeitsverhältnisse im Jahre 1905 der Vertreter der Königlichen Staatsregierung versicherte.

Und bei uns in Westfalen, meine Herren, buntscheckigste Zusammensetzung der Belegschaft ohne jedes Zusammengehörigkeitsgefühl, ein beständiges Fluktuieren großer Arbeitermassen, ein Belegschaftswechsel, der auf einigen Gruben über 100 und mehr Prozent beträgt und der eine persönliche Annäherung zwischen Betriebsleitung und Arbeiter nur bei einem geringen Teil der Belegschaft möglich macht. Dazu kommt die beispiellose politische Bearbeitung der Arbeitermassen durch Sozialdemokratie und Zentrum und eine planmäßige Untergrabung von Respekt und Autorität gegenüber Behörden, Werksverwaltungen und Beamten.

Die Belegschaftsverhältnisse im Saarbrücker Revier sind doch zu verschieden, meine Herren, von denen in dem westfälischen Bezirk und denen anderer Bezirke, um aus den Worten des Herrn Ministers vom 8. November v. J. „Ich kann nur sagen, die Einrichtungen haben sich bewährt" die Konsequenz zu ziehen, daß sich auch anderen Orts diese Kontrolleure bewähren müßten. Was die Erfahrungen mit den Kontrolleuren in Saarbrücken anbetrifft, meine Herren, wenn Sie wirklich so gut sind, wie der Herr Minister sagt, warum sind sie nicht bereits auf sämtlichen anderen fiskalischen Werken eingeführt? Soviel über diesen Aufsichtsapparat auf den fiskalischen Gruben in Bergbeamtenkreisen verlautet, sind besonders günstige Erfahrungen nicht gemacht worden. So sagt man: Die Vertrauensmänner hätten nur in ganz vereinzelten Fällen Erinnerungen zu machen gehabt, und wo solche vorgebracht wurden, wären sie unrichtig und falsch gewesen, auch hätten sie in einzelnen Fällen tendenziöse Entstellungen enthalten. Auf einer Grube hätten die Vertrauensleute lange Zeit überhaupt keine Befahrungen, die sie für unnütz hielten, vorgenommen und hätten erst von der Bergwerksdirektion dazu angehalten werden müssen.

Auch die großen Unglücksfälle, die sich in den beiden letzten Jahren auf Grube Reden am 28. Januar 1907 und am 10. August 1908 auf Grube Dudweiler ereigneten und 150 bezw. 15 Bergleuten das Leben kosteten, sprechen nicht gerade für eine ersprießliche Tätigkeit der Arbeiterkontrolleure. Ganz besonders gibt das erstere Unglück in dieser Hinsicht zu Bedenken Veranlassung. In dem von dem Unglück betroffenen Fettkohlenfelde waren fünf Steigerabteilungen, also auch fünf Vertrauensmänner beschäftigt, es hat aber nichts davon verlautet, daß letztere auf Gefahren aufmerksam gemacht hätten, obgleich mindestens die Unterlassung der Berieselung an Sonn- und Feiertagen wohl als eine solche auch von den Arbeiterkontrolleuren hätte erkannt werden können. Die indirekte Veranlassung zu der Katastrophe war, wie ziemlich sicher feststeht, die Nachlässigkeit und betrügerische Meldung eines mitverunglückten Wettermannes, der die Befahrung der gefährlichsten Arbeitspunkte seiner Abteilung unterlassen und trotzdem die Anzeige vor Beginn der Schicht erstattet hatte, daß alles in Ordnung sei. Ein solcher Wettermann muß aber doch auch als ein vollgültiger Arbeiterkontrolleur angesehen werden.

Nun ist weiter am 8. November v. J. dem Abgeordnetenhaus von dem Vertreter der hohen Staatsregierung mitgeteilt worden:

„Ich habe inzwischen diese Einrichtung im Ruhrrevier auf den fiskalischen Zechen getroffen. Erhebliche Erfahrungen liegen dort nicht vor." Wäre es nicht besser, meine Herren, bevor man zur Verwirklichung von einem derartigen folgenschweren sozialen Experiment schritte, diese Erfahrungen mit einiger Ruhe zunächst abzuwarten?

Wenn man die Statistik über die tödlichen Unfälle im Bergbau in den einzelnen Ländern vergleicht mit der Unfallstatistik im preußischen Bergbau, so wird man sehen, daß die Höhe der Unfälle bei uns größer ist als in jedem andern Lande. Das hat aber seine ganz natürlichen Gründe, meine Herren, die ich nur kurz andeuten will.

Einmal sind es die geologischen Gebirgsverhältnisse, die an der Unfallhöhe Schuld tragen. Im Ruhrkohlenbezirk z. B. wechseln Einfallen und Gebirgsschichten infolge zahlreicher zum Teil recht erheblicher Faltungen und Störungen von Grube zu Grube und auch von einem Betriebspunkt zum andern. Die Gebirgsschichten sind durch die Faltungen namentlich in den Sätteln zerdrückt und zerrissen, und das bedingt eine hohe Zahl von Unfällen durch Stein- und Kohlenfall. Ein weiterer Grund, meine Herren, liegt in den schlechten Belegschaftsverhältnissen, ich kann das alles hier nur kurz andeuten. In dem Dezennium von 1896 bis 1906 — ich greife ein Beispiel heraus — hat sich die Förderung

in England um	38	Prozent
in Frankreich um	33	
im Ruhrbezirk um mehr als	117	

vermehrt.

In dem gleichen Zeitraum hat sich die Belegschaft

in England um . . . . . 40 Prozent

in Frankreich um . . . . . 53 „

und die Belegschaft im Ruhrkohlenbezirk um mehr als 113 Prozent vermehrt.

Die Rekrutierung dieses Mehrbedarfs aus dem engeren Industriebezirk war natürlich nicht möglich, und es mußte für Zuzug aus anderen Gegenden Sorge getragen werden, dem naturgemäß die eigenartige bergmännische Arbeit durchaus fremd war. Nach einer mir zur Hand liegenden Aufstellung über die Verteilung der Verletzungen auf Ausländer, Reichsdeutsche aus den östlichen Provinzen und sonstige Reichsdeutsche entfallen in dem Jahrfünft von 1902—1906 durchschnittlich 60 Prozent mehr Verletzungen auf die aus den östlichen Provinzen und dem Auslande kommende Leute als auf die gleiche Zahl der übrigen Bergleute. Sie sehen daraus, meine Herren, wie der mit der bergmännischen Arbeit nicht betraute Zugang an Belegschaftsmitgliedern in besonderem Maße zur Steigerung der Unfallziffern beiträgt.

Ein weiterer Faktor, der unsere Unfallziffer ungünstig beeinflußt, ist, worauf ich schon hinwies, der riesige Belegschaftswechsel, der auf vielen Werken unseres Bezirks **über 100 Prozent beträgt.** Es bedarf wohl keiner besonderen Erwähnung, daß die größere Sicherheit für den Bergmann darin liegt, wenn er in wochenlanger Arbeit vor ein und demselben Betriebspunkte seine Arbeitsstelle mit allen ihren eigentümlichen Gefahren genau kennen lernt, als wenn er alle paar Wochen, alle paar Tage vor einem neuen Betriebspunkt angelegt wird.

Aber, meine Herren, trotz der überaus schlechten Gebirgsverhältnisse, trotz der schlechten Belegschaftsverhältnisse im rheinisch-westfälischen Industriebezirk hat man es, wie der gesamte preußische Bergbau überhaupt, bezüglich der Sicherheit der Bergleute zu einem weit größeren Erfolg gebracht, als irgend ein anderes Land.

Die Zahl der Todesfälle durch Stein- und Kohlenfall, die im Jahre 1888 im Ruhrbezirk noch 1,542 ‰ betrug, war bis zum Jahre 1897 auf 0,838 ‰ gefallen. Infolge Einsetzens der Hochkonjunktur, durch die große Mengen mit der bergmännischen Arbeit nicht vertrauter Leute in das Ruhrgebiet gezogen wurden, stiegen aber die Todesfälle im Jahre 1899 bis auf 1,196 ‰. Von da ab nimmt die Zahl der Todesfälle wieder stetig ab, bis auf 0,757 ‰ im Jahre 1905, nach welchem mit dem abermaligen Ansteigen der Konjunktur sich wieder eine geringe Erhöhung der Zahl der Todesfälle bemerkbar macht.

Diese ungünstige Einfluß der Zeiten wirtschaftlicher Hochflut auf die Unfallhäufigkeit ist auch in der Statistik zu erkennen, welche die gesamten Todesfälle unter Tage umfaßt. Im Jahre 1891 entfielen 3,8 Todesfälle auf 1000 Mann der Belegschaft unter Tage. Diese Zahl ging zurück auf 2,8 im Jahre 1896, sie stieg dann mit dem Einsetzen der günstigen Geschäftslage auf 3,9 im Jahre 1898 und fiel wieder auf 2,2 im Jahre 1903, also um 1,7 innerhalb 5 Jahren. Erneuter Konjunkturaufschwung brachte dann wieder langsames Steigen auf 2,3 im Jahre 1907.

Trotz der periodischen Erhöhung der Zahl der Todesfälle, meine Herren, hat nun aber kein anderes Land einen so starken Rückgang der Todesfälle zu verzeichnen, wie der Ruhrkohlenbezirk, wie der gesamte preußische Bergbau, dessen Todesfallzahlen in ähnlichen, wenn auch nicht so erheblichen Schwankungen verlaufen; und dieser erfreuliche Erfolg ist möglich gewesen ohne den von Arbeitern gewählten Aufsichtsapparat, wie er in England und Frankreich besteht und wie er jetzt plötzlich in dem preußischen Bergbau für erforderlich gehalten wird.

Ein weiterer Grund, meine Herren, für die Höhe unserer Unfallziffer wird von den Befürwortern der Arbeiterkontrolleure noch in der mangelhaften Beaufsichtigung unseres Bergbaues gesucht.

Ich wiederhole hier, meine Herren, die Ihnen vorhin schon genannten Zahlen. In England entfallen auf einen Aufsichtsbeamten 18 600, bei uns in Westfalen 2400 Mann.

Ich mache weiter auf folgende Zahlen aufmerksam:

Im Gebiet des Deutschen Reiches waren im Jahre 1907 3288 Anlagen in Betrieb, die der Aufsicht der staatlichen Bergbehörde (Revierbeamte, Hilfsarbeiter und Einfahrer) unterstanden. Von diesen 3288 Anlagen waren im Jahre 1907 revidiert worden überhaupt 95 Prozent, und zwar einmal 25 Prozent, zweimal 21 Prozent, drei- und mehrmal 54 Prozent. Hierzu kommt noch die große Zahl der Unfalluntersuchungen, mit denen immer die Anwesenheit des Aufsichtsbeamten auf der betreffenden Grube, und somit eine gewisse Revision der letzteren verbunden ist. Diese Statistik erhält ein wesentlich anderes Aussehen, wenn man einen Bezirk herausgreift, der im allgemeinen nur gefährlichere Bergwerksbetriebe umfaßt, wie z. B. unser niederrheinisch-westfälischer Bezirk. Dort betrug im Jahre 1907 die Zahl der Anlagen 197. Die Zahl der Revisionen belief sich auf 24 014, und zwar wurden revidiert 1 Prozent einmal, 2,5 Prozent zweimal, 96,5 Prozent zwei= und mehrmal. Die Zahl der Unfall=untersuchungen betrug 5972.

Aus diesen Zahlen geht hervor, daß im Oberbergamtsbezirk Dortmund unter Einschluß der Unfalluntersuchungen auf jeder der Bergbehörde unterstehenden Anlage im Jahre 1907 durchschnittlich 152 Revisionen stattgefunden haben. Es gibt im Ruhrbezirk eine ganze Reihe von Schachtanlagen, die viermal in der Woche von staatlichen Aufsichtsbeamten besucht werden. Berücksichtigt man ferner, daß ein Teil dieser Revisionen an Sonntagen und während der Nacht vorgenommen werden, und daß die meisten Revisionen ohne vorherige Anmeldung erfolgen, so kann von einer unzureichenden Beaufsichtigung wohl kaum die Rede sein.

Vergleicht man die Beaufsichtigung in Bergwerksbetrieben mit den revisionspflichtigen Betrieben im gesamten Reichsgebiet, so ergibt sich, daß bei der Gewerbepolizei auf einen revisionspflichtigen Betrieb 0,7 Revisionen entfallen, bei der Bergpolizei 13 Rivisionen und im Oberbergamtsbezirk Dortmund 152 Revisionen pro Jahr.

Sollte, meine Herren, eine derartige Kontrolle nicht schon über das vernünftige Maß hinausgehen?

Zu dieser staatlichen Beaufsichtigung tritt dann noch die Kontrolle der Gruben durch die zahlreichen Beamten, deren Wirkungskreis, ich denke namentlich an die Steiger, durch behördlichen Druck im Laufe der letzten 10 Jahre ständig enger gezogen worden ist. War es früher keine Seltenheit, wenn ein Steiger 200 und mehr Mann in seinem Revier hatte, so dürfte heute der Durchschnitt der auf ein Steigerrevier entfallenden Belegschaftsmitglieder vielleicht bei der Zahl 100 liegen.

Und diese technischen Grubenbeamten haben entgegen anderer Darstellung ein sehr dringliches Interesse an der Verhütung von Unfällen, da ihnen mit jedem schuldhaften Versehen — ganz abgesehen von strafrechtlicher Verfolgung, der Verlust der Qualifikation und damit ihrer Existenz droht.

Meine Herren, gelegentlich der 2. Lesung des Bergetats im Jahre 1898 hat der Herr Handelsminister mit den Worten eines klassischen Zitats vor der Täuschung gewarnt, als ob der Bergbau auch bei Anwendung der vollendetsten Hilfsmittel je gefahrlos zu machen sei. Das ist eine traurige Tatsache, deren Gründe vornehmlich in der von jedem andern Großbetrieb abweichenden Form der isolierten Beschäftigung des einzelnen, und sodann in der großen Fülle der elementaren Ereignisse beruhen. Schon die alten Römer sagten, man könne auf die Schiffahrt nicht verzichten trotz der Todesgefahr, die damit verbunden ist. **Navigare necesse est vivere non.**

Meine Herren, wer fragt viel nach den unendlich großen Opfern, die jahraus, jahrein den elementaren Gewalten draußen auf hoher See zum Opfer fallen! Auch das Kohlenfördern ist eine Notwendigkeit trotz Verlusten an Menschenleben! Will man aber der Unfallhäufigkeit in unserer Industrie nach Möglichkeit steuern, dann verschone man uns mit Maßnahmen, die sich bereits als untauglich erwiesen haben. Es gibt wirkungsvollere Mittel! Man stärke das Pflichtbewußtsein, das Verantwortungsgefühl der Arbeiter, und wenn das zu schwierig ist, so sorge man für die Stärkung des Respektes vor unsern Behörden und Grubenbeamten. Man raube diesen aber, wie es durch die kommende Novelle zweifellos der Fall sein wird, nicht noch einen guten Teil von dem Rest der Autorität, den sie noch besitzen. Die Einführung von Arbeiterkontrolleuren in einer wie auch immer gearteten Form involviert eine bedenkliche Schwächung und Diskreditierung unserer staatlichen Aufsichtsbeamten. Man erklärt doch durch solche gesetzgeberische Maßnahmen, was der Bergpolizeibeamte, der Bergrat, der Berginspektor, der Bergassessor nicht fertig bringen, in genügender Weise Vorsorge gegen Betriebsunfälle zu treffen, damit muß der ungelernte Bergarbeiter, der den besseren Willen hat, betraut werden. Genügt die bergpolizeiliche Kontrolle den politischen Parteien und der öffentlichen Meinung nicht, gut, dann soll man im Interesse der Erhaltung von Autorität und Respekt vor unseren Behörden für eine entsprechende Vermehrung der Polizeiorgane sorgen. Dazu wird man sich um so leichter entschließen können, als die Einführung von Arbeiterkontrolleuren dem Staat nicht einen einzigen Beamten ersparen wird, im Gegenteil, die zurzeit vorhandenen bergpolizeilichen Aufsichtsorgane werden, wenn sie nicht andere Obliegenheiten vernachlässigen wollen, nicht ausreichen, die vielen Meldungen bergpolizeilich zu untersuchen, die seitens der Kontrolleure gemacht werden und gemacht werden müssen. An der Schulung dazu wirds nicht fehlen.

Und wie die Achtung und der Respekt vor unseren Bergbehörden leiden wird, so wirds in noch höherem Maße der Fall sein hinsichtlich unserer Werkverwaltungen und deren Beamten. Wer es bis jetzt nicht geglaubt, dem wird es durch die Vorlage erst eindringlich zum Bewußtsein kommen, wie recht alle diejenigen haben, die da behaupten, daß der Bergwerksbesitzer nur Bergbau treibt, um den Bergarbeiter „zu Tode zu schinden“. Auch die werden es jetzt verstehen, daß es allerhöchste Zeit ist, wenn man dem Unternehmer seiner Arbeiterfeindlichkeit willen eine aus Arbeitern bestehende Kontrolle an die Seite stellt.

Es ist nicht zu viel gesagt, daß nach Einführung der Kontrolleure der gegensätzliche Standpunkt zwischen Arbeitgeber und Arbeitnehmer, gegen den man sich van seiten der ersteren so häufig schon in Wort und Schrift gewendet hat, geradezu gesetzlich dokumentiert wird.

Auf diese Art wird man auf dem Gebiet der Unfallverhütung zweifellos auch nicht einen Schritt vorankommen. Gebe man lieber, worauf ich eben schon hinwies, den Beamten das Maß von Kommandogewalt, wie sie es noch auf den fiskalischen Gruben in Saarbrücken besitzen. Man sorge für die Erhaltung berufsfreudiger Beamten und hüte sich davor, daß ihnen der durch die Fülle bergpolizeilicher Vorschriften und durch die schwierige Behandlung der Leute an sich schon nicht leichte Dienst nicht noch verekelt werde durch die nörgelnde Kritik von Arbeitervertretern, die nach ihrer ganzen Ausbildung gar nicht in der Lage sind, die vielgestaltigen und ständig wechselnden Verhältnisse in der Grube (Flözverhalten, Nebengestein, Grubengasentwicklung, Wetterführung usw.) zu beurteilen. Davor solle man sich ernstlich hüten, wie man andererseits aber auch nicht aufhören soll, für eine dem Fortschritt der Technik auf bergbaulichem Gebiet entsprechende vernünftige und strenge Bergpolizei Sorge zu tragen. Diese und der Respekt vor Behörden und Beamten sind die einzigen Mittel, mit denen sich die Unfallziffern in unserem Bergbau herabsetzen lassen.

Es wird sich ja wohl bestätigen, meine Herren, daß praktische Gesichtspunkte bei der weiteren Behandlung der vorliegenden Gesetzesnovelle keine Rolle spielen werden, sondern lediglich Zweckmäßigkeitsgründe, in deren ausschließlicher Verfolgung man auch die Augen vor der politischen Bedeutung der Novelle schließen wird. Ich erwähnte eingangs meines Referats, daß man mit der Novelle einer alten sozialdemokratischen Forderung entgegenkommt. Worauf diese hinausläuft, ist Ihnen bekannt. Man will die agitatorische Kleinarbeit der sozialdemokratischen Propaganda, die über Tage namentlich in unserm Revier in einer ganz systematischen mustergültigen Weise durchgeführt worden ist, auch in die Betriebe unter Tage bringen, wo sie den besten Nährboden findet, namentlich bei den neu zuwandernden Elementen, denen unter dem Eindruck der ungewohnten Arbeitsstelle die ganze Hilflosigkeit des Individuums so recht zum Bewußtsein kommt. Hier haben die Instrumente der gewerkschaftlichen Propaganda leichte Arbeit und die einmal gewonnenen Leute haben infolge der Eigenart der Betriebsverhältnisse gute Gelegenheit, auf die Mitarbeiter und die Mitglieder anderer Organisationen einzuwirken.

Und billig müssen die Agitatoren auch sein. Deshalb sollen sie vom Staate, beziehungsweise von den Werken selbst bezahlt werden.

Soweit nun bekannt geworden ist, glaubt man der politischen Tätigkeit der Kontrolleure dadurch entgegenwirken zu können, daß man sie in Begleitung eines Beamten fahren läßt. Meine Herren, die Sozialdemokratie ist international, auch ihre Taktik ist es. Deshalb werden wir mit den Kontrolleuren dieselben Erfahrungen machen wie in Frankreich, wo sie ebenfalls nur in Begleitung von Beamten die Grube befahren dürfen und wo sie, wie die Mitglieder der Preußischen Stein- und Kohlenfallkommission festgestellt haben, trotzdem ihre Tätigkeit namentlich außerdienstlich in ganz besonderem Maße politischen Fragen zuwenden. Ob die Novelle wirksame Gegenmittel für eine derartige Tätigkeit vorsehen wird, ob diese ausreichend sind für alle Fälle, die sich eine raffinierte sozialdemokratische Propaganda nur ausdenken kann? Wird man zum Beispiel sich vor einem Kontrolleur schützen und sich auch von ihm befreien können, wenn er provozierend gegen die Werke auftritt, wenn er eine Quelle des Aergers und der Belästigung für den Betrieb wird? Sind Strafen vorgesehen, wenn er seine Arbeit vernachlässigt, wenn er sich Uebergriffe in die Amtsbefugnisse seiner Vorgesetzten gestattet, wird man die Verwaltungen vor den Angriffen der Arbeiterzeitung zu schützen wissen, wenn sie einem solchen Manne kündigen? Das alles sind Fragen, die uns mit ernster Sorge den Wortlaut der angekündigten Novelle erwarten lassen.

Und eine weitere Sorge ist, daß mit der Einführung eines wie auch immer gearteten neuen Wahlsystems — ich erinnere an die Wahlen zum Reichstag, Landtag, Berggewerbegericht, zu den Arbeiterausschüssen, Knappschaftsältesten und Arbeitskammern — die Wahlagitation bei uns geradezu in Permanenz erklärt wird. Man sollte doch nicht übersehen, daß man dadurch eine Schulung schaffen hilft, deren Wirkung auf den Ausfall der politischen Wahlen selbst nicht ausbleiben kann und alle zur Eindämmung der sozialdemokratischen Agitation getroffenen und noch zu treffenden Maßnahmen bei den Bergarbeitern hinfällig werden.

Man solle sich übrigens auch nicht der Hoffnung hingeben, die Gewerkschaften würden sich bei diesem Entgegenkommen der Königl. Staatsregierung beruhigen. Sie haben sich auch damals, als man ihnen zuliebe das Institut der königlichen Einfahrer schuf, nicht beruhigen lassen.

Im stillen feiert man, und hat auch allen Grund dazu, den Triumph zielbewußter Arbeit und rücksichtslosester Agitation, nach außen wird aber die nur teilweise Erfüllung der Arbeiter-Forderungen als eine Nichtwürdigung und Beschimpfung der Arbeiter-Klasse herabgerissen, und das Verlangen nach selbständiger Befahrung der Grubenbaue wird auch weiterhin einen stets bereiten Agitationsstoff abgeben und die Belegschaften nicht zur Ruhe kommen lassen.

Efferts, der Vorsitzende der Siebenerkommission unseres niederrheinisch-westfälischen Bezirks, hat es ja bereits in Hannover verkündet: wenn auch jetzt die Hoffnung auf reichsgesetzliche Regelung der Bergarbeiterfragen und auf Arbeiterkontrolleure, natürlich im Sinne von Efferts, getäuscht würden, so würde sich bei Beginn einer besseren Konjunktur im Ruhrrevier ein Kampf abspielen, wie ihn die Welt noch nicht gesehen habe, und wenn auch das Erwerbsleben um 10 Jahre zurückgeworfen würde. Morgen auf dem Kongreß der Bergarbeiter werden die drohenden Stimmen sich noch deutlicher erheben.

Was wird also, meine Herren erreicht? Nichts! Ob die Novelle, die jetzt dem Königl. Staatsministerium vorliegt, zum Gesetz erhoben wird oder nicht, der Streik wird kommen. Ob dann wieder eine neue Novelle zur Beruhigung der öffentlichen Meinung eingebracht wird, die dann die letzten Wünsche der Gewerkschaften erfüllt, das ist die weitere große Frage, der wir mit Sorge entgegensehen müssen.

Und schließlich noch eins. Es wird nicht bei diesem Vorstoß der Gewerkschaften auf dem Gebiete des Bergbaues bleiben. Auch das Bauhandwerk wird seine Kontrolleure erhalten und nach diesem werden andere Industriezweige folgen, alle mit demselben Ziel: das Netz der Organisation enger und fester zu schließen. Und so handelt es sich bei der Novelle, die uns bevorsteht, auch für die gesamte deutsche Industrie um einen folgenschweren Schritt der Königlichen Staatsregierung. (Beifall.)

Vorsitzender: Meine Herren, ich eröffne die Diskussion.

Landtagsabgeordneter **Dr. Beumer-Düsseldorf:** Meine Herren, ich will bei der vorgeschrittenen Zeit die Verhandlungen nicht lange aufhalten, möchte aber doch eine allgemeine Bemerkung zu dieser Frage hier nicht unterdrücken.

Wir haben uns im preußischen Abgeordnetenhause, wie der Herr Referent zutreffend hervorgehoben hat, infolge von Anträgen auf Anstellung von Arbeiterkontrolleuren wiederholt mit dieser Sache beschäftigt. Ich selbst habe über diese Frage im Jahre 1902 im Abgeordnetenhause gesprochen und dieselben Gesichtspunkte entwickelt, die eben der Herr Referent hier vorgetragen hat. Damals stand, wie auch der Herr Referent hervorgehoben hat, die Regierung noch auf unserer Seite. Heute will die Regierung selbst die Initiative ergreifen, wie Sie gehört haben, um uns solche Kontrolleure zu bescheren. Vermutlich tut das die Regierung, weil sie gedrängt wird durch die Stimmung des Tages, also aus Opportunitätsrücksichten. Das Publikum will angeblich Sicherheiten für den Bergbau haben, und da wiederholt sich die Erscheinung, die wir nun schon ein paar Mal, bei großen Unglücksfällen, bei Streiks usw., wahrgenommen haben, daß, sobald es sich um den Bergbau handelt, das ganze Publikum von einer Hypnose befallen wird. (Sehr richtig!) In den Zeitungen erscheinen die tollsten Dinge, wie das neulich wieder die Berichte über das Unglück in Radbod zur Genüge gezeigt haben, und es entsteht eine Erregung, in die auch das gebildete Publikum hineingetrieben wird, auch wenn sie in nichts durch die wirklichen Verhältnisse unseres Bergbaus gestützt ist. Ich habe einmal im Reichstage das Wort ausgesprochen, aus jeder Rede der Sozialdemokraten klinge es ungefähr so, als ob unsere Grubenbesitzer, die Direktoren und die Aktionäre eine planmäßige Absicht hätten, möglichst viele Leute beim Bergbau verunglücken zu lassen, aus reiner Bosheit möglichst viele Explosionen herbeizuführen. Ich habe demgegenüber darauf hingewiesen, daß, wenn nicht die Menschlichkeit die Bergbautreibenden von einem solchen Wahnsinn abhielte, dann doch schon die Rücksicht auf das eigene Kapital und die bei großen Unfällen zu Grunde gehenden Millionen und Aber-Millionen Mark, also das eigene Interesse des Bergbautreibenden, ihn vor einer solchen Absicht bewahren müßte. (Zustimmung.)

Einen sehr großen Anteil an dieser Hypnose tragen natürlich, meine Herren, unsere Parlamente, in denen die Dinge übertrieben durchweg von Leuten besprochen werden, die auch nicht die blasse Ahnung vom Bergbau haben (Sehr richtig!), wie das die Verhandlungen über den letzten großen westfälischen Bergarbeiterstreik gezeigt haben, wo ich — abgesehen von den Vertretern der Verbündeten Regierungen — der einzige im Reichstage war, der die Sachen aktenmäßig sine ira et studio darzulegen sich bemühte.

Der zweite Grund für diese Hypnose liegt in einem Teil unserer Presse, der bei solchen Unglücksfällen und bei Streiks zum Teil unerfahrene Jünglinge als Journalisten in das Revier hineinschickt, die ebenfalls niemals ein Bergwerk gesehen haben, die dann die düstersten Bilder entwerfen und von halbverhungerten Arbeitern reden, die, wie damals beim Arbeiterstreik gesagt wurde, eine halbstündige, teilweise eine eineinhalbstündige „Seilfahrt", also „an einem Seile hängend", in die Grube zu machen haben. (Heiterkeit.) Das haben wir alles lesen müssen. Meine Herren, wir haben damals lesen müssen, daß es sich bei der achtstündigen Schicht um eine ähnliche Einteilung handle, wie bei den Schiffskesselheizern, die vier Stunden Arbeit, vier Stunden Ruhe und wieder vier Stunden Arbeit hätten. So habe auch der Bergmann acht Stunden Schicht, acht Stunden Ruhe und dann wieder acht Stunden Schicht. (Heiterkeit.) Alle diese Dinge, meine Herren, sind damals von ernsten Leuten oder doch von Leuten, die für ernst gehalten werden wollen, ausgesprochen worden.

Wie das besser werden soll, meine Herren, weiß ich nicht; aber ich wollte nicht verfehlen, heute angesichts dieser Opportunitätsströmung in unserer Königlich preußischen Regierung doch einmal die Verhältnisse klarzulegen, wie sie wirklich sind, und zu erklären, daß ich es für eine Pflicht der preußischen Regierung erachte, wenn sie einen solchen Gesetzentwurf einbringen will, wenigstens darauf hinzuweisen, daß die Verhältnisse in unserem Privatbergbau lange nicht so liegen, wie sie von einem Teil der Presse und von vielen Rednern im Reichstage dargestellt werden. (Beifall.)

Vorsitzender: Meine Herren, es meldet sich niemand mehr zum Wort. Ich schließe dann die Diskussion und möchte meinerseits den Ausführungen des Herrn Referenten hinzufügen, daß das Direktorium Ihnen zu diesem Vortrag keine Resolution vorgelegt hat aus dem Grunde, weil für die Gesamtheit der Industrie, welche im Centralverband vertreten ist, nach unserer Auffassung keine Veranlassung vorlag, zu diesem speziellen Thema heute Stellung zu nehmen, in Rücksicht darauf, daß uns erstens der Gesetzentwurf noch nicht vorliegt, weiter in Rücksicht darauf, daß, wenn der Gesetzentwurf erscheint, dann die in erster Linie berufenen Vertretungen der Industrie, das sind die Bergbauvereine, zu demselben Stellung nehmen werden, und endlich in Rücksicht darauf, daß die Stellungnahme der allgemeinen Industrie im gegenwärtigen Momente — das folgt aus den beiden von mir eben angeführten Gründen von selbst — doch nur eine allgemein zustimmende Erklärung zu den Ausführungen des Herren Referenten sein könnte. Ich glaube, annehmen zu dürfen, daß diese allgemein zustimmende Erklärung gefolgert werden muß aus den Beifallsrufen, die Sie nach dem Schlusse des Referats dem Herrn von Loewenstein haben zu teil werden lassen.

Wir können nun zu dem letzten Punkt unserer Tagesordnung übergehen:

Die Anträge der von der Delegiertenversammlung am 7. November vorigen Jahres eingesetzten Kommission zur

Prüfung des Gesetzentwurfs, betreffend die Elektrizitäts- und Gassteuer.

Wir haben da drei Referenten. Ich erteile zunächst dem Herrn Rechtsanwalt Meyer aus Hannover als dem ersten Berichterstatter das Wort.

Erster Berichterstatter Rechtsanwalt **W. Meyer-Hannover**: Meine Herren, als wir in unserer letzten Delegiertenversammlung die Ehre hatten, den Herrn Finanzminister von Rheinbaben bei uns zu sehen, sagte dieser in seiner Rede beim Essen, es gebe wohl keine Steuer, gegen die man nicht nur Einwände, sondern auch berechtigte Einwände erheben könnte. Das ist durchaus zutreffend. Daraus entspringt für uns die Pflicht, alle die Steuervorlagen, die die Verbündeten Regierungen dem Reichstage gemacht haben, daraufhin zu prüfen, ob nicht die berechtigten Einwände, die wir dagegen erheben können, zurücktreten müssen angesichts der von uns allen anerkannten Notwendigkeit, dem Reiche neue Mittel zuzuführen, damit es die ihm obliegenden Aufgaben erfüllen kann. Aus diesem Grunde hat auch die vorige Delegiertenversammlung den Entwurf eines Elektrizitäts- und Gassteuergesetzes einer Kommission zur gründlichen Prüfung überwiesen, obgleich schon damals viele Stimmen laut wurden, die die Steuer von vornherein aus prinzipiellen Gründen ablehnen wollten.

Die Kommission hat inzwischen am 24. November vorigen Jahres getagt. Wir haben es dankbar begrüßt, daß das Reichsschatzamt einen Herrn dazu entsandt hatte, der uns über den Inhalt des Gesetzes und über die Absicht der Verbündeten Regierungen dabei nähere Aufschlüsse geben konnte. Aber auch die Ausführungen dieses Herrn haben nicht vermocht, die schweren Bedenken, die gegen die Besteuerung von Elektrizität und Gas sprechen, zu entkräften. Im Gegenteil, ich kann wohl sagen, daß die nähere Prüfung des Gesetzes und der Begründung gezeigt hat, daß auch die allerschlimmsten Befürchtungen, die in der letzten Delegiertenversammlung vorgebracht waren, noch übertroffen sind.

Ich werde mich nach dem Beschlusse der Kommission darauf beschränken, Ihnen über die Elektrizitäts- und Gassteuer, soweit sie als Kraftsteuer in Betracht kommt, Vortrag zu halten, während Ihnen der nächste Herr Berichterstatter über die Lichtsteuer Bericht erstatten wird.

Bei der vorgeschrittenen Tagesstunde glaube ich in Ihrem Sinne zu handeln, wenn ich mich kurz fasse und Einzelheiten nach Möglichkeit vermeide.

Der Gesetzentwurf unterscheidet bekanntlich zwischen Elektrizität und Gas, die für fremden Bedarf hergestellt und gegen Entgelt abgegeben werden, und Elektrizität und Gas, die für den eigenen Verbrauch des Erzeugers bestimmt sind. Die ersten sollen mit einer Steuer von 5 v. H. des Abgabepreises belegt werden. Die Steuer für Elektrizität, die zu eigenem Bedarf hergestellt wird, soll 0,4 Pfennig für die Kilowattstunde und auf Gas 0,4 Pfennig für das Kubikmeter betragen, wenn das Gas mehr als 3000 Wärmeeinheiten hat, und 0,2 Pfennig, wenn das Gas 1000 bis 3000 Wärmeeinheiten hat. Auf Antrag soll dann eine Ermäßigung auf 5 v. H. der Selbstkosten eintreten, wenn auf Grund geordneter Buchführung nachgewiesen wird, daß jener Steuersatz diesen Prozentsatz übersteigt.

Man hat beim Studium des Gesetzentwurfs und seiner Begründung den Eindruck, als ob der Verfasser zunächst nur die städtischen Elektrizitätszentralen und die städtischen Gasanstalten im Auge gehabt hat, die Elektrizität und Gas gegen Entgelt abgeben. Die in diesen Anstalten hergestellten Mengen von Elektrizität und Gas sind auch verhältnismäßig leicht mit der Steuer zu fassen. Die Begründung weist darauf hin, daß die Belästigungen einer großen Anzahl von einzelnen Personen vermieden werden, da die Erhebung der Steuer an der Erzeugungsstelle erfolgen und die Beaufsichtigung sich im wesentlichen auf diese beschränken könne. Die Begründung führt weiter aus, die Steuer sei so gering, daß sie ohne besondere Schwierigkeit von den Erzeugern durch verbesserte Produktionsmethoden herausgeholt oder aber auf den Verbraucher abgewälzt werden könne. Für den Verbraucher spiele die geringe Steuer überhaupt keine Rolle, da bei 96 Prozent aller Werke mehr als 15 Pfennig für den Kraftstrom bezahlt werde.

Meine Herren, alle diese Gründe treffen nicht zu für die Elektrizität, die von der Industrie für ihren eigenen Bedarf hergestellt wird. Die Begründung macht es sich in der Beziehung auch ganz außerordentlich leicht. Nachdem sie eingehend die Verhältnisse der elektrischen Zentralen erörtert hat, sagt sie weiter: Immerhin wird die geplante Steuer nicht nur die Werke berühren, welche Elektrizität gewerbsmäßig zur Abgabe gegen Entgelt erzeugen und verteilen, sondern auch auf die übrigen Zweige der elektrotechnischen Industrie, endlich auch auf die Gewerbe, die sich des elektrischen Stromes als Hilfsmittel bedienen, nicht ohne Einfluß sein. Das sind die ganzen Gründe für die Besteuerung der zum Selbstverbrauch hergestellten elektrischen Kraft. Es werden später noch einige Beispiele aus der Industrie angeführt, die, wie in der Kommission nachgewiesen worden ist, tatsächlich durchaus nicht zutreffen.

Wie die Gründe für die Besteuerung der zum Selbstverbrauch hergestellten Elektrizität vollständig versagen, so versagen auch die Bestimmungen des Entwurfs über die Erhebung der Steuer vollständig. Die Schwierigkeiten in dieser Beziehung sind auch ganz außerordentlich groß. Sie sind so groß, daß der Entwurf in manchen Fällen eine Lösung überhaupt gar nicht versucht, sondern diese Lösung ruhig der Zukunft überläßt, das heißt, späteren Verordnungen des Bundesrats.

Auf Antrag soll für die Elektrizität zum eigenen Gebrauch eine Ermäßigung der Steuer auf 5 v. H. der Selbstkosten eintreten, wenn auf Grund geordneter Buchführung nachgewiesen ist, daß der Steuersatz von 0,4 Pfennig diesen Prozentsatz übersteigt. Nach welchen Grundsätzen sollen nun diese Selbstkosten aufgestellt werden? Nach einem Beispiel, das die Begründung von einem Stahlwerk mit einer jährlichen Erzeugung von 400 000 Tonnen Stahl anführt, werden die Selbstkosten mit 2,5 Pfennig eingesetzt. Ja, meine Herren, diese Selbstkosten werden wohl für manche Hütten zutreffen, wenigstens nach den Selbstkostenrechnungen, die die Werke für ihren eigenen Bedarf aufstellen. Etwas anderes ist es aber, ob es gelingt, auf Grund geordneter Buchführung der Steuerbehörde gegenüber diesen Satz nachzuweisen. Der Entwurf weiß auf die Frage, wie die Selbstkosten zu berechnen sind, keine Antwort und überläßt es deshalb einer späteren Verordnung des Bundesrats, darüber Bestimmungen zu geben. Aber gerade diese Frage ist von einer ganz außerordentlichen Bedeutung. Wir haben uns deshalb auch in der Kommission sehr eingehend mit dieser Frage beschäftigt.

Verhältnismäßig leicht ist die Feststellung der Selbstkosten bei den Werken, die Elektrizität nur zur Abgabe an andere herstellen, also bei den städtischen elektrischen Zentralen. Mit den Selbstkosten dieser Werke befaßt sich ja auch die Begründung eingehend. Aber schwierig wird die Sache, wenn die Herstellung der Elektrizität nur ein Nebenbetrieb in einem größeren anderen Betriebe ist. Es wird hier die Regel sein, daß eine ganze Reihe von Apparaten, zum Beispiel Dampfkessel, sowohl für die Herstellung der Elektriztäten dienen als auch dem anderweitigen Betriebe. Werden in solchen Fällen die Erfahrungssätze, nach denen man die verbrauchten Kohlen den einzelnen Betrieben belastet, der Steuerbehörde genügen?

Eine weitere große Rolle spielt die Frage des Ansatzes für Amortisation der Anlage, wenn eben die Anlage nicht nur für Elektrizität dient, sondern auch für andere Betriebe. Welcher Teil der Anlagekosten soll dann durch die Elektrizität mit amortisiert werden? Ja, meine Herren, es könnte da ein findiger Kopf vielleicht auf den Gedanken kommen, beim Hochofenwerk einen Teil der gesamten Hochofenanlage einschließlich Gebläsemaschinen und was sonst dazu gehört, mit durch den elektrischen Betrieb amortisieren zu wollen, da ein Teil der Hochofengase zur Erzeugung der Elektrizität verwandt wird.

Bei Hochofenwerken und auch bei Koksofenanlagen spielt ferner die Frage eine große Rolle: zu welchem Preise sollen die Gicht- und Koksofengase in die Selbstkostenrechnung eingesetzt werden. Die Verwertung eines großen Teiles dieser Gase ist überhaupt erst in neuerer Zeit durch die Elektrizität gelungen, durch die es möglich ist, die Kraft auf weite Entfernungen zu übertragen. Es sind da zum Teil sehr kostspielige Anlagen gemacht worden, die sich nur dann rentieren, wenn der Wert der Gase, für die sonst eine Verwertung nicht da ist, mit Null eingesetzt wird. Wird aber auch der Bundesrat nun bestimmen, daß diese Gase mit Null eingesetzt werden?

Sie sehen, daß diese Fragen sehr viele Schwierigkeiten bieten. Daß es einer Bundesratsverordnung möglich sein wird, dieser Schwierigkeiten Herr zu werden, erscheint gänzlich ausgeschlossen. Unter allen Umständen wird aber die Festsetzung der Selbstkosten stets zu langwierigen, höchst unerquicklichen Verhandlungen mit der Steuerbehörde und zu außerordentlich zahlreichen Steuerprozessen führen, es müßte denn sein, daß die Werke sich von vornherein sagen, es ist ihnen doch nicht möglich, ihre Selbstkosten so zu berechnen, wie es die Steuerbehörde verlangt, und sich deshalb gleich von vornherein mit dem Steuersatz von 0,4 Pfennig zufrieden geben.

Ihre Kommission war deshalb der Ansicht, daß die erleichternde Bestimmung, daß nur 5 Prozent der Selbstkosten als Steuer in Ansatz kommen sollen, in der Praxis eine Bedeutung überhaupt nicht haben würde, daß es vielmehr, von ganz verschwindenden Ausnahmen abgesehen, stets bei dem festen Satz von 0,4 Pfennig bleiben würde.

Ueber eine ganze Reihe andere Schwierigkeiten, die die Steuer bietet, ist schon so viel geschrieben und so viel geredet worden, daß ich sie nur andeuten werde. Es ist zum Beispiel darauf hingewiesen worden, daß dadurch, daß die Zähler an der Erzeugungsstelle angebracht werden sollen, eine ganze Menge von Elektrizität mit versteuert wird, die verloren geht in den Leitungen, in den Umformern und teilweise auch dadurch, daß die Leitungen einmal schadhaft werden können. Aber wo anders können die Zähler gar nicht angebracht werden. Diese Ungerechtigkeit zu vermeiden, ist auch eins von den vielen Problemen, welche die Besteuerung der Elektrizität aufgibt, und die in der Praxis garnicht zu lösen sind.

Besonders unangenehm werden sich die außerordentlich großen Belästigungen geltend machen, die der Industrie durch die Steuerkontrolle erwachsen werden. Die Meßgeräte sollen an der Erzeugungsstelle angebracht werden. Die Kosten hierfür sind durchaus nicht gering. Es ist von sachverständiger Seite geschätzt worden, daß die Industrie hierfür zunächst etwa 17½ Millionen Mark auszugeben hätte. Nun soll nach dem Entwurf zwar während der ersten zehn Jahre je ein Zehntel der erstmaligen Anschaffungskosten vergütet werden, aber nur an die, die Elektrizität ausschließlich für den eigenen Bedarf herstellen. Gibt ein Werk, welches vielleicht 25- bis 30 000 000 Kilowattstunden selbst verbraucht, aus Gefälligkeit an einen Nachbarbetrieb etwa 5000 Kilowattstunden ab, dann bekommt es keinen Pfennig von den Herstellungskosten der Meßgeräte wieder ersetzt.

Die Leitungen zu den Meßgeräten müssen nach der Weisung der Steuerbehörde angebracht und isoliert werden. Alle Aenderungen der in Betracht kommenden Betriebsverhältnisse sollen periodisch der Steuerbehörde gemeldet werden. Ja, meine Herren, wer die größeren Eisenhüttenwerke von heute kennt — und ich glaube, in anderen großen Betrieben wird es ähnlich sein —, weiß, daß sich dort diese Betriebsverhältnisse fortwährend ändern. Dampfmaschinen werden durch elektrische ersetzt, Dampfdynamomaschinen durch Gasdynamomaschinen, die elektrischen Zentralen werden fortwährend erweitert; kurz, es ist alles im Fluß. In allen solchen Fällen ist der Behörde Anzeige zu machen. Der Steuerbeamte kommt, kontrolliert, ordnet die Anlage der Leitungen an, nimmt die alten Plomben ab, plombiert und siegelt von neuem; er wird schließlich zu einem ständigen Gast in einem solchen Werke werden, aber nicht gerade zu einem gerngesehenen Gast.

Während nun der ganze Gesetzentwurf eigentlich nur auf die elektrischen Zentralen zugeschnitten ist, die Elektrizität gegen Entgelt abgeben, soll nach der Begründung der Ertrag der Steuer bei diesen 3,4 Millionen Mark bringen, bei den Selbstverbrauchern aber 14 Millionen Mark, also mehr als das Vierfache. Aber auch diese Ziffer von 14 Millionen Mark ist nach Ansicht der Kommission ganz erheblich zu niedrig angesetzt. Die Begründung nimmt an, daß von der zum Selbstverbrauch hergestellten Elektrizität 3000 Millionen Kilowattstunden mit nur 0,2 Pfennig in die Steuer kommen würden, eben wegen der Bestimmung, daß unter Umständen die Selbstkosten maßgebend sind. Ich habe Ihnen schon gezeigt, daß dieses nur in ganz verschwindendem Maße der Fall sein wird.

Man wird deshalb bei den ganzen 5000 Millionen Kilowattstunden, die der Entwurf als von Selbstverbrauchern hergestellt annimmt, ruhig den Steuersatz von 0,4 Pfennig zu Grunde legen können.

Sodann nimmt die Begründung nur eine Benutzungsdauer der Maschinen von jährlich 1000 Stunden an, das macht, das Jahr mit

300 Arbeitstagen berechnet, für den Tag nur etwas über drei Stunden. Ja, meine Herren, in den meisten Fabriken werden die Maschinen aber während des ganzen Betriebes laufen. Das ist, wenn nur mit Tagesschicht gearbeitet wird, rund 10 Stunden am Tage, bei den Werken, die mit Tag- und Nachtschicht arbeiten, rund 20 Stunden, und wieder bei anderen Werken, wie zum Beispiel bei Hochofenwerken, wird man 24 mal 365 Stunden annehmen müssen. Man kann hiernach ruhig annehmen, daß die Benutzungsdauer der Maschinen im Durchschnitt 5000 Stunden betragen wird. Dann beträgt die Belastung der Industrie durch die Steuer aber nicht, wie in der Begründung steht, 14 Millionen Mark. Jedenfalls dürfte nach Ansicht der Kommission die Ziffer von 100 Millionen Mark der Wirklichkeit ganz wesentlich näher kommen als die in der Begründung stehende Zahl von 14 Millionen Mark.

Nun ist es ja vielleicht für einen Finanzminister kein Grund gegen eine Steuer, wenn sie zehnmal mehr einbringt, als er veranschlagt hat. (Sehr richtig!) Aber wir, die wir die Steuer bezahlen sollen, müssen uns denn doch in der Beziehung ganz erheblich vorsehen.

Es ist auch schon vielfach darauf hingewiesen worden, daß die Elektrizitätssteuer deshalb verwerflich sei, weil sie den Fortschritt hindert, weil der elektrische Betrieb in vielen Fällen einen Fortschritt gegenüber dem Dampfbetrieb bedeutet, nicht nur in technischer, sondern vielfach auch in hygienischer Beziehung. Auch ist darauf hingewiesen worden, daß die Belastung eine ganz ungleichmäßige sei, daß sie häufig schwache Schultern wesentlich mehr trifft, als starke Schultern. Ich will deshalb auf diese Punkte hier nicht näher eingehen. Die Begründung geht nur auf ein Beispiel aus der Industrie näher ein, das ist das von einem Stahlwerk von 400 000 Tonnen jährlicher Erzeugung. Da soll die Belastung mit der Steuer nur 8 Pfennig für die Tonne Stahl ausmachen. In der Kommission ist nachgewiesen worden, daß die Belastung bei dem heutigen Stande der Technik bei den meisten Werken mindestens 40 bis 60 Pfennig für die Tonne ausmacht, bei den Werken, die mit ihrem elektrischen Ausbau aber noch weiter vorgeschritten sind als der Durchschnitt, wird diese Belastung noch wesentlich mehr betragen. Es gibt eine ganze Reihe von Industriezweigen, die nur möglich sind, wenn sie den Strom zu ganz billigen Preisen bekommen. Das ist die Herstellung von Elektrostahl, von Aluminium, besonders auch die Herstellung von Stickstoffverbindungen. Diese Industriezweige würden durch die Elektrizitätssteuer zweifellos in ganz erheblichem Maße geradezu ins Ausland gedrängt werden.

Ich möchte noch ein Beispiel anführen, das in der Kommission auch angeführt wurde. Es wurde da gesagt, daß bei einem Werk der Papierindustrie mit einem Jahresverdienst von 150 000 Mark die Steuer 50 000 Mark betragen würde, und bei einer Holzschleiferei mit einem Jahresverdienst von 20 000 Mark: 12 000 Mark. Ja, meine Herren, wenn diese Zahlen auch nur annähernd richtig sind, so würden diese Fabriken gezwungen sein, entweder ihren Betrieb überhaupt einzustellen oder wenigstens von dem elektrischen Betrieb wieder zum früheren Dampfbetrieb zurückzukehren.

Solche krassen Fälle werden ja vielleicht nur Ausnahmen sein; aber es gibt eine ganze Reihe von Fällen, wo es so auf des Messers Schneide steht, ob es rationeller ist, mit Dampfbetrieb zu arbeiten oder mit elektrischem Betrieb, daß man sicher in allen diesen Fällen nicht nur wegen der finanziellen Belastung, sondern auch wegen der großen Belästigung der Steuer wieder zum Dampfbetrieb zurückkehren würde. In allen diesen Fällen hätte die Steuer weiter nichts bewirkt, als daß Werte, Teile des Nationalvermögens vernichtet sind, ohne daß das Reich überhaupt einen Pfennig Vorteil davon hat.

Noch schwieriger als bei der Elektrizitätssteuer liegen die Verhältnisse bei der G a s steuer. Der Entwurf unterscheidet, wie ich vorher ausgeführt habe, zwischen Gasen, die mehr als 3000 Wärmeeinheiten haben, solchen, die zwischen 1000 und 3000, und endlich solchen, die unter 1000 Wärmeeinheiten haben. Die ersteren sollen 0,4 Pfennig, die mittleren 0,2 Pfennig für das Kubikmeter an Steuer aufbringen, während die geringwertigen ganz frei bleiben.

In der Industrie haben wir es hauptsächlich mit dreierlei Gasen zu tun: Hochofengasen, Koksofengasen und Generatorgasen. Die Gichtgase sollen von der Steuer frei bleiben. Das steht aber nicht im Gesetzentwurf. Man nimmt an, daß sie weniger als 1000 Wärmeeinheiten haben und daß sie deshalb frei bleiben würden. Dies ist aber durchaus nicht immer zutreffend. Mir ist von einem Hochofenwerk mitgeteilt worden, daß die dortigen Gase zwischen 1020 und 1150 Wärmeeinheiten haben. Das wird wahrscheinlich bei verschiedenen anderen Werken auch noch der Fall sein. Diese Werke würden also für ihre Hochofengase Steuer bezahlen müssen.

Der Heizwert der Koksofengase schwankt, wie schon in der Begründung steht, zwischen 2500 und 4600 Wärmeeinheiten. Diese würden also zum Teil unter die niedrigere Steuerstufe fallen, zum Teil unter die höhere Steuerstufe. Es kommen aber auch Fälle vor, in denen in einer und derselben Koksofenanlage der Heizwert der Gase schwankt. Es wurde in der Kommission ein Fall angegeben, in dem die Gase in der Regel mehr als 3000 Wärmeeinheiten haben, aber stellenweise auch unter 2800 zurückgehen. Es würde hier dem reinen Zufall überlassen bleiben, zu welcher Steuer die Gase herangezogen werden, dem reinen Zufall, an welchem Tage der Steuerbeamte nun gerade kommt und seine Stichproben macht. Es folgt hieraus, daß der nach Wärmeeinheiten bemessene Heizwert der Gase eine brauchbare Grundlage für die Besteuerung nicht gibt. Die Begründung gibt an, daß eine andere brauchbare Grundlage nicht gefunden werden könne. Eine Unterscheidung der Gase nach ihrer Benennung, Leuchtgas, Hochofengas, Sauggas usw. sei nicht durchzuführen. Das ist durchaus richtig. Es gibt eben gar keine brauchbare Grundlage für die Klassifizierung der Gase für die Steuer, und daß die Gase, die so außerordentlich verschiedenwertig sind, alle zu derselben Steuer herangezogen werden sollen, ist wohl ausgeschlossen.

Beim Generatorgas ist die Frage von besonderer Wichtigkeit, ob das zum Betrieb der Siemens-Martin-Oefen nötige Gas steuerfrei ist oder nicht. Eine klare Antwort auf diese Frage gibt der Gesetzentwurf nicht. Aber es ist doch wohl anzunehmen, daß die Siemens-Martin-Oefen als Vorrichtungen, die mit der Erzeugungsstelle unmittelbar vereinigt sind, im Sinne des § 6, 2 des Gesetzes anzusehen sind, und daß sie deshalb steuerfrei bleiben sollen.

Der Entwurf erkennt selber an, daß solche großen Mengen Gas, wie sie in der Industrie gebraucht werden, mit gewöhnlichen Meßgeräten unmöglich gemessen werden können. Er sieht deshalb vor, daß sie auch auf andere Weise ermittelt werden können — wie, darüber gibt der Entwurf wieder keine Auskunft, das soll auch wieder einer späteren Bundesratsverordnung vorbehalten bleiben.

Daß diese Frage aber in einer in der Praxis brauchbaren Weise überhaupt zu lösen ist, muß bezweifelt werden. Es wurde in der Kommission folgendes Beispiel von einem Falle angeführt, der in der Praxis voraussichtlich gar nicht so selten sein wird. Ein größeres Eisenhüttenwerk besitzt auch eine eigene Koksofenanlage, und zwar hat es sowohl Flammöfen nach altem System, wie auch Regenerativöfen. Die Flammöfen liefern nur Abhitze, die, da sie kein brennbares Gas ist, steuerfrei ist. Die Abhitze kann nur unter Dampfkesseln verwendet werden. Unter diese selben Kessel gehen aber auch Gase aus den Regenerativöfen, die wieder steuerpflichtig sind. Ein anderer Teil dieser Gase geht in Gasmaschinen. Soweit diese Gasmaschinen Dynamomaschinen sind, sind die Gase wieder steuerfrei, da schon die Elektrizität besteuert wird. Werden aber zum Beispiel Gebläsemaschinen damit betrieben, so unterliegen sie wieder der Steuer. Daneben gibt es noch Hochofengase, die in der Regel steuerfrei sind, aber auch, wie ich Ihnen gezeigt habe, unter Umständen der Steuer unterliegen können. Diese werden zum Teil auch unter Dampfkessel geleitet. Sind noch Dampfdynamomaschinen da, wie das bei den meisten Hüttenwerken wohl noch der Fall ist, so ist auch der Teil der an sich steuerpflichtigen Gase, der den Dampf für diese Maschinen gibt, wieder steuerfrei. Aber alles geht aus der einen gemeinsamen Dampfleitung hervor.

Nun ist vielleicht noch eine Generatoranlage vorhanden. Soweit die hier erzeugten Gase zum Betriebe der Siemens-Martinöfen dienen, sind sie, wie ich annehme, steuerfrei. Werden sie für andere Zwecke benutzt, wie zum Beispiel Heizzwecke, unterliegen sie aber der Steuer. Werden sie in Gasmaschinen verwandt, so muß man wieder zwischen Dynamomaschinen und anderen Maschinen unterscheiden, und wenn ein Teil davon vielleicht zeitweise unter die Dampfkessel geht, muß festgestellt werden, wie viel von dem damit erzeugten Dampf zum Antriebe der Dampfdynamomaschine dient.

Ja, meine Herren, bei einem solchen komplizierten Betriebe soll es überhaupt menschenmöglich sein, auch nur mit einiger Sicherheit festzustellen: wie viele von den Gasen sind steuerfrei und wie viele sind steuerpflichtig? Wenn das überhaupt möglich ist, dann gehört jedenfalls ein vollständiges Bureau mit technisch vorgebildeten Ingenieuren dazu, lediglich um die Feststellungen zu machen, die zur Veranlagung der Steuer notwendig sind, und es würde sich in solchen Fällen auch wohl nicht vermeiden lassen, daß sich ein ständiges Steuerbureau auf solchen Werken etabliert. Daß es bei diesen komplizierten Betrieben auch gänzlich ausgeschlossen ist, die Selbstkostenberechnung in der Weise aufzustellen, daß auf Grund derer eine Ermäßigung der Steuer auf 5 v. H. der Selbstkosten zugelassen werden würde, brauche ich wohl nur zu erwähnen.

Ueber die finanzielle Belastung der Industrie durch die Gassteuer scheint man sich bei dem Entwurf überhaupt keine Vorstellung gemacht zu haben. Es ist in der Kommission nachgewiesen worden, daß allein die Verteuerung des Kokses durch die Besteuerung der Koksofengase so groß ist, daß, wenn man die Menge Koks berechnet, die zur Fertigstellung einer Tonne Fertigfabrikat gehört, diese Belastung auf die Tonne mehr als eine Mark ausmachen würde.

Meine Herren, ich will Sie mit Einzelheiten nicht weiter aufhalten und zum Schluß kommen. Die finanzielle Belastung der Industrie durch die vorgeschlagene Steuer würde ganz gewaltig sein. Aber das ist es nicht in erster Linie, was uns veranlassen muß, gegen die Steuer in der allerschärfsten Weise Front zu machen. Wenn das

Reich neue Mittel nötig hat, so ist die Industrie gern bereit, den auf sie entfallenden Teil auf sich zu nehmen. Viel schwerer fallen ins Gewicht die außerordentlichen Belästigungen, die nicht ausbleiben können, wenn die Steuer in Kraft tritt. Mag man sich bei der endgültigen Redigierung des Gesetzes und bei den späteren Verordnungen auch noch so sehr bemühen, den Wünschen der Industrie gerecht zu werden — es sind immer Bestimmungen nötig über die Kontrolle und die Bemessung der zur Versteuerung kommenden Mengen. Diese können bei größeren komplizierten Werken von so einschneidender Wirkung sein, daß man genötigt ist, den ganzen Betrieb vollständig danach einzurichten. Man wird dann in erster Linie sich fragen müssen: wie muß ich den Betrieb einrichten, um die von der Steuerbehörde verlangte Nachweisung überhaupt geben zu können, und in zweiter Linie kommt er: was ist wirtschaftlich, was ist rationell?

Ich weise dabei auf folgendes hin. Was die deutsche Industrie vor der amerikanischen auszeichnen soll — aus eigener Anschauung kenne ich die amerikanischen Verhältnisse nicht — das ist, daß sie sich bemüht, auch kleinste Vorteile wahrzunehmen und deshalb alles, was man als Abfälle zu bezeichnen sich gewöhnt hat, mit zu verwerten. Die Verwertung der Hochofengase in dem Maße, wie sie jetzt geschieht, ist nur mit Hilfe der Elektrizität möglich gewesen. Gerade in neuerer Zeit bemüht man sich, die Abfälle beim Bergbau, die Waschberge, die Klaubeberge und auch die bisher nicht verwertbaren Abfälle bei der Kokerei durch Vergasen nutzbar zu machen. Der Nutzen, der hierbei herausspringt, ist namentlich im Anfange so gering, daß er durch eine Steuer vielleicht vollständig aufgesogen würde. Kommen dann noch die schweren Belästigungen hinzu, die Verhandlungen mit den Steuerbehörden und alles dieses, dann wird sich im Inlande kein Mensch mehr finden, der sich mit diesen Dingen abgibt. Es werden die deutschen Ingenieure mit ihrer Intelligenz und mit ihrer Arbeitskraft in dieser Beziehung geradezu ins Ausland gedrängt. (Sehr richtig!)

Das Schlimmste aber, was nach meiner Ansicht gegen die Steuer spricht, ist das, daß sie der erste Schritt ist auf der schiefen Ebene der Besteuerung der Produktionsmittel überhaupt. Haben wir erst einmal eine Steuer auf Elektrizität und Gas, dann wird mit Sicherheit eine solche auf Dampfkraft nachfolgen. Die Begründung spricht sich schon dahin aus, daß die Besteuerung von Elektrizität und Gas allein eine Einseitigkeit bedeutet. Die Besteuerung der Dampfkraft scheitere aber an steuertechnischen Schwierigkeiten. Nun, meine Herren, ich glaube, Ihnen gezeigt zu haben, daß die steuertechnischen Schwierigkeiten bei der Besteuerung von Elektrizität und Gas so groß sind, daß sie bei der Besteuerung der Dampfkraft wahrhaftig nicht größer sein können. Wenn wir aber einmal auch eine Besteuerung der Dampfkraft haben werden, nicht nur mit der finanziellen Belastung, sondern auch mit allen den Belästigungen, die eine solche Steuer notwendig mit sich bringt, dann wird die deutsche Industrie mit Notwendigkeit immer mehr ins Ausland gedrängt, und das Ausland wird sich schwer hüten, ihr durch den Erlaß ähnlicher Gesetze die Tür zu verschließen.

Die Einbringung dieser Steuer hat schon große Beunruhigung hervorgerufen. Die Fertigstellung geplanter Anlagen ist zurückgestellt worden, um erst sehen zu können, wie die Sache läuft.

Ich hoffe ganz bestimmt, daß der Reichstag diesem Gesetze seine Zustimmung versagen wird. Aber es wäre immerhin dankbar zu begrüßen, wenn die Verbündeten Regierungen sich möglichst bald entschlössen, diesen Gesetzentwurf, wenigstens soweit es die Besteuerung von Kraft angeht, überhaupt zurückzuziehen. (Lebhafter Beifall.)

Vorsitzender: Ich gebe nun das Wort Herrn Ingenieur Dr. Fellinger, der die Güte haben wird, an Stelle des erkrankten Herrn Professors Dr. Budde das Referat zu übernehmen.

Ingenieur Dr. **Fellinger**-Berlin: Meine verehrten Herren, Herr Professor Budde bedauert lebhaft, daß er durch seine Krankheit verhindert ist, in dieser Versammlung heute zu erscheinen und das Referat über die Besteuerung der Beleuchtungskörper, das er übernommen und ausgearbeitet hat, Ihnen selbst vorzutragen. Ich bitte Sie, mir zu gestatten, das Wesentliche aus dem Referat zur Verlesung zu bringen.

Meine Herren! Die von der Kommission des Centralverbandes angenommene Resolution spricht aus, daß die Einführung einer Steuer auf Beleuchtungskörper sehr bedauerlich wäre, daß indessen die Kommission vom Standpunkte der verbrauchenden Industrie aus mit Rücksicht auf die Bedürfnisse des Reiches keinen Widerspruch gegen dieselbe erheben will, daß sie aber eine sachverständige Revision der einzelnen Steuersätze, insbesondere derjenigen für Kohlenstifte, für erforderlich hält.

Der Text des Kommissionsbeschlusses und die Erwägungen, auf welche derselbe sich stützt, liegen Ihnen bereits gedruckt im Bericht Nr. 112 vor. Ich will also Ihre Zeit mit einer Wiederholung des in der Kommission Gesagten nicht noch einmal in Anspruch nehmen. Ich halte es vielmehr für die Aufgabe des Referenten, eine Anzahl von Punkten zu beleuchten, die innerhalb der Kommission nicht durchgeführt oder überhaupt nicht zur Besprechung gelangt sind. Es handelt sich dabei erstens um Hinweise, die auch schon vom Standpunkte des Verbrauchers aus nachzutragen sind, und zweitens um Erwägungen, die die Sache mehr vom Standpunkt des Produzenten aus betrachten — daß auch dieser letztere Standpunkt seine Berechtigung hat, bedarf in einem Centralverbande, der alle Industriellen umfaßt, wohl keiner besonderen Begründung; außerdem wirkt das, was den Produzenten beeinflußt, indirekt auch wieder auf den Verbraucher zurück.

Zunächst ist nur kurz darauf hinzuweisen, daß die modernen starken Lichtquellen, einerlei, mit welchen Mitteln sie hergestellt sind, nicht bloß die Bedeutung gewöhnlicher Konsumartikel haben, sondern gleichzeitig auch der Erzeugung dienen. Zahllose Gewerbe sind, um ihre Produkte so herzustellen, wie die gegenwärtige Zeit es verlangt, während eines nicht kleinen Jahresteiles auf gute künstliche Beleuchtung angewiesen. Für diese bedeutet die Lichtsteuer auch schon vom Standpunkte des Verbrauchers aus einen fühlbaren Nachteil, und es ist wohl gerade der Gedanke an diesen Umstand gewesen, der die Kommission veranlaßt hat, die Einführung der Steuer unter allen Umständen für bedauerlich zu erklären.

Ferner ist in den bisherigen Diskussionen, soweit sie mir bekannt geworden sind, ein Umstand wenig oder gar nicht zum Ausdruck gebracht worden, der eine ganz erhebliche Bedeutung hat. Ziemlich allgemein wird mit den Steuersätzen so gerechnet, als ob sie sich einfach ihrem unveränderten Betrage nach auf das konsumierende Publikum abwälzen ließen; wenn z. B. die Steuer auf irgend einen Gegenstand der Massenerzeugung 10 Pfg. beträgt, so wird sehr allgemein gesagt oder stillschweigend der Erörterung der Gedanke zugrunde gelegt: Nun gut, der Fabrikant wird diesen Betrag auf seine Kunden abwälzen, und das Publikum wird dementsprechend den betreffenden Gegenstand um 10 Pfg. teurer bezahlen. Das ist aber nicht richtig; denn bei jedem Verkauf von Massenartikeln — und das sind sämtliche Leuchtkörper — ist der Preis des einzelnen Objektes ein einheitlicher, und es ist unmöglich, dem Publikum gegenüber die in diesem Preise steckende Steuer von den Herstellungskosten und den übrigen preisbedingenden Einflüssen zu trennen. Das Objekt wird also als Ganzes verkauft, und zwar, was bei allen Massenartikeln unvermeidlich ist, durch Wiederverkäufer. Auch dem Wiederverkäufer gegenüber kann nur ein einheitlicher Preis gestellt werden, und auf diesen bekommt der Wiederverkäufer einen ganz erheblichen Rabatt, der sicher nicht zu hoch angesetzt wird, wenn man ihn im Mittel auf 30 pCt. veranschlagt, d. h. also, der Wiederverkäufer hat auf die Preise, die er wirklich bezahlt, eine Gewinnmarge von $^3/_7$ oder von rund 43 pCt. des Wertes, der ihm berechnet wird. Und da in diesem Wert notwendig die Steuer mit drin steckt, so muß er auch an dem Steueraufschlag 43 pCt. verdienen, und wenn sein Rabatt, was gerade bei den nach vielen Millionen Exemplaren zählenden Erzeugnissen der Lichtindustrie nicht selten der Fall ist, mehr als 30 pCt. beträgt, so ergibt sich daraus ein noch höherer entsprechender Gewinnaufschlag auf den nominellen Betrag der Steuer. Dazu kommt ferner, daß Steuern, welche in der Fabrik oder beim Ausgang aus derselben erhoben werden, notwendig eine gewisse, unter Umständen nicht unbedeutende Verteuerung der Fabrikation herbeiführen, die der Natur der Sache nach gleichfalls auf den Konsumenten abgewälzt werden muß, wenn der Fabrikant bestehen will. Aus alledem ergibt sich, daß man, wenn man die Wirkung der Beleuchtungssteuer auf die Detailpreise der Leuchtkörper ins Auge fassen will, nicht mit den Nominalbeträgen, wie sie im Gesetze stehen, rechnen muß, sondern mit erheblich höheren Zahlen. Ich schätze, daß gerade die Steuern, die uns hier beschäftigen, dem Publikum wenigstens 150, wahrscheinlicher 170 pCt. ihres nominellen Betrages kosten werden. Nach den Sätzen des Entwurfes haben Sie also damit zu rechnen, daß die elektrische Glühlampe von 25 bis 60 Watt pro Stück um 30 bis 34 Pfg., und der Glühstrumpf für Gasbeleuchtung um 15 bis 17 Pfg. verteuert wird, wenn die Steuer durchgeht. Man könnte darauf aufmerksam machen, daß nach dem Gesagten ein Teil dieser Preiserhöhung nicht den Kassen des Staates, sondern denjenigen der Wiederverkäufer zugute kommt. Ich kann nur erwidern, das ist so, aber es ist nicht zu vermeiden; jeder erfahrene Kaufmann weiß, wie sehr der Erfolg eines Massenartikels davon abhängt, daß die Wiederverkäufer an demselben interessiert sind, und weiß auch, daß die Wiederverkäufer, wenn sie einem Artikel ihr Interesse zuwenden sollen, ihren bestimmten Prozentsatz vom Preise verlangen, ganz einerlei, wie dieser Preis zustande gekommen ist. Sie, meine Herren, werden also Ihren Erwägungen nicht die nominellen Steuersätze des Gesetzentwurfes, sondern wenigstens das 1½fache derselben zugrunde legen müssen.

Bleiben wir vorerst bei den G e l d f r a g e n stehen, so ist auf den Umstand hinzuweisen, daß in § 26 des Gesetzentwurfes die elektrischen Glühlampen ohne jede Rücksicht auf ihren Stückpreis einfach nach dem Wattverbrauch eingeteilt und besteuert sind. Wir haben aber bekanntlich, wenn wir uns hier nur an die gebräuchlichsten Typen halten, auf der einen Seite die alten Kohlenfadenlampen, auf der anderen Seite die Lampen mit Metallfäden; bei den ersteren bewegen sich die Preise in der Ordnung von 40 bis 50 Pfg. pro Stück, bei den letzteren zwischen 2 und 4 Mark. Dabei fallen ca. 96 Prozent dieser sämtlichen Lampen in die Klasse derjenigen, welche zwischen 25 und 60 Watt verbrauchen; sie zahlen also 20 Pfg. Steuer pro Stück, d. h. in einem Falle 10 oder weniger Prozent, im anderen bis zu 40 oder 50 Prozent vom Wert. Die Unterschiede in der Dauerhaftigkeit sind nicht groß genug, um diesen Unterschied zu rechtfertigen, noch weniger die Unterschiede in der Lichtstärke; denn die gewöhnlichen Kohlenlampen von 55 Watt, die den höchsten Prozentsatz an Steuer zu tragen haben, sind gleichzeitig die lichtschwächsten unter den hier betrachteten Lampen. Ein Mißverhältnis ist also unzweifelhaft vorhanden; doch mag allerdings geltend gemacht werden, daß dieses Mißverhältnis zugunsten des technischen Fortschrittes wirkt; denn es begünstigt direkt die teuersten und langlebigsten Lampen — gerade die teureren Lampen können sich aber nur dann auf dem Markt halten, wenn sie zugleich bezüglich des Stromverbrauches die sparsamsten sind. Außerdem dehnen sich neuerdings die Metallfadenlampen gerade wegen ihrer inhärenten fortschrittlichen Eigenschaften so gewaltig auf dem Markte aus, daß man wohl zu dem Glauben gelangt, sie werden in einer mäßigen Reihe von Jahren die Kohlenlampen verdrängen, wenn die letzteren nicht auch ihrerseits durch neue Erfindungen umgestaltet werden und in die Bahnen des ausgesprochensten Fortschrittes gelangen. Nach alledem kann man die hier erwähnte Diskrepanz zur Not unbetont lassen.

Weniger annehmbar, wenn auch nur auf kleinerem Gebiete wirksam, ist die Tatsache, daß der Gesetzentwurf auch die kleinsten Lämpchen mit einer Steuer belegt. Diese ganz kleinen Lampen zerfallen nämlich im wesentlichen in drei Sorten:

a) Lampen für die Spielzeugindustrie; diese müssen äußerst billig sein, und wo ich mich nach ihnen erkundigt habe, bin ich auf die übereinstimmende Ansicht gestoßen, dieser Zweig der Spielzeugindustrie würde überhaupt an der Besteuerung zugrunde gehen.

b) Kleine Lämpchen für ganz spezielle Zwecke, z. B. zum Ausleuchten von Geschossen und ähnlichen Hohlräumen oder zum Visieren bei Nacht; deren Zahl ist so gering, daß sie nichts Merkliches einbringen.

c) Endlich findet eine ziemlich große Anzahl von ganz kleinen Lämpchen Verwendung in den Fernsprechämtern, wo sie durch Aufleuchten Signale geben. Da diese schon am Reichsdienst tätig sind, hat es keinen Sinn, sie für das Reich noch zu besteuern.

Für die Lampen unter 10 oder 12 Watt wäre demnach auf alle Fälle Steuerfreiheit zu wünschen.

Es ist ferner die Frage zu erwägen, ob die Verteilung der Steuerquoten zwischen Gas und Elektrizität derart ist, daß sie weder die Elektrizität auf Kosten des Gases, noch umgekehrt begünstigt. Schon in der Kommissionssitzung wurde ein hierauf bezüglicher Punkt hervorgehoben und auch von mir besprochen. Ich habe mit anderen gesagt: Wenn ein Glühstrumpf mit 10 Pfg. besteuert wird, so ist es ungerecht, 1 Kilogramm Brennstifte für elektrische Bogenlampen mit 1 Mark Steuer zu belegen; denn die Funktionsstunde eines Glühstrumpfes kostet bei diesem Satz 1 dreißigstel Pfennig und weniger, die durchschnittliche Funktionsstunde der Brennstifte dagegen kostet 1 Pfennig an Steuer, ist also dem Glühstrumpf gegenüber viel zu stark belastet. Dieses summarische Argument bedarf einer Revision; man kann sich nämlich auf den Standpunkt stellen, das Reich wolle nicht die Funktionsstunde des Beleuchtungsmittels besteuern, sondern die mit Hilfe desselben hergestellte Lichtmenge; die Steuer müsse also nach Kerzenstunden bemessen werden. Nimmt man dies an, so stellt sich das Ergebnis allerdings wesentlich anders. Ich habe unter den Kohlenstiften einer großen Fabrik eine große Reihe von Sorten ausgewählt, die zusammen 99,3 Prozent von der gesamten Produktion der Fabrik darstellen, habe von jeder Sorte festgestellt, wie viel ein Kohlenpaar wiegt, wie lange es lebt, mit wie viel Normalkerzenstärken es leuchtet und welchen Prozentsatz des Gesamtverkaufs es ausmacht. Aus diesen Zahlen habe ich durch eine Rechnung, mit deren Einzelheiten ich Sie verschone, festgestellt, daß heutzutage 1 Kilogramm Bogenlampenkohlen im Durchschnitt 580 000 Normalkerzenstunden an Licht liefert. Dagegen liefert ein gewöhnlicher Glühstrumpf nach den nahe übereinstimmenden Schätzungen verschiedener Fabrikanten etwa 30 000 Brennstunden; das Kilogramm Kohle dient also zur Erzeugung von rund 20 mal so viel Licht, wie der Glühstrumpf. Man könnte daraus schließen, daß eine Mehrbelastung der Kohlen billig ist, doch sind daran zwei Bemerkungen zu knüpfen: Erstens die, daß die gewöhnlichen Bogenlampen, und namentlich auch diejenigen mit Effektkohlen, im allgemeinen als rohere und billigere Beleuchtungsmittel angesehen werden müssen, und daß sie ihre große Bedeutung gerade ihrer massiven Wirkung verdanken; es wäre sicherlich nicht richtig, eine große Bogen- oder auch eine Preßgas-Lampe von 1500 Kerzen, die als billige und gewaltige Fackel einen Fabrikhof erleuchtet, bezüglich der Steuer auf gleiche Linie zu setzen mit 60 Lampen à 25 Kerzen, die den Kronleuchter eines Prunksaales zieren. Es ist also offenbar nicht richtig, die Lichtproduktion allein als Maßstab für die Besteuerung anzulegen; es muß vielmehr ein wirklich gerechter Maßstab erst durch Kompromißüberlegungen gefunden werden. Ferner aber muß man sagen: Was den Bogenlichtkohlen recht ist, ist den Glühlampen billig. Will man überhaupt nach der Lichtleistung besteuern, so ist zu berücksichtigen, daß die gebräuchlichsten Glühstrümpfe (sie umfassen über 90 Prozent aller Strümpfe) 60 bis 100 Normalkerzen leisten, während die gebräuchlichsten elektrischen Glühlampen (es liegen gleichfalls etwa 96 Prozent zwischen 25 und 60 Watt) 16 bis 35 Kerzen haben. Soll also prinzipiell nach dem Licht bemessen werden, so müßte der Gasglühstrumpf wenigstens zweimal so stark besteuert werden wie die elektrische Glühlampe. Auch diese Forderung präsentiert sich sofort als abstoßend, wenn man bedenkt, daß der Preis eines Glühstrumpfes bis auf 11 Pfg. heruntergeht, aber ihre Nichtbeachtung macht sich doch auch wieder in einem Mißverhältnis geltend. Es ist dasjenige, welches der Generalsekretär des Verbandes Deutscher Elektrotechniker, Herr Dettmar, im letzten Heft der Elektrotechnischen Zeitschrift (Heft 4, Seite 74 vom 28. Januar 1909) ausgerechnet hat. Danach fallen, wenn man die im Regierungsentwurf angenommenen Erträgnisse richtig stellt, auf die Glühlampen 4, auf die Bogenlampen 6,7 und auf die Glühstrümpfe 4 Millionen Bruttoertrag der Steuer. Die Beleuchtungsmittel für Elektrizität bringen also 73 Prozent des gesamten Steuerertrages auf, die für Gas nur 27 Prozent, während sich für die elektrische Beleuchtung in Deutschland 1400, für die Gasbeleuchtung dagegen 1600 Millionen Kerzen errechnen. Die Elektrizität ist also relativ nahe dreimal so stark belastet wie das Gas.

Man kann sich nach alledem dem Gedanken nicht verschließen, daß die numerischen Rechnungen, welche den im Entwurf aufgestellten Steuersätzen zugrunde liegen, nicht richtig sind, daß sie eine unfreiwillige, aber starke Parteinahme zugunsten des Gases enthalten, und daß es durchaus keine leichte Aufgabe sein würde, die fragliche Verteilung so vorzunehmen, wie sie dem Interessenausgleich zwischen Gas und Elektrizität entspricht, ohne neue, zum Teil schreiende Härten einzuführen.

So viel über die Geldseite der Belastung; ich wende mich nun zur steuertechnischen, und zwar speziell zu der in den §§ 27 bis 40 des Gesetzentwurfes vorgesehenen S t e u e r a u f s i c h t. Von allen Seiten ist schon laut geworden, daß diese Aufsicht seitens der Produzenten und der Händler noch weit mehr gefürchtet wird, als die geldliche Seite der Frage. Wollte ich alles Material, welches sich hier darbietet, behandeln, so würde ich Ihre Aufmerksamkeit ungebührlich lange in Anspruch nehmen müssen; ich lasse daher manches beiseite. Ich übergehe die Befürchtungen wegen Verletzung des Fabrikgeheimnisses, die hier und da ausgesprochen worden sind, ich lasse Quecksilberdampflampen und überhaupt alle die kommerziell weniger bedeutsamen Lichtmittel beiseite und beschränke mich auf elektrische Glühlampen, Bogenlichtkohlen und Gasglühstrümpfe. Dann hätte ich eigentlich über diese noch drei verschiedene Vorträge zu halten, da sie sich untereinander verschieden verhalten, doch kann ich die beiden ersten Artikel, elektrische Glühlampen und Bogenlichtkohlen kürzer abmachen, und zwar durch den Satz: Wenn das Gesetz sich nur mit diesen beiden Gegenständen beschäftigte, so würde sich mit einem kühnen Schnitt durch die Zöpfe einer ehrwürdigen Routine wahrscheinlich die Steueraufsicht ganz vermeiden lassen. Das Reich soll sich einfach auf die Bücher der Fabriken verlassen und aus diesen die für seinen Zollaufschlag erforderlichen Daten entnehmen. Daß das möglich wäre, wird zwar kein erfahrener Zollmann zugeben; aber man hat es beispielsweise auch viele, viele Jahre lang für durchaus erforderlich gehalten, daß Deutschland und Frankreich ihre Einnahmen aus den Briefen, welche über die gegenseitige Grenze gingen, in extenso miteinander verrechneten; erst Stephan sprach den einfachen Satz aus: es gehen im Durchschnitt ebenso viel Briefe von Frankreich nach Deutschland, wie von Deutschland nach Frankreich, der Unterschied ist die Kosten der Verrechnung nicht wert, also verzichten wir auf die Verrechnung, jedes Land behält seine Einnahmen und wir sparen die Kosten des Bureaus. Der Vorschlag wurde angenommen, und es ging auch so. Aehnlich sieht es bei den elektrischen Leuchtmitteln aus, und zwar deshalb, weil dieselben mit Vorteil nur in Fabriken von einer gewissen Größe erzeugt werden können. Bei einer Fabrik von elektrischen Glühlampen ist der Aufwand an Apparatur bedeutend, bei einer Fabrik von Lichtkohlen sind die Kosten eines Ofens eine Sache von Hunderttausenden; beide Arten von Fabriken können also nur in einem Maßstab angelegt werden, daß man sicher ist, sie arbeiten mit einer korrekten geschäftlichen Buchführung, und da glaube ich, wenn der Reichsfiskus sich auf diese Buchführung verließe, so würde er vielleicht 2 Prozent von den ihm zukommenden Einnahmen durch kleine, nicht gleich übersehrbare Nebenkanäle verlieren; aber wenn er die Steueraufsicht vollständig durchführen wollte, so würde ihn die wenigstens 20 Prozent kosten, ganz besonders bei den Bogenlichtkohlen. Hier existiert nämlich eine unglaublich große Anzahl von Sorten, zwischen 5000 bis 6000, die alle einzeln kontrolliert, abgewogen und banderoliert werden müßten. Dazu kommt das Bedürfnis außerordentlich schneller Expedition; z. B. eine Fabrik versendet im Winter über 400 000 Stifte täglich, welches einen ganz unglaublich hohen und lästigen Aufwand an Aufsichtspersonal erforderlich machen würde. Ueber die Behandlung von Ausschuß, Retouren und indirekt exportierten Gegenständen würden wohl praktische Vereinbarungen zu treffen sein.

Ich gehe auf die Ausmalung der vorstehenden Skizze nicht weiter ein. Die Vervollständigung des Bildes hat nämlich keinen Zweck, weil es auf die Glühstrümpfe nicht anwendbar und deswegen überhaupt nicht durchführbar ist. Es kommen dabei hauptsächlich folgende Eigenschaften in Betracht, durch welche die Gasglühstrümpfe sich von den elektrischen Beleuchtungsmitteln unterscheiden:

a) die Existenz sehr zahlreicher kleiner Fabriken,

b) die Versendung in unfertigem Zustand.

Die Grenze, von der ab eine Fabrik als mäßig klein oder klein zu bezeichnen wäre, läßt sich natürlich nicht ohne Willkür feststellen. Die ganz großen Fabriken sind geneigt, schon diejenigen für klein zu erklären, die jährlich 1 Million oder weniger Strümpfe erzeugen. Legt man diesen Maßstab an, so werden nach eingezogenen Erkundigungen etwa 30 Millionen Glühstrümpfe in Deutschland von kleinen Fabrikanten hergestellt. Für unsere Zwecke wird es wohl richtiger sein, die Grenze erheblich tiefer zu legen und nur solche Fabrikanten als klein zu bezeichnen, die eine Art von Hausindustrie betreiben und täglich weniger als 1000 oder gar 500 Strümpfe anfertigen. Es liegt mir natürlich fern, gegen Produzenten dieser Art irgendwie etwas Nachteiliges aussagen zu wollen, aber man wird doch wohl nicht fehlgehen, wenn man annimmt, daß das Reich sich im allgemeinen auf die vollkommene Genauigkeit ihrer Rechnungsführung nicht verlassen wird.

Weiter ist es eine bekannte Sache, daß ein sehr großer Teil der Glühstrümpfe im halbfertigen Zustande die Fabrik verläßt und erst von den Installateuren und vom Personal der Gasanstalten durch Abbrennen fertiggemacht wird. Es liegt mir fern, etwas gegen die Installateure sagen zu wollen, aber ich halte es auch für unwahrscheinlich, daß das Reich sich auf die Bücher eines kleinen Klempners verlassen kann, der irgendwo Glühstrümpfe aufsetzt. Auf diesem Gebiete der Klein-Herstellung und der Detail-Verwendung sind so vielerlei Hinterziehungen möglich, daß es auf der Hand liegt, das Reich kann hier nicht auf Kontrolle verzichten.

Es ist aber auch, und darin liegt die größte Schwierigkeit für den

Gesetzentwurf, nicht abzusehen, wie eine solche Kontrolle rationell und ohne das Geschäft zu ersticken geübt werden soll. Die Schwierigkeiten der Erhebungsform sind in der Denkschrift der Vereinigung der Glühstrumpffabrikanten eingehend hervorgehoben, so daß ich mich hier kurz darauf beschränken kann, sie zu reproduzieren.

Da ist erstens die obenerwähnte Versendung der Halb-Fabrikate. Nach Angabe einer großen Fabrik werden 70 pCt. der Strümpfe als flache, nicht abgebrannte Gewebe versandt, etwa 30 pCt. dagegen werden abgebrannt, zur Erhöhung der Haltbarkeit mit Schellack getränkt und dann in Hülsen verschickt. Bei den letzteren weiß man, was als Erzeugungsstätte anzusehen ist und wann der Strumpf aus der Erzeugungsstätte entfernt wird. Wo aber ist bei den halbfertigen Strümpfen die im Gesetz erwähnte „Erzeugungsstätte"? Betrachtet man auch den halbfertigen Strumpf als Erzeugnis und versteuert ihn in der Fabrik, so ist zu bedenken, daß ein erheblicher Prozentsatz der halbfertig versandten Strümpfe bei der Weiterbehandlung zu Schaden kommt und nicht dazu gelangt, als wirklicher Leuchtkörper zu dienen. Dieser Ausschuß schwankt nach Angabe mehrerer Glühstrumpffabriken um 10 pCt. und ist im allgemeinen um so größer, je kleiner der Fabrikant ist, denn seine Mittel sind um so unvollkommener. Dem Installateur, dem Abnehmer überhaupt, kann aber unmöglich zugemutet werden, daß er eine Ware ohne Kontrolle annimmt, die einen ganz erheblichen und variablen Prozentsatz an Ausschuß enthält. Es ist also heutzutage durchaus gebräuchlich, daß Installateure, Zwischenhändler usw. die an sie gelangenden Glühstrumpfsendungen öffnen, untersuchen und nach Befinden sofort Reklamationen an die Fabrik senden. Dies würde aber unmöglich gemacht, wenn die Strümpfe in der Fabrik besteuert werden; denn sie sind ja dann banderoliert, und die Pakete dürfen nach dem Gesetz nur für die direkte Verwendung im Konsum geöffnet werden. Das Verfahren des Gesetzes macht also die Nachprüfung durch den Käufer unmöglich.

Man würde also wohl auf den Ausweg hingewiesen, nur die ganz fertigen abgebrannten Strümpfe als fertiges Erzeugnis anzusehen; dann muß man aber alle die Stellen, wo die Strümpfe abgebrannt werden, als Erzeugungsstätten ansehen, und vor der Kontrolle dieser sämtlichen Stellen dürfte wohl den gewiegtesten Steuerbeamten ein gelindes Grauen überlaufen. Wo bleibt dann die vollständig geschlossene Verpackung des § 30? Wie kompliziert sich die ganze Vorschrift in dem sehr häufigen Falle, daß die unfertigen Strümpfe von Grossisten gekauft und dann unfertig oder auch abgebrannt ins Ausland exportiert werden? Wie verträgt sich überhaupt die Vorschrift, daß die vorschriftsmäßige Verpackung vor dem Eintritt der Steuerpflichtigkeit zu erfolgen hat, mit der Tatsache, daß das Abbrennen, also die Vollendung der Herstellung, erst erfolgen kann, nachdem der Strumpf aus der Verpackung entnommen ist?

Man sieht, die Schwierigkeiten werden um so bedenklicher, je mehr man sich in die Ausführungsmöglichkeiten vertieft, und wir müssen den Glühstrumpffabrikanten recht geben, wenn sie zu dem Schluß kommen: Die Besteuerung der Glühstrümpfe ist in der im Gesetz vorgeschlagenen Form überhaupt nicht möglich, weil diese Form in Widerspruch mit sich selbst und mit den Tatsachen der Fabrikation steht; es ist nicht abzusehen, wie man diese Widersprüche fortschaffen soll, und selbst wenn es gelänge, würde die Glühstrumpfindustrie außerordentlich unter derselben leiden.

Da ist nun die Frage aufzuwerfen, ob das Ergebnis der Steuer auf Beleuchtungskörper groß und wertvoll genug ist, um so gewaltige Bedenken zu überwinden. Daß die im Regierungsentwurf aufgestellten Schätzungen zu hoch gegriffen sind, wird jetzt wohl schon von allen Seiten zugegeben. Die Regierung schätzt den jährlichen Verbrauch an elektrischen Glühlampen in Deutschland auf 30 Millionen Stück; die Techniker geben höchstens 20 Millionen zu; ich selbst halte die Zahl von 20 Millionen für ziemlich richtig, während befreundete angesehene Glühlampentechniker nur 18 Millionen schätzen.

Die Kohlenstifte werden von der Regierung zu 7 Millionen Kilogramm angenommen, von den Technikern zu 6,7. Hier kann man also, um vorsichtig zu sein, die im Regierungsentwurf gegebene Zahl akzeptieren. Die Glühstrümpfe sind in der Begründung auf 100 Millionen Stück geschätzt, die Glühstrumpffabriken schätzen den Konsum in Deutschland auf höchstens 35 Millionen, und eine Berechnung auf Grund des deutschen Gasverbrauches läßt ersehen, daß ihrer sicher nicht mehr als 40 Millionen sind. Die gesamte Steuer bringt sonach, wenn sämtliche Glühlampen einfach zu 20 Pfg. gerechnet werden,

aus Glühlampen	4 Millionen Mark
aus Kohlenstiften	7 Millionen Mark
aus Glühstrümpfen höchstens	4 Millionen Mark
zusammen also	15 Millionen Mark,

wobei noch zu bedenken ist, daß der Steuersatz für die Kohlenstifte wahrscheinlich vermindert werden müßte.

Von diesen 15 Millionen würden zunächst die Kosten für die Beitreibung der Steuer abgehen. Angesichts der oben kurz angedeuteten ungeheuren Schwierigkeiten, welche die Aufsicht darbietet, sind diese Kosten recht hoch anzusetzen; 3 Millionen Mark dürften kaum zu viel sein. Nun kommt ferner hinzu, daß ein erheblicher Teil der Beleuchtungskörper von Reichs- und Staatsbehörden konsumiert wird, so daß die Besteuerung derselben illusorisch ist. Nach übereinstimmenden Angaben der verschiedensten Fabriken konsumieren z. B. das Reich und die Staaten ziemlich genau 20 Prozent aller derjenigen Bogenlichtkohlen, die überhaupt in Deutschland konsumiert werden; für Glühstrümpfe habe ich die Zahlen nicht ganz so sicher, aber 10 Prozent ist das Minimum, was angegeben wird. Demnach würden von dem obigen Steuereinkommen noch 1,8 Millionen Mark als illusorisch in Abzug zu bringen sein, und es blieben im ganzen nur zwischen 10 und 11 Millionen übrig.

Meine Herren, zum Schlusse habe ich Sie hinzuweisen auf die Resolution der Kommission, welche sich auf den Standpunkt des Verbrauchers beschränkt und sich von diesem Standpunkt aus — wenn auch mit Bedauern — für die Besteuerung der Beleuchtungskörper ausgesprochen hat. Ich habe Ihnen ferner mitzuteilen, daß ein geachtetes Mitglied des Centralverbandes, Herr Dr. Goldschmidt aus Essen, sich schriftlich an das Direktorium des Centralverbandes gewendet und diesem eine Reihe von Erwägungen vorgelegt hat, die seiner Ansicht nach für die Steuer auf Beleuchtungskörper sprechen. Die Argumente des Herrn Dr. Goldschmidt drehen sich aber ausschließlich um die Frage der Geldbelastung und nicht um die Argumente, welche im vorstehenden besonders betont wurden. Ich glaube demgegenüber mehr Nachdruck auf die Tatsachen legen zu sollen, welche aus dem von mir Gesagten am stärksten hervortreten: Die ganze Steuer bringt höchstens 10 bis 11 Millionen Mark ein; dafür muß das konsumierende deutsche Publikum, wenn man Eintreibungskosten, illusorische Steuern und die im Eingang erwähnten Prozente der Wiederverkäufer mitrechnet, über 22 Millionen zahlen, blühende Industrien werden einer sehr bedenklichen Gêne ausgesetzt, die durch Schwierigkeiten und Kosten unsere Stellung auf dem Weltmarkte in Gefahr bringt, und es ist schließlich überhaupt noch nicht abzusehen, ob und wie der Gesetzentwurf steuertechnisch mit den elementarsten Bedürfnissen dieser Industrien in Einklang gebracht werden kann.

Meine Herren! Als Vertreter der Kommission muß ich namens derselben die Annahme der Steuer auf Beleuchtungskörper beantragen; Sie sehen aber selbst, daß die nähere Untersuchung der Angelegenheit zu Schlüssen führt, die dem Kommissionsantrag durchaus widersprechen.

Vorsitzender: Ich gebe das Wort jetzt Herrn Generalsekretär **Bueck**.

Dritter Berichterstatter Generalsekretär **H. A. Bueck**-Berlin: Meine Herren, mir ist der Auftrag erteilt worden, diese Frage vom wirtschaftlichen Standpunkte aus zu beleuchten. Das ist meiner Ansicht nach schon in genügendem Maße namentlich durch den ersten Herrn Referenten geschehen. Ich verzichte also darauf. Ich bitte Sie nur um die Erlaubnis, ganz wenige Worte noch über die Stellung des Centralverbandes zu der Reichsfinanzreform im allgemeinen sagen zu dürfen und besonders zu dieser letzten Steuer, weil ich glaube, daß das zum Schluß für die Aufnahme in unseren Verhandlungen erforderlich ist.

Der erste Herr Referent hat auf die Worte des Herrn Finanzministers hingewiesen, daß eigentlich keiner zahlen will. Meine Herren, der Herr Finanzminister hat recht. Ueberall, wo die Steuer hingreifen will, heißt es: Jawohl, Geld muß beschafft werden, aber nur nicht von mir; ich kann es nicht zahlen, nehmt es von dem anderen. Meine Herren, diese Behandlung der Steuerreform ist eine der traurigsten Erscheinungen, die in unserer deutschen Geschichte überhaupt hervorgetreten sind.

Nun, meine Herren, der Centralverband wäre in der Lage gewesen, sich in den Industrien, die von den Verbrauchssteuern und von den anderen Steuern getroffen werden, viele gute Freunde zu erwerben, wenn er es so gemacht hätte, wie es wohl andere machen, sich entweder auch gegen die Steuern ausgesprochen oder sich um das Votum herumgedrückt oder undeutliche Erklärungen abgegeben hätte (sehr richtig!), die s o ausgelegt werden können oder auch a n d e r s. Dann hätte er vielleicht diese Industrien alle zu seinen Freunden machen können. Daß er sich in der letzten Delegiertenversammlung durch die angenommenen Erklärungen im Prinzip für die Steuern ausgesprochen hat unter besonderer Hervorhebung dessen, daß sie so eingerichtet werden müssen, daß sie auf die Verbraucher, nicht auf den Fabrikanten fallen, hat ihm schwere Angriffe, Verdächtigungen von allen Seiten zugezogen, die sich auch im wesentlichen gegen meine Person gerichtet haben, weil ich nun gerade der Referent war.

Meine Herren, was die Erhöhung der Brausteuer anbetrifft, so stehen wir ja in allen diesen Verbrauchssteuern, wie ich es mir erlaubt habe ziffernmäßig zu beweisen, weit hinter allen anderen Staaten zurück, die solche Abgaben erheben, und wir werden noch weit hinter ihnen zurückstehen, auch wenn die Anträge der Verbündeten Regierungen in vollem Maße angenommen werden sollten. Vom Bayerischen Industriellen-Verband, der nach Lage seiner inneren Verhältnisse durchaus nicht anders konnte, war hinsichtlich der Brausteuer ein Protest gegen den Beschluß des Centralverbandes eingegangen. Ich hielt es für meine Pflicht, hinzufahren und in der Generalversammlung des Verbandes Auge in Auge mit den Vertretern der großen Brauereien dort den Standpunkt des Centralverbandes klarzulegen, und ich hatte gehofft, daß das eigentlich anerkannt werden würde. Da wird nun hier in einer Bierzeitung — nicht im Sinne des studentischen Kommerses, sondern im Sinne einer Vertretung der Bierindustrie — eigentlich mit klaren Worten gesagt: daß der Bueck noch die Frechheit gehabt hat, dahin zu fahren (Heiterkeit), und daß er da nicht hinausgeworfen worden ist, ist doch eigentlich ein Wunder.

Meine Herren, also so ist es dem Centralverband mit seinem Votum gegangen. Aber, meine Herren, ich glaube doch, der Centralverband, der in seinem jetzt 33jährigen Bestehen sich immer bemüht hat, objektiv zu handeln, keinem zu Leide und keinem zu Liebe, und der bei seinen Beschlüssen immer das allgemeine Wohl und das Wohl des Vaterlandes an die Spitze gestellt hat, konnte auch in diesem Falle nicht anders handeln (Beifall), und wenn er Böses dadurch erfahren hat, so wird er sich trotzdem auch in Zukunft von diesem Wege nicht abdrängen lassen. Er mußte so handeln.

Was nun die hier in Rede stehende Steuer betrifft, so haben diejenigen Herren, die die betreffende Delegiertenversammlung mitgemacht haben, wohl den Eindruck gewonnen, daß das Streben ihres Direktoriums und der Anträge, die ich in dessen Auftrage zu stellen hatte, dahin ging, den Centralverband davor zu bewahren, daß er, ich möchte sagen, in leichtfertiger Weise, weil die Vorlage damals noch nicht bekannt war, sich für oder gegen sie aussprach. Der Centralverband hat eine Kommission eingesetzt, und, meine Herren, ich wiederhole hier, daß diese Kommission mit äußerster Sorgfalt vorbereitet war. Es waren die größeren Verbände im ganzen deutschen Vaterlande, die zum Centralverbande gehören, schon vorher aufgefordert worden, Sachverständige zu benennen, und ich glaube, meine Herren, eine Kommission, in der eine solche Sachkenntnis des Gegenstandes, über den sie zu beraten hatte, vorhanden war, wie in der Kommission des Centralverbandes, hat vielleicht noch niemals getagt, und Sie werden aus den Verhandlungen, die Ihnen allen zugegangen sind, ersehen haben, daß sie pflichtgemäß und gewissenhaft gearbeitet hat. (Bravo!)

Es hat sich da herausgestellt, wie Sie aus den Referaten sehen, daß mit einem Worte die Erhebung der Steuer von Gas und Elektrizität als Kraft gewissermaßen undurchführbar ist. Ja, wenn solch ein Votum dem Centralverbande vorliegt, dann ist er nicht nur berechtigt, sondern er ist verpflichtet, seine Entscheidung auch in diesem Sinne abzugeben; er kann weder bei der Regierung, noch bei denjenigen, die unter jeden Umständen die Steuerreform auch mit Hilfe der Elektrizitätssteuer durchführen wollen, Anstoß erregen, wenn er nun heute — auf die heutige Versammlung war das aufgespart — seine Entschließung gegen diese Steuer trifft.

Meine Herren, Sie haben von dem letzten Herrn Referenten gehört, daß auch die Besteuerung der Beleuchtungskörper außerordentliche Bedenken hervorruft. Trotzdem möchte ich Sie bitten, die Resolution, die sich unter sehr großen Kautelen dafür ausspricht, anzunehmen; denn einmal sprechen wir uns nur vom Standpunkt der Verbraucher aus, und, meine Herren, wir müssen es von diesem Standpunkt aus der betreffenden Industrie, die von der Steuer hauptsächlich betroffen wird, überlassen, die gewichtigen Gründe, die wir hier gehört haben, bei den Gesetzgebern zur Geltung zu bringen.

Meine Herren, der erste und der zweite Herr Referent haben hervorgehoben, daß die Industrie nicht diese Steuer abweist, weil sie nicht Steuern zahlen will. Der Vertreter eines unserer größten Werke sagte bei der Beratung der Steuer für die Leuchtkörper: ja, wir brauchen 48 000 Kilo Kerzen im Jahre. Das macht nach dem Steuersatz der Vorlage 48 000 Mark, die wir zahlen müssen, und die wollen wir gern zahlen. Das Reich braucht Geld, und wir sind bereit, sie zu zahlen. Und so denkt die ganze im Centralverband vertretene Industrie.

Also, meine Herren, wir werden mit gutem Gewissen die beiden ersten Steuern ablehnen können und ich bitte Sie, bezüglich der dritten, der Besteuerung der Beleuchtungskörper, bei unserem Beschluß zu bleiben. Wir zeigen damit, daß die Industrie bereit ist, auch Lasten zu übernehmen. Wir sprechen aber damit aus, daß wir die Gegengründe der anderen, die davon betroffen werden, hier zu widerlegen uns nicht für berufen erachten, sondern daß wir das jenen überlassen müssen.

Meine Herren, diese Stellungnahme des Centralverbandes glaube ich, ist im ganzen, wie ich sie dargelegt habe, richtig, und sie wird auch, glaube ich, von der großen Mehrheit der Industrie als richtig anerkannt werden, wenn auch unsere lieben Freunde, die wir hier und da sitzen haben, sich die größte Mühe geben, diese unsere Stellung gegen uns im höchsten Maße auszubeuten. (Beifall.)

Vorsitzender: Meine Herren, ich eröffne nun die Diskussion.

Syndikus Dr. **Fasolt**-Berlin: Meine sehr geehrten Herren! Nur ganz wenige Worte!

Die Sachverständigen-Kommission des Centralverbandes hat die

Frage der Besteuerung der Beleuchtungsmittel ausschließlich vom Standpunkte der Verbraucher aus beurteilt, und von diesem Standpunkt aus kann ich den Wortlaut der Resolution, die die Kommission gefaßt hat, nur als zutreffend anerkennen. Aber andererseits hat auch Herr Bueck jetzt ausgeführt, daß die Kommission zu ihrem ablehnenden Standpunkt hinsichtlich der Energiebesteuerung aus der Ueberzeugung heraus gekommen ist, daß die Steuer sich gar nicht durchführen lassen würde.

Meine Herren, ich glaube, das Referat des Herrn Professor Budde wird Sie überzeugt haben, daß die Steuer auf Beleuchtungsmittel sich ebenfalls nicht durchführen läßt, und zwar einerseits, weil gar keine Möglichkeit vorhanden ist, die Steuersätze so zu zergliedern, daß eine gerechte Besteuerung stattfindet, und zweitens, weil die Kontrolle bei den meisten Beleuchtungsmitteln absolut undurchführbar ist.

Dann, meine Herren, kann der Centralverband doch nicht umhin, Steuerprojekte auch vom allgemeinen volkswirtschaftlichen Standpunkte, von der höheren Warte aus zu beurteilen, und da kommt in Betracht, daß der Ertrag der Beleuchtungsmittelsteuer absolut gering ist. Herr Professor Budde hat ihn — und ich stimme in dieser Beziehung mit seinen Rechnungen vollkommen überein — auf 10 bis 11 Millionen veranschlagt. Rechnen Sie noch den Betrag ab, den Staatsverwaltungen und auch Kommunalverwaltungen an das Reich abführen müssen, dann kommen Sie vielleicht auf einen Betrag von 8 bis 9 Millionen Mark, meine Herren, und dieser Steuerertrag steht doch in gar keinem Verhältnis zu den vielen Schwierigkeiten, die der die Beleuchtungsmittel erzeugenden Industrie und vor allen Dingen auch den Wiederverkäufern bereitet werden.

Ich glaube, der Centralverband würde seinen Prinzipien nicht untreu werden, wenn er auf Grund der technischen Unmöglichkeit der Durchführung der Steuer auf Beleuchtungskörper und der Geringfügigkeit ihres Ertrages zu einem ablehnenden Votum kommen würde.

Gestatten Sie, daß ich Ihnen einen Vorschlag unterbreite hinsichtlich des Wortlautes des letzten Absatzes. Ich würde vorschlagen, diesen folgendermaßen zu fassen:

„In der Frage einer Besteuerung der Beleuchtungsmittel für elektrische und Gasbeleuchtung ist die Delegiertenversammlung der Ansicht, daß zwar vom Standpunkt der verbrauchenden Industrie kein erheblicher Widerspruch gegen eine Besteuerung der Beleuchtungsmittel zu erheben sein würde, daß aber der Ertrag einer derartigen Steuer in keinem Verhältnis zu den schädlichen Einwirkungen stehen würde, die sie auf einzelne Fabrikationszweige der elektrotechnischen Industrie ausüben muß. Die Delegiertenversammlung kann daher auch eine Besteuerung der Beleuchtungsmittel nicht empfehlen."

Meine Herren, ich glaube, wenn Sie diesen Wortlaut annehmen, kann Ihnen niemand den Vorwurf machen, als ob Sie vom Standpunkt des Verbrauchers aus die Steuer abgelehnt hätten.

Geheimer Regierungsrat **Weber**, Kommissar des Reichsschatzamtes, Berlin: Meine Herren, ich möchte nur zwei von den vorgebrachten Argumenten kurz beleuchten, die meines Erachtens nicht stichhaltig sind: erstens die Behauptung, daß die Beleuchtungsmittelsteuer weniger Ertrag gebe, als veranschlagt ist. Gewiß sind die Schätzungen der Regierung nichts anderes als Schätzungen; aber die Gegenrechnungen beruhen ebenfalls auf unsicheren Grundlagen. Kontrollierbare Angaben sind von den Fabrikanten, die dazu in der Lage wären, nicht gemacht worden. Zweitens wird wiederholt gesagt, man müsse vom Ertrage der Steuer das abrechnen, was von seiten der Einzelstaaten und der Gemeinden aufgebracht wird. Meine Herren, das ist meines Erachtens ein prinzipiell verfehltes Argument. Es erhebt ja zum Beispiel auch der Staat eine Einkommensteuer vom Gehalte seiner Beamten, und es erhebt ferner das Reich von den Einzelstaaten Matrikularbeiträge, und man spricht jetzt vielfach davon, die Matrikularbeiträge zu veredeln, das heißt, sie nicht mehr nach der Kopfzahl, sondern nach der Leistungsfähigkeit zu erheben. Wenn also das Reich von einem Erwerbsbetriebe eines Einzelstaates, sagen wir von einer staatlichen Eisenbahn, nach Maßgabe ihres Umfanges eine Lichtsteuer erhebt, so würde das nichts anderes sein, als eine Art veredelter Matrikularbeitrag.

Es ist demnach nicht richtig, daß man solche Beträge von der Steuer wieder abzieht, unter dem Vorwande, es würde das Geld bloß von einer Tasche in die andere gesteckt.

Einige weitere gegen die Elektrizitäts- und Gassteuer vorgebrachte Argumente habe ich in einer Zuschrift an die Elektrotechnische Zeitschrift besprochen.

Landtagsabgeordneter Dr. **Beumer**-Düsseldorf: Meine Herren, ich habe doch Bedenken, daß das Amendement, das uns soeben von Herrn Dr. Fasolt hier vorgeschlagen worden ist, von dieser bis auf wenige Herren zusammengeschmolzenen Versammlung etwa angenommen wird. Davor möchte ich dringend warnen, und zwar aus dem einfachen Grunde, weil wir ja von dem Herrn Generalsekretär Bueck gehört haben, wie außerordentlich eingehend in der Kommission gearbeitet worden ist. Grade auf Grund dieses Kommissionsberichtes aber hat heute morgen die Ausschußsitzung einstimmig die Resolution, wie sie vom Direktorium eingebracht worden ist, gutgeheißen.

Nun hat ja allerdings — das muß ich für mich persönlich auch sagen — das Referat des Herrn Professor Budde, das wir heute früh noch nicht kannten und nicht kennen konnten, Momente zutage gebracht, die bezweifeln lassen, daß sich die Steuer so durchführen lassen wird, wie der Regierungsentwurf es wünscht. Aber ich nehme doch an, daß die ganzen Verhandlungen hier und damit auch das Referat des Herrn Professor Budde sowohl den Verbündeten Regierungen als auch dem Reichstage durch den Centralverband zugesandt werden. Ich meine also, die Beleuchtungskörperindustrie könnte sich damit begnügen, daß die sämtlichen Bedenken, wie sie das Referat des Herrn Professor Budde dargelegt hat, dem Reichstage und den Verbündeten Regierungen mitgeteilt werden, und könnte doch zu gleicher Zeit die Direktorial-Anträge annehmen; denn davon, meine Herren, bin ich überzeugt, daß, wenn die Frage der Gas- und Elektrizitätssteuer etwa an zweiter Stelle heute morgen auf der Tagesordnung gestanden hätte, die Mehrheit der Versammlung sich für den Antrag des Direktoriums ausgesprochen haben würde. (Sehr richtig!)

Ich möchte Sie also meinerseits bitten, trotz der geäußerten Bedenken und unter Berücksichtigung des Umstandes, daß das Referat des Herrn Professor Budde ja an zuständiger Stelle zur Kenntnis gebracht wird, doch die Anträge des Direktoriums anzunehmen.

Vorsitzender: Es meldet sich niemand mehr zum Wort. Ich schließe dann die Diskussion und frage die Herren Referenten, ob sie noch das Schlußwort wünschen.

Erster Berichterstatter Rechtsanwalt **W. Meyer**-Hannover: Ich verzichte.

Zweiter Berichterstatter Ingenieur **Fellinger**-Berlin: Ich möchte nur noch mit einem Wort erwidern, daß, wenn die Mitteilungen des Herrn Vertreters des Reichsschatzamtes bezüglich der vom Reich und den Bundesstaaten verwendeten Beleuchtungskörper etwa als zutreffend angenommen werden sollten — ich habe jetzt nicht die Zeit, ausführlich hierauf einzugehen — es sich dabei doch immer nach den Annahmen des Herrn Professor Budde nur um 1,8 Millionen handelt, so daß also der Gesamtertrag der Steuer 12 bis 13 Millionen betragen würde. Es sind danach die wesentlichsten Bedenken, die von Herrn Professor Budde vorgebracht worden sind, hierdurch tatsächlich nicht widerlegt. Ich glaube daher, trotz dem Gesagten entschieden dem Amendement des Herrn Dr. Fasolt beipflichten zu müssen.

Vorsitzender: Meine Herren, es liegen uns also zwei Anträge vor: der Antrag des Direktoriums, daß der Centralverband mit dem Antrage übereinstimmt, den die Kommission zur weiteren Beratung dem Direktorium unterbreitet hat, und der Antrag des Herrn Dr. Fasolt, der eine Abänderung des letzten Absatzes des Antrages des Direktoriums bezweckt.

Ich möchte mir die Frage an Herrn Dr. Fasolt gestatten, ob Sie gegenüber den Ausführungen des Herrn Dr. Beumer vielleicht Ihren Antrag jetzt im letzten Augenblick noch zurückziehen wollen.

Syndikus Dr. **Fasolt**-Berlin: Ich verzichte auf die Abstimmung darüber. Aber es würde mir doch ganz angenehm sein, wenn er vielleicht in dem Bericht aufgenommen würde. (Generalsekretär Bueck-Berlin: Natürlich, das ist doch selbstverständlich!)

Vorsitzender: Ich würde dann also nur den Antrag des Direktoriums zur Abstimmung bringen und bitte diejenigen Herren, welche als Delegierte zum Centralverband stimmberechtigt sind, und die für den Antrag stimmen, sich zu erheben. (Geschieht.) Ich werde die Gegenprobe machen und bitte diejenigen Herren, welche stimmberechtigt sind und gegen den Antrag des Direktoriums sind, sich zu erheben. (Es erhebt sich niemand.) Der Antrag ist also einstimmig angenommen. (S. S. 134.)

Meine Herren, wir sind nun am Ende unserer Verhandlungen. Ich danke den Herren, die hier bis zuletzt ausgehalten haben, sehr für ihre Ausdauer und habe mich nun noch einer angenehmen Pflicht zu entledigen, indem ich vor allen Dingen namens der Delegiertenversammlung herzlichen Dank ausspreche den Herren Referenten (Beifall), die sich der Mühe unterzogen haben, heute in diesen wichtigen Angelegenheiten die Berichte zu erstatten. (Beifall.) Ich habe gemeint, den Ausspruch dieses Dankes an den Schluß unserer Tagung stellen zu sollen, weil ich der Auffassung war, daß bei der Menge von Gegenständen und der großen Zahl von Referenten es zweckmäßig war, diesen Dank zusammenzufassen.

Des weiteren möchte ich den Dank der Versammlung auch den Herren Vertretern der Regierung aussprechen, die hier lange ausgehalten haben, und von denen wir jetzt zum Schluß ja auch noch den Herrn Geheimrat Weber unter uns sehen. Die anderen Herren haben sich etwas früher entfernt, nachdem sie mir mitgeteilt hatten, daß sie durch Berufsgeschäfte verhindert wären, bis zum Schluß an der Verhandlung teilzunehmen.

Geheimer Baurat **Schrey**-Danzig: Meine Herren, wir haben heute unsere Tagung damit eingeleitet, daß wir ein Dankesvotum an Herrn v. Vopelius gerichtet haben, der bisher den Vorsitz im Centralverbande mit so großem Geschick geführt hat. Gestatten Sie mir als einem Gast des Centralverbandes, daß ich der großen Genugtuung Ausdruck gebe über die Art und Weise, wie Ihr neuer Vorsitzender heute die Verhandlungen des Centralverbandes geleitet hat. (Beifall.) Ich bin überzeugt, meine Herren, daß ich in Ihrer aller Namen handle, wenn ich an dieser Stelle für die überaus geschickte, trotz vorhergegangener anstrengender Sitzungen so frische und tadellose Leitung der heutigen Verhandlungen dem Herrn Vorsitzenden den allerverbindlichsten Dank ausspreche. (Lebhafter Beifall.)

Vorsitzender: Meine Herren, ich bin Ihnen sehr dankbar für dieses freundliche Vertrauensvotum und insbesondere dem Herrn Geheimrat Schrey, der als Gast Gelegenheit genommen hat, Sie zu demselben aufzufordern, und ich hoffe, daß es mir gelingen wird — ich werde mich wenigstens bemühen —, nach dieser Richtung auch in Zukunft den Wünschen und Anforderungen, die an mich gestellt werden, in dieser Stellung gerecht zu werden. (Beifall.)

Meine Herren, ich schließe nun die Sitzung und hoffe, daß wir uns um ½8 Uhr wiedersehen.

Schluß 6½ Uhr.

*
*

Bei dem Festmahl, welches abends 7½ Uhr stattfand, brachte Herr Landrat Rötger nach alter Sitte den Toast auf den Kaiser aus. Herr Rötger betonte in seiner Ansprache, die heutige reichhaltige Tagesordnung und ihre Erledigung habe wieder einmal gezeigt, wie ernst der Centralverband seine Aufgabe nimmt. Es sei keine Uebertreibung, daß in den Kämpfen der heutigen Zeit die industriellen Arbeitgeber sich als Schildhalter von Kaiser und Reich betrachten müssen, ob sie nun Erfolg haben oder nicht. Wenn einmal die Geschichte zu sprechen hat, wird sie der Haltung der Arbeitgeber gerecht werden. Wir dürfen es als eine Tat der Vaterlandsliebe und des Patriotismus betrachten, was wir heute unternommen; eine allergetreueste Opposition aus dem Gefühl, daß Stärke und Kraft des Vaterlandes im Spiel sind, daß das Verhältnis zwischen Arbeitgebern und Arbeitern im Vordergrund des Interesses des Vaterlandes steht. Zu dessen Besten soll die nationale Arbeit dienen in allen ihren Teilen, in Landwirtschaft, Industrie, Handel und Gewerbe. Weiterhin sprach Herr Fabrikbesitzer Curtius-Duisburg auf das Zusammenhalten der Industrie und den Centralverband Deutscher Industrieller.

Die angenommenen Resolutionen.

Süddeutsche Wasserstraßen.

„Der Centralverband Deutscher Industrieller hat die Ueberzeugung gewonnen, daß die südlichen Teile des Deutschen Reiches, insbesondere die Bundesstaaten Bayern und Württemberg wirtschaftlich dadurch erheblich benachteiligt sind, daß sie von den Erzeugnisorten ihrer wichtigsten Rohstoffe und von ihren hauptsächlichen Absatzgebieten weit entfernt liegen. Im allgemeinen Interesse des Reiches liegt es, eine gleichmäßige wirtschaftliche Entwickelung aller Gebiete und Bundesstaaten zu sichern und damit vor allem auch den inneren Güteraustausch zwischen den einzelnen Gebieten des Reiches zu fördern. Für die genannten süddeutschen Staaten wird dieses Ziel durch die Verbesserung der Verkehrsbedingungen, in erster Linie durch den Bau leistungsfähiger Schiffahrtsstraßen erreicht werden können.

Der Centralverband richtet daher an die beteiligten Staatsregierungen die dringende Bitte, den Bau solcher Wasserstraßen insbesondere die weitere Kanalisierung des Mains und die des Neckars baldigst in Angriff zu nehmen und die Ausführung der Bauten nicht von Voraussetzungen abhängig zu machen, deren Erfüllung nicht im Machtbereiche der beteiligten Bundesstaaten liegt."

Gewerbeordnungsnovelle.

„1. Die Delegiertenversammlung des Centralverbandes Deutscher Industrieller legt entschiedene Verwahrung gegen die überstürzte Beschlußfassung über die Sondergewerbenovelle, Reichsgesetz vom 28. XII 1908 — R. G. Bl. S. 667 — durch Reichstag und Bundesrat ein. Bei den der Regierung und dem Reichstage rechtzeitig bekannt gegebenen Bedenken gegen dieses Gesetz, durch welches namentlich die Textilindustrie in verschiedenen Landesteilen schwer geschädigt wird, wäre zu erwarten gewesen, daß man vor endgültiger Verabschiedung sich nochmals mit den Interessenten verständigt hätte.

2. Da durch das Gesetz die bisher zulässige Arbeitszeit für weibliche Arbeiter erheblich gekürzt wird, gewinnt besondere Bedeutung die Gefahr weiterer Einschränkung der Arbeitsdauer durch die Ausdehnung des Fortbildungsschulzwanges auf weibliche Arbeiter bis zu 18 Jahren. Will man nicht, wie weite Kreise der Industrie meinen, hierfür überhaupt kein Bedürfnis anerkennen, so muß unbedingt gefordert werden, daß die Herabsetzung der Schulpflicht bis zum vollendeten 16. Lebensjahre

erfolgt. Vor allem muß verlangt werden, um eine differenzierende Behandlung der einzelnen Betriebe zueinander durch Beschlüsse der einzelnen Gemeinden zu vermeiden, daß im Gesetz für Arbeiter in Betrieben mit motorischer Kraft vorgesehen wird, daß der Fortbildungsschulunterricht außerhalb der ortsüblichen (Berufs-) Arbeitszeit angesetzt werde. Im einzelnen wird deshalb beantragt, im § 120 Abs. 3, nach dem neu eingeschobenen Satz, beginnend mit „Der Stundenplan wird von der hierfür nach Landesrecht“ usw., folgenden Satz einzufügen: Jedoch können Arbeiter und Arbeiterinnen in Betrieben mit motorischer Kraft und mit mehr als 10 Arbeitern nicht obligatorisch zum Schulbesuche herangezogen werden für Schulstunden, welche in die ortsübliche (Berufs-) Arbeitszeit fallen, und zwar an Sonnabenden nicht vor 4½ Uhr nachmittags, und an den anderen Wochentagen nicht vor 6½ Uhr nachmittags.

3. Im übrigen bestätigt die Delegiertenversammlung nochmals die Beschlüsse, welche zum Entwurfe des Gesetzes betreffend die Abänderung der Gewerbeordnung in der Versammlung vom 13. März 1908 gefaßt sind.“

Arbeitskammergesetz.

1. Der unter dem 4. Februar v. J. veröffentlichte Entwurf eines Gesetzes betreffend die Errichtung von Arbeitskammern war aus der Grundanschauung hervorgegangen, daß die paritätisch gebildete Arbeitskammer den wirtschaftlichen Frieden und ein gedeihliches Verhältnis zwischen Arbeitgebern und Arbeitnehmern pflegen und fördern werde. In der Versammlung vom 13. März v. J. haben die Delegierten des Centralverbandes ihrer Ueberzeugung Ausdruck gegeben, daß diese Aufgabe von der paritätischen Arbeitskammer nicht erfüllt werden wird und nicht erfüllt werden kann, sie haben den Gesetzentwurf daher abgelehnt.

2. Diese Auffassung muß die heutige Versammlung der Delegierten hinsichtlich des neuen, unter dem 26. November v. J. dem Reichstag zugegangenen, auf derselben Grundanschauung beruhenden „Entwurfes eines Arbeitskammergesetzes“ verschärft zum Ausdruck bringen.

3. Aus dem Verlauf der ersten Lesung des Gesetzentwurfs im Reichstag geht hervor, daß seitens des leider immer noch maßgebenden Teiles der Arbeiter der gute Wille, den Frieden

zu pflegen und den Ausgleich zu fördern, gänzlich fehlt und, bei der Stellungnahme der Führer dieses Teiles der Arbeiterschaft, dauernd fehlen wird. Der grundsätzliche Kampf gegen die heutige Produktions-, Gesellschafts- und Staatsordnung wird deshalb auch in die Arbeitskammer getragen werden. Damit wird die Errichtung dieser Organe, im Gegensatz zu der Absicht der Gesetzgeber, lediglich zur Verschärfung des Gegensatzes zwischen den Arbeitgebern und den Arbeitnehmern führen.

4. Die erste Lesung des Entwurfes hat ferner erwiesen, daß ein Teil der zur Annahme des Gesetzes entschlossenen Parteien beabsichtigt, wesentliche Bestimmungen des Entwurfes in einer Weise umzugestalten, die zu erheblicher Schädigung der Interessen der Arbeitgeber im allgemeinen und insbesondere zur Untergrabung ihrer Autorität in den Betrieben führen muß.

5. Daher und im Hinblick auf den Umstand, daß der erste Entwurf eines Arbeitskammergesetzes, abgesehen von ganz vereinzelten Ausnahmen, mit seltener Einmütigkeit von den Arbeitgebern wie von den Arbeitnehmern zurückgewiesen worden ist, drückt die heutige Delegiertenversammlung des Centralverbandes ihr lebhaftes Bedauern über die Einbringung der in der Hauptsache unverändert gebliebenen Vorlage aus.

Die Versammlung nimmt entschieden Stellung auch gegen den neuen Gesetzentwurf, dessen Annahme und Durchführung eine schwere Gefährdung und Schädigung des deutschen Gewerbes und besonders der deutschen Industrie zur Folge haben wird.

Elektrizitäts- und Gassteuer.

Bei der Stellungnahme zum Elektrizitäts- und Gassteuer-Gesetzentwurf hat die Delegiertenversammlung des Centralverbandes Deutscher Industrieller zwischen der Besteuerung der Elektrizität und des Gases zu Kraft- und zu Lichtzwecken unterschieden.

Bezüglich der Besteuerung von Elektrizität und Gas zu Kraftzwecken ist die Delegiertenversammlung nach sehr eingehenden Beratungen zu dem Beschluß gekommen, daß diese Besteuerung sowohl aus prinzipiellen Gründen wirtschaftlicher und technischer Natur, als auch wegen ihrer ungemein schwierigen praktischen Durchführbarkeit und der bei ihrer praktischen Handhabung unvermeidbaren Unbilligkeiten und Ungerechtigkeiten auf das entschiedenste zu verwerfen ist. Als besonders schwierig und als gesetzgeberisch ganz unlösbar sind alle auf die differenzielle Behandlung der verschiedenen Gasarten bezüglichen Bestimmungen und Vorschriften des Gesetzentwurfs anzusehen.

Hinsichtlich der Besteuerung von Elektrizität und Gas zu Lichtzwecken ist für die Beschlußfassung ausschlaggebend, daß die Anlage getrennter Leitungen für Kraft- und Lichtzwecke in der übergroßen Mehrzahl aller Fälle einfach unmöglich ist. Die Besteuerung von Elektrizität und Gas zu Lichtzwecken muß deshalb ebenfalls entschieden abgelehnt werden.

In der Frage einer Besteuerung der Beleuchtungskörper für elektrische und Gas-Beleuchtung ist die Delegiertenversammlung der Ansicht, daß auch die Einführung dieser Steuer sehr bedauerlich wäre und auch in vielen Fällen die Selbstkosten unserer Industrie recht erheblich verteuern würde; da sie indessen die Notwendigkeit neuer Mehr-Einnahmen für das Reich nicht verkennen kann, hat sie vom Standpunkt der verbrauchenden Industrie keinen Widerspruch gegen eine Besteuerung der Beleuchtungskörper im ungefähren Umfange der Regierungsvorlage erhoben, hält hierbei indessen eine sachverständige Revision der einzelnen Steuersätze, insbesondere der Sätze für die Kohlenstifte, für erforderlich.

Liste der Anwesenden
in der
Ausschußsitzung am 30. Januar 1909 in Berlin.

Mitglieder des Direktoriums:

Herr Rötger, Landrat a. D., Vorsitzender des Direktoriums der Firma Fried. Krupp, Akt.-Ges., Essen (Ruhr), Vorsitzender.

von Rieppel, A., Dr.-Ing. h. c., Baurat, Vorsitzender des Bayerischen Industriellen-Verbandes, Nürnberg, Aeußere Cramer-Klettstr. 12, Erster stellvertretender Vorsitzender.

Koenig, G., Geh. Regierungsrat, Vorsitzender des Direktoriums des Vereins der Deutschen Zucker-Industrie, Zweiter stellvertretender Vorsitzender, Berlin W., Kleiststr. 32.

Kirdorf, E., Geh. Kommerzienrat, Generaldirektor der Gelsenkirchener Bergwerks-Aktiengesellschaft, Rheinelbe bei Gelsenkirchen.

Vorster, Jul., Geh. Kommerzienrat, M. d. H. d. Abg., Vorsitzender des Vereins der Industriellen des Reg.-Bez. Köln, Köln.

Semlinger, H., Kommerzienrat, Vorsitzender des Vereins Süddeutscher Baumwollindustrieller, Bamberg.

Vogel, Geh. Kommerzienrat, Vorsitzender des Verbandes der Textilindustriellen Chemnitz, Chemnitz.

Bueck, H. A., Generalsekretär, geschäftsführendes Mitglied im Direktorium, Berlin.

Mitglieder der Geschäftsführung:

Herr Bartels, Dr. jur., Regierungsrat, stellvertretender Geschäftsführer, Berlin.

Zakrzewski, Dr., Berlin.

Ballerstedt, Dr., Berlin.

Mitglieder:

Herr Beumer, Dr., Mitglied des Hauses der Abgeordneten, Generalsekretär, Geschäftsführer der Nordwestlichen Gruppe des Vereins Deutscher Eisen- und Stahl-Industrieller und des Vereins zur Wahrung der gemeinsamen wirtschaftlichen Interessen in Rheinland und Westfalen, Düsseldorf.

Brauns, H., Kommerzienrat, Eisenach.

Herr Graf von Brockdorff, Dr., Syndikus der Handelskammer für den Regierungsbezirk Oppeln, Oppeln.

Brückner, Rich., Fabrikbesitzer, Vorsitzender des Vereins Deutscher Papierfabrikanten, Calbe a. Saale.

Budde, Professor, Dr., Generaldirektor der Akt.-Ges. Siemens & Halske, Berlin.

Curtius, Richard, Duisburg.

Fiebelkorn, Dr., Geschäftsführer des Verbandes Deutscher Tonindustrieller, Berlin.

Fleitmann, R., Kommerzienrat, Düsseldorf.

Fuchs, Hermann, Direktor der Norddeutschen Wagenbauvereinigung, Charlottenburg.

Funcke, Wilhelm, Kommerzienrat, Hagen i. W.

Goldberger, Geh. Kommerzienrat, Vorsitzender der Ständigen Ausstellungskommission für die deutsche Industrie, Berlin.

Hallbauer, Kommerzienrat, Lauchhammer.

Hirsch, W., Syndikus der Handelskammer für den Kreis Essen, M. d. H. d. A., Essen (Ruhr).

Hoeter, Ministerialdirektor a. D., Berlin.

Kamp, Kommerzienrat, Grunewald b. Berlin.

Kauffmann, Georg, Dr., Kommerzienrat, Vorsitzender der Handelskammer Schweidnitz, Wüstegiersdorf i. Schl.

Knochenhauer, Bergrat, Kattowitz (O.-S.).

Kuhlo, Dr., Syndikus des Bayerischen Industriellen-Verbandes, München.

Laurenz, Kommerzienrat, Ochtrup.

Lehmann, Professor, Dr., Syndikus der Handelskammer Aachen, Geschäftsführer des Vereins Deutscher Tuch- und Wollwarenfabrikanten und des Vereins für die berg- und hüttenmännischen Interessen im Aachener Bezirk, Aachen.

von und zu Löwenstein, Bergassessor, Geschäftsführer des Vereins für die bergbaulichen Interessen im Oberbergamtsbezirk Dortmund, Essen (Ruhr).

Martens, Dr., Syndikus der Handelskammer Dortmund.

Müller, Geh. Ober-Finanzrat, Berlin.

Schaafhausen, Direktor, Neu-Welzow (N.-L.).

Schmid, Th., W., Spinnereidirektor, Hof i. B.

Schott, F., Kommerzienrat, Heidelberg.

Schrödter, E., Dr.-Jng., Geschäftsführer des Vereins Deutscher Maschinenbauanstalten und des Vereins Deutscher Eisenhüttenleute, Düsseldorf.

von Skene, Geh. Kommerzienrat, Klettendorf b. Breslau.

Herr Springorum, Kommerzienrat, Generaldirektor, Vorsitzender des Vereins Deutscher Eisenhüttenleute, Dortmund.

Stumpf, Generalsekretär des Georgs-Marien-Bergwerks- und Hüttenvereins und Syndikus der Handelskammer, Osnabrück.

Tille, Alexander, Dr., Geschäftsführer des Vereins zur Wahrung der gemeinsamen wirtschaftlichen Interessen der Saarindustrie und Syndikus der Handelskammer Saarbrücken, Saarbrücken.

Voltz, Geschäftsführer des Oberschlesischen Berg- und Hüttenmännischen Vereins, Kattowitz.

Wandel, Justizrat, Essen (Ruhr).

Werminghoff, J., Generaldirektor, Berlin.

Zanders, Hans, Kommerzienrat, Bergisch-Gladbach.

Zörner, Bergrat, Generaldirektor der Maschinenbauanstalt „Humboldt", Kalk b. Köln.

Ferner waren anwesend:

Herr Blauel, Direktor, Breslau.

Bovenschen, Dr., Berlin, Geschäftsführer des Reichsverbandes gegen die Sozialdemokratie.

Graf von Carmer-Zieserwitz, Vertreter von Georg von Giesches Erben, Breslau.

Kramer, E., Duisburg (Rhein).

Krieger, B., Dr., Berlin.

Meyer, Wilhelm, Rechtsanwalt, Vertreter der Ilseder Hütte und des Peiner Walzwerkes, Hannover.

von Oswald, Kommerzienrat, Koblenz.

Rofers, Direktor, Vertreter der Worthington-Blake Pumpen-Co., Charlottenburg, Berlin.

Schrey, Geh. Baurat, Vorsitzender des Verbandes Ostdeutscher Industrieller, Danzig.

von Schubert, Generalleutnant z. D., Exzellenz, Berlin.

Steinmann-Bucher, Herausgeber der „Deutschen Industrie-Zeitung", Berlin.

Steller, Conrad Gustav, Generalsekretär, Nürnberg.

Stübner, Stadtrat, Forst.

Wachler, Dr., Oberbergrat, Berlin.

Entschuldigt haben sich:

Vom Direktorium:

Herr Jencke, Dr.-Ing. h. c., Geh. Finanzrat a. D., Mitglied des Preußischen Staatsrats und der Sächsischen Ersten Kammer, Dresden, Parkstr. 8.

Herr von Vopelius, R., Hüttenbesitzer, Mitglied des Herrenhauses, Vorsitzender des Verbandes der Glasindustriellen Deutschlands und der Glas-Berufsgenossenschaft, Sulzbach bei Saarbrücken.

Schlumberger, Th., Geh. Kommerzienrat, Vorsitzender des Elsässischen Industriellen-Syndikats, Mülhausen i. Els.

Hilger, Geh. Bergrat, Vorsitzender der Oestlichen Gruppe des Vereins Deutscher Eisen- und Stahlindustrieller, Berlin NW., Dorotheenstr. 50.

Von Mitgliedern:

Herr Beukenberg, Baurat, Hörde i. W.

Böcking, R., Geh. Kommerzienrat, Halbergerhütte.

Delius, Carl, Dr.-Ing. h. c., Geh. Kommerzienrat, Mitglied des Herrenhauses, Aachen.

Dietel, Franz, Geh. Kommerzienrat, Coßmannsdorf.

Dulon, Kommerzienrat, Magdeburg.

Flohr, Baurat, Bredow-Stettin.

Goldschmidt, Karl, Dr., Essen (Ruhr).

Graeßner, Generaldirektor, Leopoldshall-Staßfurt.

Heller, Ernst, Dr.-Ing., Kommerzienrat, Linden-Hannover.

Kiener, André, Präsident der Handelskammer, Colmar, Els.

Krabler, Geh. Bergrat, Essen (Ruhr).

Langen, C. O., Kommerzienrat, Vorsitzender des Verbandes Rheinisch-Westfälischer Baumwollspinner und der Handelskammer M.-Gladbach, M.-Gladbach.

Linke, Domänenrat, Slawentzitz.

Lueg, H., Dr.-Ing., Geh. Kommerzienrat, Düsseldorf.

Melchior, A., Kommerzienrat, Nürtingen.

Rickel, Ferd., Direktor, Harburg a. d. Elbe.

Sedlmayr, Gabriel, Geh. Kommerzienrat, München.

Selve, Geh. Kommerzienrat, Altena.

Steller, Paul, Generalsekretär, Geschäftsführer des Vereins der Industriellen des Regierungsbezirks Köln und des Vereins Deutscher Werkzeugmaschinenfabriken, Köln.

Ugé, Kommerzienrat, Vorsitzender des Vereins Deutscher Eisengießereien, Kaiserslautern (Pfalz).

Weisdorff, Generaldirektor, Burbach b. Saarbrücken.

Weismüller, Kommerzienrat, Auerbach (Hessen).

Liste der Anwesenden
in der
Delegiertenversammlung am 30. Januar 1909 in Berlin.

Vertreter der Reichs- und Preußischen Staats-Behörden:

Vertreter des **Reichsamts des Innern** Herr Geh. Ober-Regierungsrat Koch, Berlin.

Vertreter des **Reichsschatzamts** Herr Geh. Regierungsrat Dr. Weber, Berlin.

Vertreter des **Ministeriums der öffentlichen Arbeiten** Herr Ministerialdirektor Peters, Wirkl. Geh. Ober-Regierungsrat, Berlin.

Vertreter des Herrn **Ministers für Handel und Gewerbe** Herr Geh. Ober-Regierungsrat Neumann, Berlin.

An der Sitzung nahmen als **Vertreter von befreundeten industriellen Organisationen** teil:

Der Zentralstelle für Vorbereitung von Handelsverträgen:

Herr Etienne, Dr., Geschäftsführer, Berlin.
„ Ravené, Geh. Kommerzienrat, Berlin.
„ Vosberg-Rekow, Dr., Direktor.

Des Vereins zur Wahrung der Interessen der chemischen Industrie Deutschlands:

Herr Lepsius, Professor, Dr., Griesheim a. Main.
„ Oppenheim, F., Dr., Berlin.
„ Wenzel, Direktor, Geschäftsführer, Berlin.

Mitglieder des Direktoriums:

Herr Rötger, Landrat a. D., Vorsitzender des Direktoriums der Firma Fried. Krupp, Akt.-Ges., Essen (Ruhr), Vorsitzender.

„ von Rieppel, Dr.-Ing. h. c., Baurat, Vorsitzender des Bayerischen Industriellen-Verbandes, Nürnberg, Aeußere Cramer-Klettstr. 12, Erster stellvertretender Vorsitzender.

„ Koenig, G., Geh. Regierungsrat, Vorsitzender des Direktoriums des Vereins der Deutschen Zucker-Industrie, zweiter stellvertretender Vorsitzender, Berlin W., Kleiststr. 32.

„ Kirdorf, E., Geh. Kommerzienrat, Generaldirektor der Gelsenkirchener Bergwerks-Aktiengesellschaft, Rheinelbe bei Gelsenkirchen.

Herr Vorster, Jul., Geh. Kommerzienrat, M. d. H. d. Abg., Vorsitzender des Vereins der Industriellen des Reg.-Bez. Köln, Köln.

Semlinger, H., Kommerzienrat, Vorsitzender des Vereins Süddeutscher Baumwollindustrieller, Bamberg.

Vogel, Geh. Kommerzienrat, Vorsitzender des Verbandes der Textilindustriellen Chemnitz, Chemnitz.

Bueck, H. A., Generalsekretär, geschäftsführendes Mitglied im Direktorium, Berlin.

Mitglieder der Geschäftsführung:

Herr Bartels, Dr. jur., Regierungsrat, stellvertretender Geschäftsführer, Berlin.

Zakrzewski, Dr., Berlin.

Wallerstedt, Dr., Berlin.

Mitglieder:

Herr von Allwörden, Osterode a. Harz, Vorsitzender des Fabrikantenvereins Osterode a. Harz.

Andersen, B., Hannover, Vertreter des Fabrikantenvereins Hannover.

André, Vertreter des Vereins für die gemeinschaftlichen Interessen des Hannoverschen Kalibergbaues, Hannover.

Anhegger, Eugen, Eßlingen, Direktor der Württembergischen Baumwollspinnerei und -Weberei, Eßlingen a. Neckar.

Apreck, Danzig, Vertreter des Verbandes Ostdeutscher Industrieller, Danzig.

Arends, Robert, Direktor, Geschäftsführer des Niederschlesischen Kohlensyndikats, Waldenburg i. Schl.

von Ascheraden, Dr., Freiherr, Geschäftsführer des Arbeitgeberverbandes der Textilindustrie, Bielefeld.

Aust, H., Kommerzienrat, Vertreter von Kathreiners Malzkaffeefabriken, G. m. b. H., München.

Baer, Dr., Forst i. L., Vertreter des Fabrikanten-Vereins Forst i. L. und des Forster und Lausitzer Arbeitgeber-Verbandes.

Balcke, Schwiebus, Vertreter der Schwiebuser Kohlenwerke.

Bartmann, Vorsitzender des Verbandes Münsterl. Textil-Industrieller, Münster.

Bayer, Dr., Altdamm.

von Beckerath, Alwin, Vorsitzender des Arbeitgeber-Verbandes der rheinischen Seidenindustrie, Krefeld.

Beckmann, Bergassessor, Vertreter des Vereins für die bergbaulichen Interessen im Bergamtsbezirke Dortmund, Essen (Ruhr).

Herr Beisert, Bergassessor, Geschäftsführer des Deutschen Braunkohlen-Industrie-Vereins, Halle a. S.

Berckemeyer, Dr., Herne, Vertreter der Bergbau-Aktiengesellschaft „Hibernia", Herne i. W.

Beuchelt, Grünberg i. Schl.

Beumer, W., Dr., M. d. A., Generalsekretär des Vereins zur Wahrung der gemeinsamen wirtschaftlichen Interessen in Rheinland und Westfalen und der Nordwestlichen Gruppe des Vereins Deutscher Eisen- und Stahl-Industrieller, Düsseldorf.

Beutzel, Hans, Zossen.

Bitta, Justizrat, Neudeck, O.-Schl.

Blohm, Herm., Hamburg.

Bodenstein, Dr., Regierungsassessor, Essen (Ruhr), Vertreter des Vereins für die bergbaulichen Interessen im Oberbergamtsbezirk Dortmund, Essen (Ruhr).

Boelcke, Dr., Vertreter des Gesamtverbandes Deutscher Metallindustrieller, Berlin.

von Borsig, Ernst, Kommerzienrat, Berlin.

von Borsig, Conrad, Kommerzienrat, Berlin, Tegel b. Berlin.

Brade, R., Forst i. L., i. Firma von Brade & Rüdiger, Forst.

Brandt, Direktor, Zwickau.

Brauns, Kommerzienrat, Eisenach.

Graf von Brockdorff, Dr., Syndikus der Handelskammer für den Regierungsbezirk Oppeln, Oppeln.

Brückner, Richard, Calbe a. Saale, Vorsitzender des Vereins Deutscher Papierfabrikanten.

Buschmann, Charlottenburg, Geschäftsführer der Ziegelei-Berufsgenossenschaft Charlottenburg.

Büttner, Dr., Syndikus der Handels- und Gewerbekammer für Schwaben und Neuburg, Augsburg, und des Vereins Süddeutscher Baumwoll-Industrieller, Augsburg.

Buz, Hch., Kommerzienrat, Direktor der Vereinigten Maschinenfabrik Augsburg und Maschinenbaugesellschaft Nürnberg, Augsburg.

Canthal, Kommerzienrat, Hanau.

von Carmer-Zieserwitz, Vertreter von Georg von Giesches Erben, Breslau.

Cattien, Richard, Forst i. L., Vertreter des Fabrikanten-Vereins Forst i. L.

Colsman, C., Werdohl.

Curtius, Richard, Fabrikbesitzer, Duisburg.

Datzel, Vorstandsmitglied des Arbeitgeberverbandes für die Oberruhr, Arnsberg.

Herr Dessauer, Franz, Aschaffenburg, Direktor der Aktiengesellschaft für Maschinenpapier- und Zellstoff-Fabrikation in Aschaffenburg a. M.

Dill, Essen (Ruhr), Vertreter des Vereins für die bergbaulichen Interessen im Oberbergamtsbezirk Dortmund, Essen (Ruhr).

Dilloo, Dr., Syndikus, Vertreter von Chr. Dierig, G. m. b. H., Oberlangenbielau.

Ditges, Generalsekretär, Geschäftsführer des Vereins Deutscher Papierfabrikanten und des Vereins Deutscher Schiffswerften, Berlin, Lützow-Ufer 13.

Dittmar, Max, Direktor, Vertreter des Arbeitgeber-Verbandes für die Provinz Sachsen und der Vereinigung Deutscher Baumwollstrickgarn-Fabrikanten, Magdeburg.

Döderlein, Dr., Chemnitz, Vertreter der Sächsischen Maschinenfabrik, vorm. R. Hartmann, A.-G., Chemnitz.

Döring, Direktor, Nowawes-Neuendorf.

Dyckerhoff, E., Kommerzienrat, i. Firma Dyckerhoff & Söhne, Amöneburg b. Biebrich a. Rh.

Eisenlohr, Joh., Reutlingen, i. Firma G. M. Eisenlohr.

Ephraim, Ludw., Vorsitzender des Arbeitgeber-Verbandes der Tuch-Industrie, Kottbus.

Fabian, Bergrat, Vorsitzender der Preisvereinigung mitteldeutscher Braunkohlenwerke, Halle a. S.

Fasolt, Dr., Geschäftsführer des Vereins zur Wahrung der gemeinsamen wirtschaftlichen Interessen der deutschen Elektrotechnik, Berlin.

Fellinger, Dr., Berlin, Vertreter von Siemens & Halske A.-G., Berlin.

Fiebelkorn, Dr., Geschäftsführer des Verbandes Deutscher Tonindustrieller und der Sektion der Dachziegelfabrikanten Berlin, Stephanstraße 50.

Fischer, G., Vorsitzender des Fabrikanten-Vereins, Sommerfeld.

Flechtner, Dr., Stettin, Vertreter des Vereins der Industriellen Pommerns.

Flechtner, Reinhold, Langenbielau, Vertreter des Verbandes Schlesischer Textilindustrieller, Breslau.

Flechtner, G., Berlin.

Franken, Berlin, Vertreter der Treuhand-Vereinigung, A.-G., Berlin.

Fritz, Baumeister, Essen (Ruhr).

Frölich, Fr., Ingenieur, Düsseldorf, stellvertretender Geschäftsführer des Vereins Deutscher Maschinenbau-Anstalten, Düsseldorf.

Herr Frommel, A., Augsburg, Vertreter von Wilh. Butz u. Söhne, Augsburg.

Fuchs, Hermann, Direktor der Norddeutschen Wagenbau-Vereinigung, Charlottenburg.

Funcke, Bergrat, Bergwerksdirektor, Vorstandsmitglied der Gelsenkirchener Bergwerks-Aktiengesellschaft, Kamen.

Gante, Leopoldshall-Staßfurt, Vertreter des Kalisyndikats.

George, Berlin, Vertreter der Bergmann-Elektrizitätswerke, A.-G.

Gminder, Konrad, i. Firma Ulrich Gminder, G. m. b. H., Reutlingen.

Goguel, B., Berlin, Vertreter der Papierfabrik Sacrau, Breslau.

Göhring, Dr., Spindlersfeld, Vertreter des Vereins der Deutschen Textilveredelungsindustrie, Düsseldorf.

Goossens, Siegfr., Vertreter der Waggonfabrik J. Goossens, Aachen.

Goossens, Paul, Vertreter der Waggonfabrik J. Goossens, Aachen.

Gottstein, Dr., Generaldirektor, Vorsitzender des Vereins Deutscher Zellstoffabrikanten, Breslau.

Götze, Emil, Generalsekretär des Verbandes der Glasindustriellen Deutschlands und der Glasberufsgenossenschaft, Berlin.

Grabenstedt, Dr., Generalsekretär des Gesamtverbandes Deutscher Metallindustrieller, Berlin.

Grau, B., Generaldirektor, Kratzwieck bei Stettin, Vertreter des Vereins der Industriellen Pommerns, Stettin.

Grau, Halberstadt.

Greve, Dr W., Bergwerksdirektor, Aschersleben, Vertreter der Kaliwerke Aschersleben und Kaliwerke Sollstedt als Mitglieder des Vereins der Deutschen Kali-Interessenten, Magdeburg, und des Kalisyndikats, G. m. b. H., Leopoldshall-Staßfurt.

Großberger, Kneutlingen, Vertreter des Lothringer Hüttenvereins Aumetz-Friede.

Großwendt, Direktor, Köln-Nippes.

Grünebaum, Max, Vertreter des Fabrikanten-Vereins Kottbus, Kottbus.

Grunenberg, Dr., Bergwerksdirektor, Vorsitzender des Niederschlesischen Kohlensyndikats und des Vereins für die bergbaulichen Interessen Niederschlesiens, Hermsdorf bei Waldenburg in Schlesien.

Guggenheimer, Dr., Direktor, Vertreter der Maschinenfabrik Augsburg-Nürnberg, Augsburg.

Herr v. Guilleaume, Arnold, Köln, Vertreter von Felten u. Guilleaume, Köln.

Guttsmann, John, Handelsrichter, Direktor, Berlin-Grunewald, Vertreter der Maschinenfabriken Guttsmann, A.-G., Berlin.

Haas, Karl, Geh. Kommerzienrat, Erster stellvertretender Vorsitzender des Vereins Deutscher Zellstoffabrikanten, Waldhof bei Mannheim.

Haasemann, A., Direktor, Bremen.

Häberle, E. R., Wittgensdorf.

Hallbauer, Kommerzienrat, Lauchhammer.

Hampke, Dr., Geschäftsführer der Gewerbekammer Hamburg, Hamburg.

Hansen, F., i. Firma Briegleb, Hansen u. Co., Gotha.

Haumann, Köln, Vertreter der Vereinigten Stahlwerke, van der Zypen und der Wissener Eisenhütten-A.-G.

Heinrich, Theod., Vertreter der Handelskammer Stuttgart, Stuttgart.

Heymann, Hermann, Rentner, Berlin.

Hillenberg, Karl, Direktor des Eisenhüttenwerk Marienhütte bei Kotzenau.

Hirsch, W., M. d. A., Syndikus der Handelskammer für den Kreis Essen, Essen (Ruhr).

Hoeter, Ministerialdirektor a. D., Berlin W., Kurfürstendamm 220.

Hoff, Dr., Geschäftsführer des Arbeitgeber-Verbandes für den Bezirk der Nordwestlichen Gruppe des Vereins Deutscher Eisen- und Stahl-Industrieller, Düsseldorf.

Hoffmann, Fabrikdirektor, Berlin-Stralau.

Hoffmann, Schiffahrtskommissär, Vertreter des Neckar-Donau-Kanal-Komitees, Heilbronn.

Hoffmann, B., Bergmeister, Halle a. S., Vertreter der A. Riebeckschen Montanwerke, A.-G., Halle a. S.

Hoffmann, Leberecht, Salzuflen, Vertreter von Hoffmanns Stärkefabriken, A.-G., Salzuflen.

Hoffmann, Walter, Altwasser, Vertreter des Verbandes Schlesischer Textilindustrieller, Breslau.

Hoffmann, Vertreter der Oppelner Portland-Zementfabriken, vorm. F. W. Grundmann, Oppeln.

Hohlfeld, Max, Vertreter des Fabrikanten-Vereins Forst i. L., Forst i. L.

Howaldt, G., Kommerzienrat, Kiel.

Hübner, Direktor der Akt.-Ges. Fried. Krupp, Germania-Werft, Kiel-Gaarden.

Huesker, Otto, Fabrikbesitzer, Reichenbach i. Schlesien.

Herr Hummel, Friedrich, Generaldirektor, Ettlingen.

Illgner, E., Direktor, Vorsitzender des Vereins Deutscher Kalkwerke und der Verkaufsvereinigung Oberschlesischer Kalkwerke, Oppeln.

Jahn, W., Stettin, Vertreter des Pommerschen Industrie-Vereins und Vorsitzender der Ziegelei-Berufsgenossenschaft, Stettin.

Jehle, Ernst, Rechtsanwalt, Stuttgart, Geschäftsführer des Württembergischen Industriekartells.

John, W., Dr., Syndikus des Verbandes Ostdeutscher Industrieller, Danzig.

Jordan, Dr. Hans, Schloß Mallinksort bei Wetter-Ruhr.

Jüngst, Geh. Bergrat, Berlin.

Kaiser, Generaldirektor, Wetzlar.

Kaiserbrecht, Wilhelm, Görlitz.

Kalm, B., Vertreter des Vereins süddeutscher Textilindustrieller, Augsburg.

Karau, Bergassessor, Vertreter des Vereins Deutscher Kali-Interessenten, Magdeburg.

Karcher, i. Fa. Dillinger Hüttenwerke, Dillingen (Saar).

Kauffmann, G., Dr., Kommerzienrat, Wüstegiersdorf i. Schl., Vertreter des Verbandes Schlesischer Textilindustrieller, Vorsitzender der Handelskammer Oppeln.

Keetmann, Wilh., Duisburg.

Keibel, Dr., Syndikus der Handelskammer Mülheim (Ruhr)-Oberhausen, Mülheim-Ruhr.

von Kiesenwetter, Vertreter der Kaliwerke Ummendorf-Eisleben, A.-G., Berlin.

Kirchhoff, Vertreter des Verbandes der Fabrikanten-Vereine für den Regierungsbezirk Arnsberg, Iserlohn.

Kisker, Georg, i. Firma A. W. Kisker, Leinenfabrik, Bielefeld.

Klemme, Dr. Ing. h. c., Generaldirektor, St.-Avold, Lothringen.

Knochenhauer, Bergrat, Vertreter des Oberschlesischen Berg- und Hüttenmännischen Vereins, Kattowitz.

Kraiger, Direktor, Vertreter des Magdeburger Braunkohlen-Bergbau-Vereins, Helmstedt.

Kramer, E., i. Firma Raab, Karcher u. Co., Duisburg-Rhein.

Kraner, R., Vertreter des Vereins süddeutscher Baumwoll-Industrieller, Erlangen.

Krawinkel, Vertreter des Vereins der Industriellen des Regierungsbezirks Köln, Vollmershausen.

Krey, Dr., Halle a. S.

Kreß, Fr., Bergwerksdirektor, Potsdam, Vertreter des Braunkohlen-Brikettsyndikats, Helmstedt.

Herr Kröner, Wilhelm, Direktor, Vorsitzender des Vereins Deutscher Marmorwerke, Kiefersfelden.

Krüger, Generalleutnant z. D., Exzellenz, Geschäftsführer des Vereins der Fabrikanten landwirtschaftlicher Maschinen und Geräte und des Verbandes Deutscher Maschinenfabrikanten für Brauerei- und Mälzerei-Anlagen, Berlin.

Krüger, B., Vertreter des Vereins der Kalksandsteinfabriken, E. V., Berlin.

Krüger, Fr. H., Halberstadt, Vertreter der Kaliwerke Krügershall und Salzmünde, Halle a. S.

Kugel, C., Werdohl, Vertreter des Fabrikanten-Vereins Werdohl-Neuenrade.

Kuhlo, Dr., Syndikus des Bayerischen Industriellen-Verbandes, München.

Laeis, Vertreter der Dinglerschen Maschinenfabrik, A.-G., Zweibrücken.

Langen, F., i. Firma Pfeifer u. Langen, Elsdorf (Rhl.).

Laurenz, A., Kommerzienrat, Ochtrup i. W.

Lehmann, Professor Dr., Handelskammersyndikus, Geschäftsführer des Vereins Deutscher Tuch- und Wollwarenfabrikanten und des Vereins für die berg- und hüttenmännischen Interessen im Aachener Bezirk, Aachen.

Lemmer, Kommerzienrat, Berlin.

Lind, Gustav, Berlin, Vertreter des Vereins Deutscher Ingenieure, Berlin.

Lindner, Bergrat, Herne.

Lochmüller, W., Dr., Geschäftsführer des Verbandes Deutscher Baumwollgarn-Verbraucher, Dresden.

von und zu Loewenstein, Bergassessor, Geschäftsführer des Vereins zur Wahrung der bergbaulichen Interessen im Oberbergamtsbezirk Dortmund, Essen (Ruhr).

Lüthgen, Vertreter des Vereins für die bergbaulichen Interessen im Bergamtsbezirk Dortmund, Rotthausen.

Lux, H., Dr., Berlin, Vertreter des Steuer-Ausschusses der deutschen Elektrizitäts- und Gasinteressenten.

Martens, Dr., Syndikus der Handelskammer Dortmund, Dortmund.

Mathies, Regierungs- und Baurat, Dortmund.

März, Joh., Dr., Vertreter des Verbandes Sächsischer Industrieller, Dresden.

Mehler, M., Vertreter von C. Mehler, Maschinenbau-Anstalt, Aachen.

Meidel, Direktor, Vertreter des Vereins Deutscher Brücken- und Eisenbaufabriken, Berlin.

Herr Meißner, Dr., Vertreter der Treuhand-Vereinigung, A.-G., Berlin.

" Methner, Geh. Kommerzienrat, Landeshut, Vertreter des Verbandes schlesischer Textilindustrieller, Breslau.

" Meyer, Direktor, Vertreter des Verbandes deutscher Juteindustrieller, Hamburg.

" Meyer, Paul, Dr., i. Firma Paul Meyer A.-G., Berlin.

" Meyer, Wilhelm, Rechtsanwalt, Hannover.

" Michael, A., Eilenburg, Vertreter des Ortsverbandes Eilenburg.

" Mittelstaedt, Vertreter von Christian Dierig, G. m. b. H., Oberlangenbielau.

" Müller, Vertreter des Arbeitgeberverbandes von Eilenburg und Umgegend, Eilenburg.

" Müller, Bergrat, Gelsenkirchen, Vertreter der Handelskammer Bochum, des Vereins für die bergbaulichen Interessen im Oberbergamtsbezirke Dortmund, Essen-Ruhr, und der Bergwerks-Aktiengesellschaft „Consolidation", Gelsenkirchen-Schalke.

" Müller, W., Geh. Ober-Finanzrat, Berlin.

" Müller, Albert, Kommerzienrat, Vertreter der Gewerkschaft Graf Bismarck, Essen (Ruhr).

" Münch, W. H., Gera.

" Mundt, Arthur, i. Fa. Berliner Gipswerke L. Mundt, vorm. H. Kühne, Berlin SW., verlängerte Trebbinerstraße.

" Müser, Kommerzienrat, Dortmund.

" Neubauer, Staßfurt, Vertreter des Vereins der Deutschen Kaliinteressenten, Magdeburg.

" Neumann, Vertreter des Fabrikanten-Vereins, Sommerfeld.

" Neißer, Dr., Justizrat, Geschäftsführer des Verbandes Schlesischer Textilindustrieller, Breslau.

" Nitzsche, J. R., Werdau.

" Olfe, W., Direktor, Vertreter des Rheinisch-Westfälischen Kohlensyndikats, Essen (Ruhr).

" Panott, Vertreter des Fabrikanten-Vereins, Sommerfeld.

" Pariser, Georg, Vertreter des Lausitzer Vereins, Luckenwalde.

" Pastor, Robert, Hüttendirektor, Vertreter von de Wendel u. Co., Hayingen i. Lothr.

" Pieper, Vertreter der Gesellschaft Ver. Constantin der Große, Bochum.

" Petersen, W., Vertreter der Charlottenhütte, Niederschelden.

" Pohl, Dr., Vertreter des Arbeitgeberverbandes für die Provinz Sachsen und der Vereinigung Deutscher Baumwollstrickgarnfabrikanten, Magdeburg.

Herr Postel, Hauptmann a. D., Vertreter des Verbandes Sächsisch-Thüringischer Webereien, Greiz.

Preißler, Dr., Vertreter des Vereins der deutschen Zuckerindustrie, Linden-Hannover.

Probst, Alfred, Vertreter der mechanischen Bindfadenfabrik, Immenstadt.

von Prondzynski, F., Vertreter der Zentralverkaufsstelle Schlesischer Portland-Zementfabriken und der Groschowitzer Portland-Zementfabrik, Groschowitz O.-Sp.

Protzen, Eugen, Kommerzienrat, i. Firma M. Protzen u. Sohn, Berlin.

Prüßing, Paul, Dr., Fabrikbesitzer, Vorsitzender der Sächsisch-Thüringischen Portland-Zementfabrik Prüßing u. Co., Schönebeck a. Elbe.

Puchert, M., Vertreter des Arbeitgeberverbandes, Werdau.

Radock, Kommerzienrat, Königsberg i. Pr.

Randebrock, Generaldirektor, Rheinelbe bei Gelsenkirchen.

Rau, C., Frankenberg i. Schl.

Reusch, Generaldirektor der Gutehoffnungshütte, Oberhausen (Rheinland).

Rocke, Dr., Geschäftsführer des Fabrikanten-Vereins für Hannover, Linden und die benachbarten Kreise, Hannover.

Roesch, Fabrikbesitzer, Mühlheim-Ruhr.

Roitzsch, Ernst, Geschäftsführer des Verbandes von Arbeitgebern der Sächsischen Textilindustrie und der Vereinigung Sächsischer Spinnereibesitzer, Chemnitz.

Ruckdeschel, Kommerzienrat, Vertreter des Sächsisch-Thüringischen Verbandes, Ortsgruppe Gera, Gera.

Sauerzapf, Erich, Berlin.

Siegel, G., Schönebeck a. Elbe.

Siemens, Vertreter des Deutschen Braunkohlen-Industrie-Vereins, Halle a. S.

von Skal, Bergassessor, Bollingen i. Lothr., Geschäftsführer des Vereins für die bergbaulichen Interessen Lothringens, Metz.

von Skene, Geh. Kommerzienrat, Klettendorf bei Breslau.

von Skene, Th., Berlin.

Springorum, Kommerzienrat, Generaldirektor, Vorsitzender des Vereins Deutscher Eisenhüttenleute, Dortmund.

Schaafhausen, Direktor, Neu-Welzow (Niederlausitz).

Scheibner, F., Vertreter des Sächsisch-Thüringischen Verbandes, Gera.

Scheider, Carl, Berlin, Bevollmächtigter von C. Conradty, Nürnberg.

Herr Schiele, Ernst, Vorsitzender der Gewerbekammer Hamburg, Hamburg.

Schimmelpfeng, Wilhelm, Berlin.

Schmidt, Th. W., Spinnereidirektor, Hof i. B., Vertreter des Vereins süddeutscher Textilindustrieller.

Schniewindt, Carl, Fabrikant, Neuenrade, Vertreter der Handelskammer Altena.

Schrey, Geh. Baurat, Vorsitzender des Verbandes Ostdeutscher Industrieller, Danzig.

von Schubert, Generalleutnant z. D., Exzellenz, Berlin.

Schulz, G. M., Forst i. L.

Schulze, Bergassessor, Halle a. S., Vertreter der Sächsisch-Thüringischen Akt.-Ges. für Braunkohlen-Verwertung.

Schünhoff, Vertreter des Ziegeleibesitzer-Verbandes, Hannover.

Schürer, Richard, Augsburg, Vertreter der Süddeutschen Textil-Berufsgenossenschaft.

Schweickhardt, H., Mitglied des Reichstages, Tübingen, Vertreter der Handelskammern Reutlingen und Heidenheim.

Steinegger, L., Mittweida, Vertreter der Baumwollspinnerei Mittweida.

Steller, Gustav, Conrad, Generalsekretär, Vertreter des Vereins für Hebung der Fluß- und Kanalschiffahrt in Bayern, Nürnberg.

Stickfel, Ed., Vertreter des Vereins Deutscher Marmorwerke, Kiefersfelden.

Stübner, Stadtrat, Forst, Vertreter des Lausitzer Vereins.

Stumpf, F., Generalsekretär des Georgs-Marien-Bergwerks- und Hütten-Vereins, Syndikus der Handelskammer zu Osnabrück, Osnabrück.

Tänzler, Dr., Syndikus der Hauptstelle Deutscher Arbeitgeberverbände, Berlin.

Thiem, Direktor, Greifenhagen, Vertreter des Verbandes Deutscher Müller.

Tiemann, Bielefeld.

Tille, Alexander, Dr., Syndikus der Handelskammer Saarbrücken, Generalsekretär des Vereins zur Wahrung der gemeinsamen wirtschaftlichen Interessen der Saarindustrie und der Südwestlichen Gruppe des Vereins Deutscher Eisen- und Stahl-Industrieller, St. Johann a. d. Saar.

Toepffer, Dr., Vertreter des Vereins der Industriellen Pommerns, Stettin.

Triske, Prokurist, Vertreter der Stettiner Oderwerke, Stettin.

Turk, Vertreter von Gebr. Stumm, Neunkirchen.

Herr Unverzagt, Georg, Oranienburg, Direktor der Chemischen Fabrik Oranienburg.

Venator, Emil, Kommerzienrat, Dessau, Vertreter der Abt. der Raffinerien des Vereins der deutschen Zuckerindustrie.

Viëtor, Wattenscheid, Vertreter der Rheinischen Stahlwerke Abt. Zeche Zentrum.

Vischer, G., Stuttgart.

Vogelsang, Heinr., Recklinghausen, Vertreter der Handelskammer Münster.

Voelcker, Dr., Regierungsrat, Vertreter des Verbandes Deutscher Messingwerke, Berlin.

Voltz, Dr., Geschäftsführer des Oberschlesischen Berg- und Hüttenmännischen Vereins und der Oestlichen Gruppe des Vereins deutscher Eisen- und Stahl-Industrieller, Kattowitz.

Wagner, Dr., Berlin.

Waibel, Adolf, Vertreter der Mechanischen Baumwollspinnerei und -Weberei, Augsburg.

Wandel, Justizrat, Essen (Ruhr), Vertreter von Fried. Krupp, Aktien-Gesellschaft.

Weidtmann, Dr., Geh. Bergrat und Generaldirektor, Aachen, Vertreter des Arbeitgeber-Verbandes Aachen, des Berg- und Hüttenmännischen Vereins Aachen und des Vereins für die bergbaulichen Interessen im Oberbergamtsbezirk Dortmund, Essen (Ruhr).

Weise, E., Fabrikbesitzer, Halle a. S.

Weiß, R., Chemnitz, Vertreter des Chemnitzer Bezirksverbandes Deutscher Metallindustrieller.

Weniger, Direktor, Vertreter des Magdeburger Braunkohlenbergbauvereins, Helmstedt.

Werminghoff, Generaldirektor, Berlin.

Wiebe, Dr., Syndikus der Handelskammer Bochum, Bochum.

Wiedermann, Kommerzienrat, Gransdorf, Bezirk Liegnitz.

Wiedemann, Theo, Vertreter des Verbandes Süddeutscher Textilarbeitgeber und der Augsburger Kammgarnspinnerei, Augsburg.

Wieland, Philipp, Kommerzienrat, Ulm, i. Firma Wieland & Co., Ulm, und Vorsitzender der Handelskammer Ulm.

Winkhaus, Bergassessor a. D., Vertreter des Kölner Bergwerksvereins, Altenessen.

Wiskott, Vork, Vertreter der Bergwerksgesellschaft „Hermann“.

Wode, Direktor, Vorsitzender des Ostdeutsch-Sächsischen Hüttenvereins, Eulau-Wilhelmshütte.

Woltmann, Dr., Syndikus der Handelskammer Duisburg, Duisburg-Ruhrort.

Herr Wurst, Dr., Vertreter der Handelskammer Münster i. Westf.
Zentgraf, Dr., Vertreter von J. Kohlig, A.-G., Köln.
Ziegler, Dr., Generalsekretär der Vereinigung der in Deutschland arbeitenden Privat-Feuerversicherungsgesellschaften, Berlin.
Zillissen, Vertreter des Arbeitgeberverbandes für das Buchdruckgewerbe, Berlin.

Als Gäste waren anwesend:

Herr Bovenschen, Dr., Geschäftsführer des Reichsverbandes gegen die Sozialdemokratie, Berlin.
von Liebert, Generalleutnant, Exzellenz, Berlin.
Peters, Dr., Berlin.
Schweinburg, D., Herausgeber der „Berliner Politischen Nachrichten", Berlin.
Steinmann-Bucher, Herausgeber der „Deutschen Industrie-Zeitung", Berlin.

Als Vertreter der Presse waren anwesend:

Herr Herzberg, Vertreter des Korrespondenz-Bureaus, Berlin.
Oestreich, Dr., Vertreter des „Tag", Berlin.
Oeser, Vertreter der „Frankfurter Zeitung", Berlin.
Linschmann, Dr., Vertreter der „Kölnischen Zeitung", Berlin.

Entschuldigt haben sich:

Vom Direktorium:

Herr Jencke, H., Dr.-Ing. h. c., Geh. Finanzrat a. D., Mitglied des Preußischen Staatsrats und der Sächsischen Ersten Kammer, Dresden, Parkstr. 8.
von Vopelius, R., Hüttenbesitzer, Mitglied des Herrenhauses, Vorsitzender des Verbandes der Glasindustriellen Deutschlands und der Glas-Berufsgenossenschaft, Sulzbach bei Saarbrücken.
Schlumberger, Th., Geh. Kommerzienrat, Vorsitzender des Elsässischen Industriellen-Syndikats, Mülhausen i. Els.
Hilger, Geh. Bergrat, Vorsitzender der Oestlichen Gruppe des Vereins Deutscher Eisen- und Stahlindustrieller, Berlin NW., Dorotheenstr. 50.
Dorotheenstr. 50.

Von Mitgliedern:

Berg- und Hüttenmännischer Verein, E. V., Siegen.
Herr Beukenberg, Baurat, Hörde i. Westf.
Brandts, Richard, M.-Gladbach.
Böcking, Rudolph, Halbergerhütte, Post Brebach.
Braun, Joh., Konservenfabrik, A.-G., Pfeddersheim b. Worms.
Dietel, Franz, Geh. Kommerzienrat, Coßmannsdorf.

Herr Dulon, Kommerzienrat, Magdeburg.
Delius, Carl, Dr.-Ing., Geh. Kommerzienrat, Mitglied des Herrenhauses, Aachen.
Flohr, Kgl. Baurat, Stettin-Bredow.
Goecke, Geh. Kommerzienrat, Duisburg-Meiderich.
Graeßner, Generaldirektor, Leopoldshall-Staßfurt.
Goldschmidt, Dr., Karl, Essen-Ruhr.
Herzfeld & Victorius, Graudenz.
Heller, Ernst, Kommerzienrat, Hannover.
„ Heckel, Georg, St. Johann-Saarbrücken.
Hannoversche Maschinenbau-A.-G., vorm. Georg Egestorff, Hannover-Linden.
Herr v. Jobst, A., Stuttgart.
Kiener, André, Kolmar i. Elf.
Küchen, Gerhard, Kommerzienrat, Mülheim-Ruhr.
Kleyer, Heinrich, Kommerzienrat, Frankfurt a. Main.
Krabler, E., Geh. Bergrat, Altenessen.
Langen, C. O., Kommerzienrat, M.-Gladbach.
Linke, Generaldirektor, Slawentzitz.
Lueg, H., Geh. Kommerzienrat, Düsseldorf.
Lindgens, Adolf, Mülheim am Rhein.
Leube, Dr. G., Ulm.
Mülberger, Dr., Oberbürgermeister, Eßlingen a. Neckar,
Melchior, A., Kommerzienrat, Nürtingen i. Württ.
„ Nickel, Ferd., Direktor, Harburg.
Rickmers Reismühlen, Reederei u. Schiffbau-A.-G., Bremerhaven.
Sieg-Rheinische Hütten-A.-G., Friedrich-Wilhelmshütte, a. d. Sieg.
Basse u. Selve, Altena i. W.
Herr Selve, Geh. Kommerzienrat, Altena i. W.
Sedlmayr, Gabriel, Geh. Kommerzienrat, München.
Schimmelbusch, O., Kaiserslautern.
Steller, Paul, Generalsekretär, Köln.
Ugé, Kommerzienrat, Kaiserslautern.
Weisdorff, Generaldirektor, Burbach bei Saarbrücken.
Weismüller, E., Kommerzienrat, Auerbach i. Hessen.
Ziegler, Kommerzienrat, Oberhausen.

Verzeichnisse.

Der Ausschuß des Centralverbandes

nach den Neuwahlen und Ergänzungen vom 30. Januar 1909.

Mitglieder.	Stellvertreter.
Böcking, Rud., Geh. Kommerzienrat, Brebach.	Röchling, Louis, Hüttenbesitzer, Völklingen a. Saar.
Brauns, H., Kommerzienrat, Eisenach.	Lehmann, Professor, Dr., Handelskammersyndikus, Geschäftsführer des Vereins Deutscher Tuch- und Wollwarenfabrikanten und des Vereins für die berg- und hüttenmännischen Interessen im Aachener Bezirk, Aachen.
Brückner, Rich., Fabrikbesitzer, Vorsitzender des Vereins Deutscher Papierfabrikanten, Calbe a. S.	Euler, W., Kommerzienrat, Bensheim.
Delius, Karl, Dr.-Ing. h. c., Geh. Kommerzienrat, Aachen.	Delden, Gerrit van, Kommerzienrat, Gronau i. W.
Flohr, Baurat, Bredow-Stettin.	Toussaint, Direktor, Kiel.
Gärtner, R., Kommerzienrat, Freiburg i. Schl.	Websky, Ernst, Fabrikbesitzer, Tannhausen.
Goldschmidt, Karl, Dr., Essen.	Curtius, Richard, Duisburg.
Haarmann, A., Dr.-Ing., Geh. Kommerzienrat, Osnabrück.	Baare, Fritz, Geh. Kommerzienrat, Bochum.
Hummel, Friedrich, Generaldirektor, Ettlingen.	Kraner, Direktor, Erlangen.
Kauffmann, Georg, Dr., Kommerzienrat, Wüstegiersdorf in Schlesien.	Dierig, Friedrich, Kommerzienrat, Oberlangenbielau.

Krabler, E., Geh. Bergrat, Altenessen.

Kraushaar, Dr., Generaldirektor, Hannover.

Langen, C. O., Kommerzienrat, M.-Gladbach.

Linke, Paul, Domänenrat, Slawentzitz.

Lueg, H., Dr.-Ing., Geh. Kommerzienrat, Düsseldorf.

Melchior, A., Kommerzienrat, Nürtingen.

Meyer, Ed., Fabrikbesitzer, Aachen.

Meyer, Gerh. L., Geh. Kommerzienrat, Hannover.

Mieg, Daniel, Fabrikant, Mülhausen i. E.

Müser, Generaldirektor, Dortmund.

Nickel, Ferd., Direktor, Harburg.

Sartorius, Franz, Kommerzienrat, Bielefeld.

Servaes, Geh. Kommerzienrat, Düsseldorf.

Stark, Emil, Kommerzienrat, Chemnitz.

Ugé, Kommerzienrat, Kaiserslautern.

Walter, W., Direktor, Hannover-Linden.

Weisdorff, Generaldirektor, Burbacher Hütte bei Saarbrücken.

Caro, Geh. Kommerzienrat, Gleiwitz.

Heintze, G., Direktor, Döhren bei Hannover.

Laurenz, Anton, Kommerzienrat, Ochtrup i. W.

Knochenhauer, Bergrat, Kattowitz.

Schrödter, E., Dr.-Ing., Ingenieur, Geschäftsführer des Vereins Deutscher Eisenhüttenleute und des Vereins Deutscher Maschinenbauanstalten, Düsseldorf.

Bourcart, Fabrikbesitzer, Gebweiler.

Neubarth, Eug., Fabrikbesitzer, Forst i. L.

Jüngst, Geh. Bergrat, Berlin, Kurfürstendamm 214.

Kiener, André, Handelskammerpräsident, Colmar i. Els.

Graßmann, Bergrat, Essen (Ruhr).

Herbst, Kommerzienrat, Triebes.

Möhlau, Ad., Kommerzienrat, Düsseldorf.

Kamp, Kommerzienrat, Grunewald-Berlin, Auerbachstr. 9.

Stumpf, F., Generalsekretär des Georgs-Marien-Bergwerks- und Hütten-Vereins, Syndikus der Handelskammer zu Osnabrück, Osnabrück.

Goertz, Ed., Kommerzienrat, Mülfort bei Odenkirchen.

Wandel, Justizrat, Essen (Ruhr).

Williger, Bergrat, Kattowitz.

Winkler, Paul, Kommerzienrat, Fürth.

Ziegler, Kommerzienrat, Oberhausen.

Voltz, Dr., Generalsekretär des Oberschlesischen Berg- und hüttenmännischen Vereins, Kattowitz.

Müllensiefen, Th., Kommerzienrat, Crengeldanz.

Scheidtweiler, Regierungsrat, Oberhausen.

Zugewählte Mitglieder.

Beukenberg, Baurat, Hörde i. W.

Beumer, W., Dr., M. d. A., Generalsekretär des Vereins zur Wahrung der gemeinsamen wirtschaftlichen Interessen in Rheinland und Westfalen und der Nordwestlichen Gruppe des Vereins Deutscher Eisen- und Stahl-Industrieller, Düsseldorf.

Blohm, Herm., Hamburg.

Böker, M., Kommerzienrat, Vorsitzender des Bergischen Fabrikantenvereins, Remscheid.

von Borsig, E., Kommerzienrat, Berlin.

Brandt, Dr., Syndikus der Handelskammer Düsseldorf, Geschäftsführer des Vereins Deutscher Eisengießereien, Düsseldorf.

Graf von Brockdorff, Dr., Syndikus der Handelskammer Oppeln, Oppeln.

Budde, Professor, Dr., Generaldirektor der Aktiengesellschaft Siemens & Halske, Berlin, Askanischer Platz 3.

Buz, Hch., Kommerzienrat, Direktor der Maschinenfabrik Augsburg-Nürnberg A.-G., Augsburg.

Clouth, Franz, Fabrikbesitzer, Cöln-Nippes.

Coste, D., Kommerzienrat, Biere.

Dietel, Franz, Geh. Kommerzienrat, Coßmannsdorf.

Dietrich, Dr., Handelskammer-Syndikus, Plauen.

Ditges, Generalsekretär der Vereins Deutscher Papierfabrikanten und des Vereins Deutscher Schiffswerften, Berlin, Lützow-Ufer 13.

von Donnersmarck, Fürst Guido Henckel, Neudeck (O.-S.).

Dulon, M., Kommerzienrat, Magdeburg.

Evers, Ziegeleibesitzer, Vorsitzender des Verbandes Deutscher Tonindustrieller, Berlin, Gitschinerstraße 109.

Fiebelkorn, Dr., Geschäftsführer des Verbandes Deutscher Tonindustrieller, Berlin, Stephanstraße 50.

Fleitmann, Kommerzienrat, Düsseldorf, Tonhallenstr. 15.

Funcke, Wilh., Kommerzienrat, Hagen i. W.

Fuchs, H., Direktor der Norddeutschen Wagenbau-Vereinigung, Charlottenburg, Bleibtreustr. 20.

Goldberger, Geh. Kommerzienrat, Vorsitzender der Ständigen Ausstellungskommission für die deutsche Industrie, Berlin, Markgrafenstr. 53/54.

Gottstein, L., Dr., Generaldirektor, Vorsitzender des Vereins deutscher Zellstoff-Fabrikanten, Breslau I.

Gräßner, Bergwerksdirektor a. D., Leopoldshall-Staßfurt.

von Guilleaume, Th., Kommerzienrat, Cöln.

Haas, Karl, Geh. Kommerzienrat, erster stellvertretender Vorsitzender des Vereins Deutscher Zellstoffabrikanten, Waldhof bei Mannheim.

Haeffner, Ad., Fabrikbesitzer, Frankfurt a. M.

Hallbauer, Kommerzienrat, Lauchhammer.

Hartmann, Gust., Geh. Kommerzienrat, Dresden.

Heckmann, Paul, Geh. Kommerzienrat, Berlin, Lützowstr. 64.

Heller, Ernst, Kommerzienrat, Dr.-Ing., General-Direktor der Hannoverschen Maschinenbau-Akt.-Ges. vorm. Georg Egestorff, Linden-Hannover.

Henneberg, Ernst, Kommerzienrat, Fabrikbesitzer, Freienwalde a. O.

von der Herberg, C., Direktor, Mülheim a. Rh., Vorsitzender der Verkaufsstelle des Deutschen Kupferdrahtverbandes, Cöln.

Hirsch, M. d. A., Syndikus der Handelskammer Essen, Essen (Ruhr).

Hoeter, Ministerialdirektor a. D., Berlin W., Kurfürstendamm 220.

Jordan, H., Dr., Bankdirektor, Elberfeld.

Junghann, Geheimer Bergrat, Berlin, Drakestr. 1.

Kirdorf, A., Geh. Kommerzienrat, Aachen.

Kleine, Bergrat, Dortmund, Vorsitzender des Vereins zur Wahrung der bergbaulichen Interessen im Ober-Bergamtsbezirk Dortmund.

Klemme, Dr.-Ing. h. c., Generaldirektor, Bergassessor a. D., St. Avold (Lothringen).

Körting, Berth., Kommerzienrat, Hannover.

Krause, Max, Baurat, Berlin, Chausseestr. 13.

Krüger, Generalleutnant z. D., Exz., Geschäftsführer des Vereins der Fabrikanten landwirtschaftlicher Maschinen und Geräte, Berlin, Burggrafenstr. 13.

Kuhlo, Dr., Syndikus des Bayerischen Industriellen-Verbandes, München.

Landsberg, Heinrich, Direktor des Heddernheimer Kupferwerks, vormals F. A. Hesse Söhne zu Frankfurt a. M., Vorsitzender der Verkaufsstelle des Kupferblechverbandes, Kassel.

von Langen, Gottlieb, Cöln.

von und zu Loewenstein, Bergassessor, Geschäftsführer des Vereins zur Wahrung der bergbaulichen Interessen im Oberbergamtsbezirk Dortmund, Essen (Ruhr).

Mann, L., Handelsrichter, Vorsitzender des Vereins Deutscher Lackfabrikanten, Berlin, Meinekestraße 4.

March, Fabrikbesitzer, Vorsitzender des Deutschen Vereins für Ton-, Cement- und Kalkindustrie, Charlottenburg, Sophienstr. 23/25.

Martens, Dr., Syndikus der Handelskammer Dortmund, Dortmund.

Marwitz, Kommerzienrat, Vorsitzender des Vereins der Baumwollgarnkonsumenten, Dresden.

Meesmann, Geschäftsführer des Mittelrheinischen Fabrikanten-Vereins und der Süddeutschen Gruppe des Vereins Deutscher Eisen- und Stahl-Industrieller, Mainz.

Menck, J. A., M. d. R., Kommerzienrat, Altona.

Merwitz, Direktor, Vorsitzender der Verkaufsstelle des Deutschen Kupferrohrverbandes, Cöln.

Meyer, Paul, Dr., Berlin N. 39, Lynarstr. 5/6.

Müller, Waldemar, Geh. Ober-Finanzrat a. D., Direktor der Dresdener Bank, Berlin W. 9, Bellevuestr. 13.

Mundt, Arthur, i. Fa. Berliner Gipswerke L. Mundt vorm. H. Kühne, Berlin SW., verl. Trebbinerstr.

Neidhardt, Kommerzienrat, Präsident der Handelskammer Plauen, Reichenbach i. V.

Offermann, Geh. Kommerzienrat, Leipzig.

Protzen, Kommerzienrat, Berlin, Köllnischer Fischmarkt 4.

Rentzsch, H., Dr., Blasewitz bei Dresden.

Rocke, Dr., Geschäftsführer des Fabrikantenvereins für Hannover-Linden und die benachbarten Kreise, Hannover.

Schaafhausen, Direktor, Neu-Welzow (N.-L.).

Schaltenbrand, Vorsitzender des Direktoriums des Stahlwerksverbandes, Düsseldorf.

Schieß, Ernst, Geh. Kommerzienrat, Düsseldorf.

Schimpff, Direktor, Berlin, Uhlandstr. 159.

Schmid, Th. W., Direktor, Hof in Bayern.

Herzog Ernst Günther zu Schleswig-Holstein, Schloß Primkenau.

Schott, F., Kommerzienrat, Heidelberg.

Schroers, A., Kommerzienrat, erster Vorsitzender des Vereins der deutschen Textilveredlungsindustrie, Düsseldorf, Crefeld.

Sedlmayr, Gabriel, Geh. Kommerzienrat, München.

Selve, Geheimer Kommerzienrat, Altena i. W.

Siemsen, Dr., Direktor, Dortmund.

von Skene, Karl, Geh. Kommerzienrat, Klettendorf bei Breslau.

Springorum, Kommerzienrat, Generaldirektor, Dortmund, Vorsitzender des Vereins Deutscher Eisenhüttenleute, Düsseldorf.

Steller, Paul, Generalsekretär des Vereins der Industriellen des Regierungsbezirks Cöln und des Vereins Deutscher Werkzeugmaschinenfabriken, Cöln.

Tille, Alexander, Dr., Syndikus der Handelskammer Saarbrücken, Generalsekretär des Vereins zur Wahrung der gemeinsamen wirtschaftlichen Interessen der Saarindustrie und der Südwestlichen Gruppe des Vereins Deutscher Eisen- und Stahl-Industrieller, Saarbrücken.

Weinlig, Generaldirektor, Dillingen a. d. Saar.

Weismüller, E., Kommerzienrat, stellvertr. Vorsitzender der Süddeutschen Gruppe des Vereins Deutscher Eisen- und Stahl-Industrieller, Auerbach (Hessen), Heidelbergerstr. 55.

Wenzel, Kommerzienrat, Direktor der Kammgarnspinnerei zu Leipzig, Leipzig.

Werminghoff, J., Generaldirektor, Berlin, Potsdamer Straße 21.

Wessel, C., Geh. Kommerzienrat, Bernburg.

van den Wyngaert, Jos., J., Direktor, Wilmersdorf, Prinzregentenstr. 118.

Zanders, Hans, Kommerzienrat, i. F. J. W. Zanders, Papierfabriken, Bergisch-Gladbach.

Zilliken, Kommerzienrat, Generaldirektor, stellvertretender Vorsitzender des Vereins Deutscher Eisen- und Stahl-Industrieller, Bonn, Poppelsdorfer Allee 80.

Zörner, Bergrat, Generaldirektor der Maschinenbauanstalt „Humboldt", Kalk b. Cöln.

Zschille, Georg Herm., Dresden, Parkstr. 9.

Druck: Deutscher Verlag (Ges. m. b. H.), Berlin SW 11.

Kolibri 360 GmbH
Ferdinand-Jühlke-Straße 7
99095 Erfurt, Deutschland
produktsicherheit@kolibri360.de